古典文獻研究輯刊

三七編

潘美月・杜潔祥 主編

第 **19** 冊

程鉅夫研究（下）

劉 潔 著

國家圖書館出版品預行編目資料

程鉅夫研究（下）／劉潔 著 -- 初版 -- 新北市：花木蘭文化
事業有限公司，2023〔民 112〕
目 4+222 面；19×26 公分
（古典文獻研究輯刊 三七編；第 19 冊）
ISBN 978-626-344-482-9（精裝）
1.CST：（元）程鉅夫 2.CST：學術思想 3.CST：文學評論
4.CST：傳記
011.08   112010521

ISBN-978-626-344-482-9

古典文獻研究輯刊
三七編　第十九冊　　　　　　　ISBN：978-626-344-482-9

程鉅夫研究（下）

作　　者	劉潔
主　　編	潘美月、杜潔祥
總 編 輯	杜潔祥
副總編輯	楊嘉樂
編輯主任	許郁翎
編　　輯	張雅淋、潘玟靜　美術編輯　陳逸婷
出　　版	花木蘭文化事業有限公司
發 行 人	高小娟
聯絡地址	235 新北市中和區中安街七二號十三樓
	電話：02-2923-1455／傳真：02-2923-1452
網　　址	http://www.huamulan.tw 信箱 service@huamulans.com
印　　刷	普羅文化出版廣告事業
初　　版	2023 年 9 月
定　　價	三七編 58 冊（精裝）新台幣 150,000 元

程鉅夫研究（下）

劉潔 著

目

次

第四章 《雪樓集》中的文學觀念和詩詞創作

第一節 程鉅夫的文學觀念

一、元代文學觀念概述

　　元代詩人為了扭轉宋代「江西詩派」，特別是南宋末年「江湖詩派」、「四靈派」的不良詩風，提倡古體詩宗漢魏兩晉、近代詩宗唐，取得成效。明代李東陽《懷麓堂詩話》評說：「宋詩深，卻去唐遠；元詩淺，去唐卻近。顧元不可為法，所謂取法乎中，僅得其下耳。」〔註1〕雖然「元不可為法」值得商榷，但也得出了「元詩淺，去唐卻近」的元詩特點。

　　詩文詞主要是漢族中上層士人抒發性情、詠歎志趣或借描寫景物以言志的載體。作為一個民族大融合的時代，值得重視的文壇新氣象是：不僅漢族士人利用傳統的文學樣式進行創作，有些少數民族具有高度漢文化修養的士人也善於詩詞，如耶律楚材、馬祖常、薩都剌等。迺賢、余闕、丁鶴年等也都是少數民族的較著名詩人。元代前期著名的詩文作家的代表是耶律楚材。《四庫全書總目》卷一六六評其詩風云：「今觀其詩語皆本色，惟意所如，不以研鍊為工，雖時時出入內典，而大旨必歸於風教。鄰之所云，殆為能得其真矣。」〔註2〕這與他儒、釋兼修的教養和個人經歷密切相關。他扈從太祖西征，故詩

〔註1〕〔明〕李東陽《懷麓堂詩話》，清知不足齋叢書本。
〔註2〕耶律楚材《湛然居士集十四卷兵部侍郎紀昀家藏本》，〔清〕永瑢《四庫全書總目》卷166，清乾隆武英殿刻本。

中有不少描寫塞外自然景物、風俗人情的佳作，於雄奇蒼涼中顯其真率風味。

劉因、趙孟頫為元代前期具有代表性和詩壇導向作用的著名詩文家。

劉因認為從先秦、兩漢以迄唐宋諸名家的文章都可以學，但應該取諸家之長，而不蹈襲舊套，並要寫經世致用之文。在其文章中，他也喜歡借題發表議論，非常重視氣節。劉因樂府風格似近蘇、辛，但以寧靜恬淡的表象掩其豪放情懷。

趙孟頫於詩、文、詞、書法、繪畫藝術，樣樣精通，尤以書畫絕倫著稱。有《松雪齋集》十卷，《外集》一卷。夫人管道升，亦工詞翰，善畫。《四庫全書總目》卷一六六在評論《松雪齋集》時說：「孟頫以宋朝皇族，改節事元，頗不諧於物論。觀其《和姚子敬韻》詩有『同學故人今已稀，重嗟出處寸心違』句。是晚年亦不免於自悔。然論其才藝，則風流文采，冠絕當時，不但翰墨為元代第一，即其文章亦揖讓於虞楊範揭之閒，不甚出其後也」。〔註3〕

揭傒斯家庭貧困，但能發憤讀書，著《文安集》十四卷。歐陽玄撰《元翰林侍講學士揭公墓誌銘》，記述其生平事蹟甚詳。稱「文章在諸賢中，正大簡潔，體制嚴整，作詩長於古樂府，《選》體、律詩、長句，偉然有盛唐風」。〔註4〕

在元朝民族大融合的文化背景下，有些蒙古、色目士人，受漢傳統文化的薰陶，能詩善文的作家不少，散曲家貫雲石、政治家兼詩人耶律楚材，還有馬祖常、薩都剌，就是其中的佼佼者。

馬祖常「為文精覈，務去陳言，師先秦兩漢。尤致力於詩，凌轢古作，大篇短章，無不可傳者。」〔註5〕《四庫全書總目》卷一六七稱「其文精贍鴻麗，一洗柔曼卑冗之習。其詩才力富健，如都門壯遊諸作。長篇巨製，回薄奔騰，具有不受羈靮之氣。」〔註6〕

元代詩法

楊載講究「詩法」，著有《詩法家數》、《詩法正源》。《詩法家數》和《詩法正源》均見於《詩學指南》本，前種尚有《歷代詩話》本。

〔註3〕〔清〕永瑢《四庫全書總目》卷166，清乾隆武英殿刻本。

〔註4〕歐陽玄《元翰林侍講學士中奉大夫知制誥同修國史同知經筵事豫章揭公墓誌銘》，《圭齋文集》10，四部叢刊景明成化本。

〔註5〕許有壬《勅賜故資德大夫御史中丞贈攄忠宣憲協正功臣河南行省右丞上護軍魏郡馬文貞公神道碑銘並序》，《圭塘小稿》卷10，清文淵閣四庫全書補配清文津閣四庫全書本。

〔註6〕《石田集十五卷》〔清〕永瑢《四庫全書總目》卷167，清乾隆武英殿刻本。

　　范梈有兩本專講「詩法」的書。《木天禁語》，見學海類編本；《詩學禁臠
語》有《歷代詩話》本。還有《詩格》，《詩學指南》本。《木天禁語‧內篇》
說：「外則用之以觀古人之作，萬不漏一；內則用之以運自己之機，聞一悟十。」
〔註7〕古人之法，只具有借鑒、啟發的作用，在創作實踐中應靈活地運用，切
不可拘泥於成法，應發揮自己的聰明才智。

　　元朝文章的主流傾向依舊是館閣文章，而館閣文章被推崇的格調是「溫潤
豐縟」，圓潤柔和而且結構措辭繁雜的文章。而程鉅夫的文章則引領了另一種
風尚。虞集曾這樣評價程鉅夫的文章：「初，內附時，公之在朝，以平易正大
振文風，作士氣，變險怪為青天白日之舒徐，易腐爛為名山大川之浩蕩。今代
古文之盛，實自公倡之。」

　　據《程譜》「德祐元年乙亥 1275，程鉅夫二十七歲。其叔父侍讀公程飛卿
在洪公任參制置司事。程飛卿在東湖講學，程鉅夫跟從。當程飛卿被拜官職為
建昌郡守時，程鉅夫侍奉祖母及叔父。十二月時，元軍南下，建昌降附。」建
昌內附的時間為至元十一年（1275），在此之後的元代百年之間之內，程鉅夫
以「平易正大」的文風，影響了整個元代古文，實現了元代古文的繁盛。改變
了南宋文章陳腐、險怪、艱澀的積習，有如虞集所言「變險怪為青天白日之舒
徐，易腐爛為名山大川之浩蕩」。

　　文章學家和文學批評家們同樣注意到了文章「典雅」的風格，並對當時「典
雅」的文風表示了讚揚和肯定。陳繹曾在《文章歐冶》之《古文譜》中強調並
解釋了何為「典雅」的風格：「典，言語步趨，俱中典則；雅：臺閣氣象，正
大從容。」典雅便是正大從容，而有規範。這表明了批評風氣與文學風氣的發
展是同步進行的，並從理論上對文學風氣給予充分肯定。

　　在程鉅夫等人的影響下，元代中期的文學發展趨勢發生了明顯的變化，以
南宋遺老為中心的文人集團已經退出了歷史舞臺，如虞集所言：「故宋之將亡，
士習卑陋以時文相尚。病其陳腐，則以奇險相高。江西尤甚，識者病之」。〔註
8〕這也標誌著從山林隱逸文學到朝廷臺閣文學的轉變，強調符合典則、強調臺
閣氣象，也正因為有像程鉅夫這樣的具有領導風範的士人從實踐上去踐行，才
使得「而使吾黨小子得以淺學末技濫湊於空乏之餘，殆不勝其愧也。」〔註9〕

〔註7〕范德機《木天禁語》，明格致叢書本。
〔註8〕虞集《題雪樓先生詩文卷後》，《雪樓集》卷末。
〔註9〕虞集《題雪樓先生詩文卷後》，《雪樓集》卷末。

　　元代文學的整體潮流呈現出復古思潮。延祐年間，宋季遺老多數已經去世，他們在文壇上的地位開始被新崛起的一代文人所取代，延祐二年元代統治者首開科舉考試，其中登科者就有楊載、馬祖常等著名文人，他們的登場表明元代文學將進入嶄新的階段。這一時期在學術上仍舊以江西和浙東地區為中心，該地區在宋代就是許多著名文人的集散地，出現了像王安石、黃庭堅、陸九淵以及宋末的方回等文化名人。元初則以大儒吳澄最為著名，其弟子虞集亦曾主盟文壇。劉勳說：「宋文章之盛，歐、蘇、曾、王四大家名天下，獨蘇出眉山，余三子皆江西人，則文脈繫江西也。」〔註10〕元初浙東主盟者為戴表元、仇遠、白珽等人；元代中後期則以方鳳的三個門生「義烏三先生」最為著名，「柳貫、黃溍、吳萊諸文章大家皆出其門」〔註11〕在理學盛行的時代，他們雖或多或少地受到這種學術思潮的影響，但對理學家重道輕文的觀點都有所不滿。元末明初時期宋濂在《元史儒學一》序中對此有過分析和說明：

　　　前代史、傳皆以儒學之士，分而為二，以經藝頔門者為儒林，
　以文章名家者為文苑。然儒之為學一也，《六經》者斯道之所在，
　而文則所以載夫道者也。故經非文則無以發明其旨趣；而文不本於
　六經，又烏足謂之文哉！由是而言，經藝文章，不可分而為二也明
　矣。〔註12〕

　　在此，宋濂闡明了經義和文章之間的相互關係。六經文章所出之根本，文章必須有六經為依據來「發明其旨趣」；但六經不能取代文章。而且，在元代義理和骨氣的融會已經成為欣賞、創作古文的重要標準之一。

　　在義理方面，自宋末以來，思想界出現了朱熹的理學和陸九淵的心學合流的趨勢，即所謂「朱陸合轍」。這一思想潮流於元代影響甚巨，在文學、文學批評領域也留下了歷史的烙印。

二、程鉅夫之文學觀

　　對待詩文，程鉅夫有自己獨到的見解，他的詩文觀包括：輕功名而重文章、重視文章與各類品德的關係；文章雖要學古但不必一味泥古；不止一次強調經學、理學、儒學的學術涵養對寫作文章的作用；同時提倡詩文觀的客觀性。在風格方面，其詩文觀表現出對「春容大雅」文章風格的讚賞；在作文之法方面，

〔註10〕《全元文》，第304頁。
〔註11〕應廷育《金華先民傳‧名儒傳》。
〔註12〕《元史》卷189《儒學一》，第4313頁。

勉勵後學不能急於求成，要有耐心和毅力堅持下去；在功用方面，將文章與詩
作為一種對話，認為文章與詩歌是交流的需要。

（一）輕功名而重文章

程鉅夫強調文章的重要性「聖人之教四，而文為先」並列舉了古聖先賢事
例來進一步說明。文章分析了尚文和道德禮樂的關係：尚文可以促進道德禮樂
的完善和發展「道德禮樂，至周備矣，而言三代者，亦不過曰：『周尚文。』
然則士其可徒以辭章為文乎」。〔註13〕

《章德元近稿序》中，程鉅夫表達了對文章的喜愛。程鉅夫對文章非常鍾
愛，身體雖不允許，但不由自主寫詩作文。所以他自述「予自衰疾以來，愈不
喜為文，雖談之亦自厭也。為之愈力而愈遠，談之愈切而愈病。常欲一旦盡謝
去前好，淌滌腸胃，收視歙息，以自愛也，而適然意會，輒復為之而不知」。
他不喜「淫聲美色」之文，認為其「如沐猴衣冠，執干而舞」。他所欣賞的文
章是如張德元所作之文「文質厚而氣和，一以理為主，蒼然正色，貫松栢而後
彫」。〔註14〕理學思想貫穿其中，並且質厚而氣和的文章才是他所鍾愛的。

程鉅夫對詞章和性命之學都非常重視，感歎「詞章、性命之學猶不能無
弊」。並且一再強調辭章學問的作用「（文章）則夫管攝人心，扶植世道必有攸
在。不然，羣居終日，翕翕訛訛，相與商功利而較智術，弊又甚焉」。在元初
未開設科舉之時，程鉅夫熱衷於無功利的文學觀念「士無科舉之累，盍亦思古
人所謂明人倫者為何事，脩其孝悌忠信，於家為孝子，於鄉為善人，於國為忠
臣，斯無負於國家設學之意」。他同樣重視對詞章和義理之學：「若夫工詞章而
不窮其理，談性命而不踐其實，其不為功利智術之歸者無幾矣」。〔註15〕

《木蘭花慢·壽忠齋（三月廿七日）》描述了春光明媚，恰逢壽辰，功名
富貴都是轉眼雲煙。稱讚劉敏中的文章「文章議論，玉珮瓊琚」。〔註16〕程鉅
夫將功名和文章放在一起對比，看出其輕功名而重文章的詩文觀。

（二）文章學古但不必一味泥古

程鉅夫為理學注入了務實之風，論詩尚實。而且其認為詩文應靈活變化，
師古人之文，而不拘泥。他生於宋末理學極盛的時代，寫詩作文都有理學背景

〔註13〕《贈歐陽南陽序》，《雪樓集》卷15。
〔註14〕《章德元近稾序》，《雪樓集》卷15。
〔註15〕《福寧州學記》，《雪樓集》卷11。
〔註16〕《雪樓集》卷30。

的支撐。程鉅夫的詩歌以及詩論，在一定程度上體現了元代前期南北詩風的融合，同時對元代中期雅正詩風和元代後期崇尚個性詩風的形成具有重要影響。

程鉅夫所處的時代是宗唐風氣盛行之時，士人不僅在創作上由宋返唐，而且在理論上廣泛學習古人。程鉅夫是主張學習古人的，正如《嚴元德詩序》中他明確說出：「夫學者必求之古，不求之古而徒膠膠戛戛，取合於一時，其去古人也益遠矣」強調了寫文章學習古人是基礎的一步。

李仲淵是程鉅夫的後輩學者。在篇首，程鉅夫表示欣賞古人言簡意賅的文章。繼而表明了自己的文章觀點：「學足紹先聖之道，言足垂將來之法而已，豈必模《三墳》，擬《大誥》而後為古乎？此仲淵之所憂，而吾之所以知仲淵也」學習的內容需要「紹先聖之道」，文章的內容可以「垂將來之法而已」，而不必泥古。通過對李仲淵的學識和政治才能的肯定，程鉅夫表明了自己心中思想學識與文章的關係：思想學識是文章的導引者。他所欣賞的文章是類似於李仲淵之文「理自見」、「格自奇」的文章：「其文精鑿沉欝，不假議論而理自見，不託迂怪而格自奇。」〔註17〕全文表達了程鉅夫有感於政治強盛、文道衰敗，而鼓勵青年後學，振興斯文的願望和決心。

（三）經學、理學、儒學的學術涵養對寫作文章的滋養

陳繹曾強調「養心」決定了一個人基本素質，但還要有「學力」和「材力」，所以在「養心」之外，還需要養力。陳繹曾說「讀書多則學力富」。〔註18〕

陳繹曾的上述理論，肯定了讀書和「學力」的關係。讀經、子、集都有利於各種知識的豐富。

宋末詩風內容繁縟，藝術上又流於纖巧。程鉅夫詩論和詩作針對宋末元初的現狀，在一定程度上體現了元代前期南北詩風的融合，同時對元代中期雅正詩風和元代後期個性詩風的形成產生了重要影響。

程鉅夫認為讀古人之書務取其實，而不能讀其虛，「實」就是「理」，即天理、物理、事理和神理；而議論文辭為文章之虛。

《里氏慶源圖引》〔註19〕中說：

> 乃以身事本朝者實自大父始，而大父之名從世俗書，有從土、
> 從田之文。考若伯考之名皆有裏字，而《春秋》有里氏，遂自氏曰

〔註17〕《李仲淵御史〈行齋謾藁〉序》，《雪樓集》卷15。
〔註18〕陳繹曾《文筌》，清李士棻家鈔本。
〔註19〕《雪樓集》卷15。

　　里氏。又遡而求之，定其可知者，自丞相敦欲魯以下至於今九世，
　　繫以為譜，號曰《里氏慶源圖》，而隆禧為七世云。君好學廣問，于
　　忠君孝親之道尤所篤慎。嗚呼！百世之下，觀此圖者亦足以見人之
　　不可以無學也。」

　　從中可見，此文的主題是人之不可無學。並發出了「尚敬念之哉！尚敬念
之哉！」的感歎，可見程鉅夫對文章背後學養的追求。

　　但程鉅夫強調即使學養豐厚，也需要有所克制，非能強加於人。所以他在
文章中說：「惟以己心酌人之心，毋以己學律人之學，則可以相天子，治天下」。
要做到體諒和莫要強求。〔註20〕

　　《贈歐陽南陽序》〔註21〕是對孟子之言的提倡和對「立身養志之不苟」的
繼承。以孟子的「養志」說來盛讚歐陽南陽的品德。

　　《漳州路重建學記》〔註22〕中，程鉅夫闡釋了儒道觀念：「為詞章者毋拘
拘於科舉，而用力乎詩書六藝之文。明理義者毋嘐嘐於訓詁，而篤志乎聖賢體
用之學。孝悌忠信以養之，禮義廉恥以維之。求放心，黜陋見，而嚴恭祗畏以
守之，以盡其材，成其德，不至於古人不已。是則朝家建學立師之意，亦文公
所望於漳之父老之裔孫也。」強調了詞章不能被固有的程序所拘泥，應在詩書
六藝之文上多下工夫。明義理的學者不必耗時於訓詁，而應該在聖賢體用之學
上用力。不斷靠近孔子和孟子的「孝悌忠信」、「禮義廉恥」、「求放心」、「黜陋
見」、「盡其材」、「成其德」的思想。他強調不斷接近聖賢體用，才是為詞章之
學的根本目的。

　　在《台州路學講堂記》程鉅夫用大段文字陳述了對於周公之文、孔子之文、
文章作用、教授、科舉的看法以及作者自身的文學觀念：

　　程鉅夫聲明自己的學術為夫子一脈「余，孔子徒也，知其一而非知其二
也。」對於「道」的理解，程鉅夫是贊成儒者的人生之道的，「道」之後產生
的是「善」。這也是程鉅夫所強調的為文者的有一種品德。〔註23〕

　　《福寧州學記》中提及現今的詞章、性命之學與「德行」相違背，程鉅夫
表示非常擔憂。詞章必須能夠反映世道人心，並且可以扶植世道人心，對儒學
有建設作用的。反之，則不是詞章、性命之學的功用：「然予前記學，其說殊

〔註20〕《送王克誠引》，《雪樓集》卷15。
〔註21〕《雪樓集》卷15。
〔註22〕《雪樓集》卷11。
〔註23〕《道一堂記》，《雪樓集》卷11。

未竟。校庠序，古矣，明倫之外，無他說也。詞章勝，德行微。先儒有憂之，歸而求之性命。大雅不作，假性命之說以媒利達。而世道與人心俱往矣。夫詞章、性命之學猶不能無弊。則夫管攝人心，扶植世道必有攸在。不然，羣居終日，翕翕訿訿，相與商功利而較智術，弊又甚焉。」〔註24〕

程鉅夫儒家詩文觀的另一種是言近而旨遠。《楊彥寬御史心遠堂詩序》引用孔子的話「子不云乎：『未之思也，夫何遠之有。』君言近旨遠，犁然有當於余心者。」說明其對夫子的敬重。並讚賞楊彥寬的詩文「言近旨遠」，以一句「犁然有當於余心者」，表明其對「言近而旨遠」詩文觀的贊同。〔註25〕

（四）求實的詩文觀

元朝統一後，南北文風相互影響，逐漸融合。使得南北文風都趨向於詩風上的平淡自然與內容上的求實與並重。程鉅夫由江西進入大都並入高層文化中心翰林院，論詩以理學為根基，詩歌創作風格崇尚自然清麗。因此，他的詩學思想體現了這一時期南北詩風的融合。

在史學觀念上，程鉅夫對信史的觀念多有肯定。他所認可的史書是《書》、《春秋》和《史記》。在歷代史書中程鉅夫最推崇的是邵雍的《皇極經世書》。

《皇極經世書》是一部運用易理來推究宇宙起源、自然演化和社會歷史變遷的著作，以河洛、象數之學顯於世。康節即邵雍。《皇極經世書》共十二卷六十四篇。首六卷《元會運世》凡三十四篇，次四卷《聲音律品》凡十六篇，次《觀物內篇》凡十二篇，末《觀物外篇》凡二篇。前六十二篇是邵氏自著，末二篇是門人弟子記述。錢穆先生指出：莊周、邵雍為觀物派哲學。其中《觀物篇》實乃邵雍之哲學、易理、歷史學的理論大綱。〔註26〕

程鉅夫覺得白雲所編歷史著作之所以如此可信，是因為「夫康節所以可信者，以其信孔子也。白雲所以可信者，以其信康節也」。因為邵雍所編歷史著作是可信的，所以白雲的歷史作品也是可信的。

程鉅夫有追求「信史」的史學觀還表現在《贈彭斯立序》〔註27〕中。彭斯立是刻工，精於篆刻，可使作者作品流傳不朽。願為程鉅夫刻其手書四五十篇，被程鉅夫拒絕。程鉅夫拒絕的理由之一：其所言已刻之書，並非雄文大章；理

〔註24〕《雪樓集》卷11。
〔註25〕《雪樓集》卷14。
〔註26〕《歷代帝王紀年纂要序》，《雪樓集》卷15。
〔註27〕《雪樓集》卷15。

由之二：不朽之書，不是因為刻工不朽，而是以內書寫內容涵蓋大義。這些拒絕的理由歸結為「文之傳不傳，繫其文之善否；書之傳不傳，繫其書之善否，非帖比也」表明了程鉅夫詩文觀：詩文的意義內容重於形式，閱讀重於府藏。

正因為以上觀點，程鉅夫反對清談。《送黃濟川序》言：「詭曰清流，以掩其不才之羞。此清談之所以誤晉，尚忍言之哉！詭曰清流，以掩其不才之羞。此清談之所以誤晉，尚忍言之哉！」〔註28〕程鉅夫反對清談，並以「清談誤晉」為例，來表明自己對「清談」的厭惡。

程鉅夫倡導並踐行的南下訪賢活動，產生了意想不到的文學效應。成為元代文學發展的轉機，使因長期政權分據而形成的南北文風的不一致，出現了交融和整合。李好文《雪樓程先生文集序》評價其文章「聲音與政通，文章與時高下。原其理，則理與氣合，道與時合；要其歸，則亦泯然而無間。」〔註29〕

皇慶二年（1313），程鉅夫提出自己文學方面的主張是：文詞宜革宋金宿弊。

虞集在《題雪樓先生詩文卷後》〔註30〕總結其文章風格為「沖澹悠遠，平易近民」足可以企及古人之風，扭轉了江西詩派「以奇險相高」「以時文相尚」的風氣。而程鉅夫對於當時文壇的領導作用無人可以代替「相望才三四十年，而風聲氣息邈乎遼絕，敦厚之風猶可繼耶？」

元末詩風崇尚個性，程鉅夫師法古人而不拘泥於古人的詩歌主張對其產生影響。元代後期，以吳中地區為中心的文學在楊維楨、謝應芳等人的倡導下，出現一種世俗化、個性化的傾向。詩人們從元代中期「雅正」詩風中解脫出來，力主抒發性情。在《李仲虞詩序》中，楊維楨稱：「詩者，人之情性也。人各有情性，則人各有詩也。得於師者，其得為吾自家之詩哉」〔註31〕，他覺得不同人性情各異，表現在詩歌中，詩歌內容風格也各異。若師法古人，也需己與古人性情相近。無獨有偶，謝應芳也有相似觀點，其在《梅隱山房詩集序》這種說：「昔人有言天下無真樂，隨所遇而得」〔註32〕，指的是不受外界約束的真性情。

元末追求獨立人格、追求個性自由的精神與程鉅夫師法古人卻又不拘泥

〔註28〕《雪樓集》卷14。
〔註29〕《雪樓集》卷首。
〔註30〕《雪樓集》卷末。
〔註31〕楊維楨《東維子文集》卷7，四部叢刊景舊鈔本。
〔註32〕《龜巢稿》卷14，四部叢刊三編景鈔本。

於古人的思想十分相似。因此，不得不說程鉅夫對元末崇尚個性的詩風具有影響作用。

《四庫全書總目提要‧雪樓集提要雪樓集三十卷》（兩淮馬裕家藏本）評價「元代古文之盛，實自鉅夫創之。」

無論從其領導地位、文學創作和對當時和以後元代文壇的影響來看，程鉅夫的文章在數量、內容和文采方面，也許不如當時所稱許的大家。但其開風氣之先的作用始終不容忽視。

第二節　程鉅夫的俊偉詩風和具有氣格的詩歌創作

一、程鉅夫詩歌觀點綜述

今存《雪樓集》三十卷本中，包括詩五卷（卷二十六至三十），存詩五九九〔註33〕首。其中的詩歌並未分類。

程鉅夫詩歌詩歌題材多樣，多是隱逸閒適、懷古詠史；其詩歌體現出平易俊朗的特點，對宋末詩歌雕琢絢爛流弊的反叛。

程鉅夫《雪樓集》中的相關文章同樣表達出其詩學觀點，如《嚴元德詩序》：

自劉會孟盡發古今詩人之秘，江西詩為之一變，今三十年矣，而師昌穀、簡齋最盛，餘習時有存者。無他，李變眩，觀者莫敢議；陳清俊，覽者無不悅。此學者急於人知之弊也。變眩、清俊固非二子之本，亦非會孟教人之意也，因其所長，各有取焉耳。去年，識廬陵嚴氏二仲，曰元友、元正。其詩若文雅厚深密，非求一日之聞者。近復得其季元德所為詩，亦往往可誦。以三子卓越之資，生會孟之鄉，加之父師之訓，又有歐陽公諸老遺風餘思，宜所底若此。然吾於元德猶有欲言者。會孟於古人之作，若生同時，居同鄉，學同道，仕同朝。其心情笑貌，依微俯仰，千態萬狀，言無不似，似無不極。其言曰：「吾之評詩，過於作者用意。」故會孟談詩，近世鮮能及之。夫學者必求之古。不求之古，而徒膠膠戛戛，取合於一時，其去古人也益遠矣，其不為會孟所笑者亦寡矣。求古之道當何如？能如會孟之融會斯可矣，而猶必以養性情，正德行為本。二仲

〔註33〕楊鐮《元詩史》，人民文學出版社，2003年，北京，384～386頁。

歸，試以吾言告之。〔註34〕

　　嚴元德是程鉅夫的後輩學生，程鉅夫對其三兄弟的詩文作品多有肯定。在對待評判古今詩歌標準的問題上，程鉅夫總結為「求古之道」「能如會孟之融會」，〔註35〕評判詩歌優劣應以劉晨翁評詩的準則進行。但他也有自己的追求，讚賞「清俊」風格的詩歌，認為詩歌風格上「清俊」優於「變眩」。劉晨翁是程鉅夫讚賞的宋末元初詩人、詩評家，一生致力於文學創作和文學批評活動，其文學成就主要表現在詞作方面。劉晨翁的詞對蘇辛詞派既是發揚，又是創新，兼熔蘇辛，不流於輕浮，形成自己獨有的清空疏越之氣，對元明詞的創作產生了很大影響。〔註36〕

　　《段郁文詩序》有言：「高者不讓古人，下亦不與無病而學呻吟者同調，蓋寫心之辭正而真，即物之作幽而絢也」〔註37〕，道出程鉅夫的詩文觀：詩文的優劣與內容是否充實，具有非常緊密的關係。

　　程鉅夫所欣賞的山水景觀的態度，體現在其文章《松臺記》中：

　　　　欲為山水之觀，則必之乎其萃，然後足以兩盡。西南之陬，天
　　下之山之所出也，其萃必甚富，富而又必皆雄特秀偉，瑰詭不凡，
　　而後能曼衍四出，以行乎天下。而天下之山有能得其祖宗之一體，
　　亦足以自名。而世已取雄特秀偉、瑰詭不凡之美盡歸之，亦孰知猶
　　有未觀者乎？〔註38〕

　　程鉅夫認為最值得欣賞的山水之景是草木茂盛聚萃的山麓，天下的雄特秀偉、瑰詭不凡之美全部集中在這樣的美景之中。可以看得出，對雄特秀偉、瑰詭不凡的風景，程鉅夫是嚮往的，由此推知，在詩歌風格方面，程鉅夫也在不自覺的追求與靠近這種風格。

〔註34〕《雪樓集》卷15。

〔註35〕《嚴元德詩序》：「自劉會孟盡發古今詩人之秘，江西詩為之一變，今三十年矣，而師昌穀、簡齋最盛，餘習時有存者。無他，李變眩，觀者莫敢議；陳清俊，覽者無不悅。」，《雪樓集》卷15。

〔註36〕劉晨翁還是一個著名的文學批評家。他一生勤於批點，所掇點者為《班馬異同評》三十五卷，《校點韋蘇州集》十卷，《批點孟浩然集》三卷，《批點選注杜工部》二十二卷，《評點唐王丞集》六卷等等。其詞學批評思想，在中國文學批評史上一直佔有一席之地。四庫全書總目稱他「於宗邦淪覆之後，懷麥秀，寄託遙深，鍾愛之忱，往往形諸筆墨，其志亦多有可取者。」

〔註37〕《雪樓集》卷14。

〔註38〕《雪樓集》卷12。

在《送王敬甫都事歸省詩序》〔註 39〕中，程鉅夫道出了景物與心情的關係：

> 觀春暉而興吟，望孤雲而延想。人子之於其親也，聽於無聲，視於無形，曷嘗一日而忘之哉？王君敬甫，杞人也，而仕於燕。身雖燕，而夢無夕不杞也。蓋其父母家居，年皆七十，鶴髮相對，諒其心之於子，亦猶子之念父母也。然敬甫方以材敏闓通，上下之所倚愛，雖欲一日置身於親側而無由。……春日遲遲，花柳迎路，樂矣哉，敬甫之心歟？上堂起居，內外交賀，樂矣哉，敬甫二親之心歟？世無善畫，孰能寫其形容？學士承旨靜軒先生率同僚賦詩以餞之，而俾廣平程某序之。

「觀春暉而興吟，望孤雲而延想」、「春日遲遲，花柳迎路，樂矣哉，敬甫之心歟？」在程鉅夫心中，不同景物引起不同的情緒：見春暉不由得產生了吟詠作詩的性情，望渺遠的孤雲，不由得引起延綿的回想，春日的美景使得王敬甫的詩也產生了優美的效果。程鉅夫在文字中體現出景與物協的詩文觀。

在為安南人黎景高所作的《黎景高詩序》〔註 40〕中，程鉅夫表達了人品與文品一致的詩歌觀念：

> 予嘗讀黎君景高《安南志》、《郎官湖記》等作，未始不擊節驚歎，去之，耿耿不能忘於心。今復覽此編，其五七言詩森整豐暇，若不經意，而乃得於苦心。長短句穠麗婉至，字字欲與花月爭妍，而決非兒女口中語。善夫景高，如斲輪手，圓規而方矩靡不合乎度，如伶倫管，含宮而激商靡不應乎節。惟其學之審，積之厚，故其發也無不中。然予不獨愛其文，復敬其人也。介而不隘，通而不流，溫溫而春，澄澄而秋。至於懷恩感義，慷慨奮激，有古烈丈夫之風，觀其始終彰憲侯一事，可見已。故其為文，建辭起義皆有感而作，非苟然者。嗚呼！誠有德君子哉！其由京師而歸江南也，乃敘以贈之。

黎崱，字景高，號東山，安南人。累官侍郎、遣佐靜海軍節度使陳鍵幕，至元二十一年，元師入安南，明年鍵率崱等出降，後鍵為安南人所襲殺，黎崱入居漢陽以終。撰有《安南志略》二十卷。除此序外，程鉅夫為黎崱還作過《題

〔註 39〕《雪樓集》卷 14。
〔註 40〕《雪樓集》卷 15。

安選州同知黎承事安南志》〔註41〕、《寄題郎官湖白祠亭》〔註42〕。

　　程鉅夫所欣賞的詩文是那些得之於心，而書之於手的作品；詩歌的風格應
該為豪放博大中滲透著穠麗婉至；詩歌要具有音樂性，規矩方圓要合乎法度；
詩人自己內在是否「其學之審，積之厚」決定能否寫成絕好的詩歌。他認為人
品和文品是一致的。

　　《王楚山詩序》也體現出程鉅夫對詩歌的看法，強調了作詩之時，詩人的
性情尤為重要「抒性情之真，寫禮義之正，陶天地之和」〔註43〕。

　　程鉅夫也主張詩文以情感人。在《歐陽南陽手稿序》中，表達了相應的詩
文觀念：

　　歐陽應丙，字南陽，新喻人。薦授翰林檢閱，累遷天臨路經歷。程鉅夫曾
為其作《贈歐陽南陽序》〔註44〕、《歐陽南陽手稿序》〔註45〕。

　　在《歐陽南陽手稿序》中，通過「藝之精而音之至也，得之天而應於物也。
世之號能言者不若是，不類談兵趙括歟？天非一時也，地非一邦也，人非一俗
也，物非一態也。言不極，不足以盡其變，言其可易言哉？南陽之遊京師也，
諸公交薦之。其羽儀於天朝也，非遠矣。覽其集，心異之，遂為之辭」，借讚
揚歐陽南陽的手稿的風格，表達了自己的詩文觀念：「德天應物」、「情感至誠
而感人」。認為「情之哀、義之感、藝之精而音之至、得之天而應於物」〔註46〕
的文章，才可以達到其應有的效果。

二、程鉅夫詩歌分類

　　程鉅夫詩歌作於元初，持續元代早期與中期，是受「大元氣象」政治氛圍
影響的結果，也對大元氣象的進一步形成產生了不可估量的作用。

　　程鉅夫詩歌可以分為以下幾類：

（一）交遊詩

　　其中又包括：次韻詩、挽詩、送別詩（贈詩）、相聚詩、思念詩、送物詩
和與人分享自己的經歷的詩歌。

〔註41〕《雪樓集》卷 25。
〔註42〕《雪樓集》卷 29。
〔註43〕《雪樓集》卷 16。
〔註44〕《雪樓集》卷 15。
〔註45〕《雪樓集》卷 15。
〔註46〕《雪樓集》卷 15。

《次韻趙方塘並序》：

（積雨為沴，方塘待制出長篇訟風伯，憂愛之誠溢乎筆墨之外，不鄙賜教。顧某何足以知此耶？厚意不可虛辱，輒次韻，一資捧腹。）

書生雙眉幾時開，憂憤填腹長殷雷。愆陽前日勢暴橫，六合幾欲燉為灰。天瓢一滴不可得，望望幾送日西頹。盂水青楊類兒戲，搜索旱鬼到禍胎。物生斬絕有足念，天意似為斯人回。三日滂沱勢破竹，羣情慰悅渴望梅。龍休雲歸能事畢，神功收斂何待催。如何轉慣驕子態，來不受挽去難推。陽光一線時滲漏，陰騎千陣相排佪。禾頭生耳黍穗黑，終歲勤動良可哀。玉堂仙人訟風伯，謂不肆力掃滌來。嗟嗟風伯信可罪，前者致旱何雄哉。天下降分澤上氣，爾乃飄颮鼓黃埃。厥令陰霾蔽天地，爾乃瑟縮不殘摧。安得皇天立梯磴，封詞直上訴九垓。蒼生到頭不蘇息，浸淫之虐猶燔煨。要知風兮亦何罪，羣陰黨互為妖災。斟酌元氣本在上，願天一正北斗魁。

趙方塘即趙與檦，趙與檦（1242～1303），字晦叔，號方塘，趙師雍之孫。南宋咸淳七年（1271）進士，任鄂州（今湖北武昌）教授。

元世祖忽必烈問宋室賢者，伯顏舉薦趙與檦。至元十三年（1276）奉召上京，向世祖列舉宋室誤用權奸，導致亡國事實，詞旨激切。次年，上書十六事，要求對江南郡縣輕征斂，以簡易治。至元十六年，任翰林待制，升直學士。朝廷立法，多諮詢趙的建議，忠言無所顧忌。至元二十八年，桑哥專權，趙上疏彈劾，然後辭官。次年一月，桑哥獲罪罷官後復原職。大德七年（1303）正月，卒於大都，終年六十二歲。家貧無錢歸葬，成宗贈通議大夫、禮部尚書，諡文簡，賜五千貫，給舟車還葬黃岩塔山之原。

程鉅夫曾為其作《趙方塘學士哀辭並序》〔註47〕、《題趙方塘作劉子遠字說後》〔註48〕、《青玉案・壽趙方塘學士五月五日》〔註49〕。

《次韻趙方塘並序》用長篇鋪排的方式來渲染積雨帶來的危害以及當時的氣氛。寫作此詩的目的是次韻趙與檦譏諷風伯的詩，以「一資捧腹」。但最後該詩的寫作回歸到了政治主題「要知風兮亦何罪，羣陰黨互為妖災。斟酌元氣本在上，願天一正北斗魁」積雨的危害並非只是因為風的原因，而是各種因

〔註47〕《雪樓集》卷25。
〔註48〕《雪樓集》卷24。
〔註49〕《雪樓集》卷30。

素互相作用的結果。暗喻程鉅夫希望在政治上能有一番作為，能夠以一身正氣振乾坤。

在寫作《次韻趙方塘並序》之後，程鉅夫又續此作《又並序》，描繪了狂風暴雨的景象：

詩歌描述煙氣凝積而成的黑灰布滿天空，電閃雷鳴、瞬息萬變，太陽受到掩翳，黯淡無光。山嶽中水光奔騰，如同凜凜天地即將崩頹。然而早晨之後又是另一番清新明快的景象，截然不同的明淨天空，光有如「火龍珠飛出蚌胎」。只有大自然才會有此神奇的力量，並非人力所能企及。詩歌讚揚趙與熛憂國憂民的品德，文章寫出「一章未報一章催」，終於盼得「震霆轟復止」、「有物排其豗」〔註50〕的大好局面。

程鉅夫自己的心情與趙與相同，因為出現旱潦等自然災害，他們萬分擔憂，祈求「好生自是天職分」關心百姓疾苦是天性和職責使然。閱遍古今，程鉅夫內心生出諸多感慨：為什麼自然的仁愛之心有時不能到達生民身邊，是令人非常遺恨的事。是自然導致的禍端，還是人世間自己製造的災難？都是令人值得思考的事情。程鉅夫對趙與熛心生敬佩的是，趙與熛也同樣作了災難為天災還是人禍的思考。

《至洪（地名）王肯堂治書見示芙蓉詩次韻二首》題為贈人，實為寫物。用大段排律寫出了「芙蓉」的美好、清奇、艷麗和神幽：「幽居有佳人，頳顏暈紅玉。飽承仙掌露，晞沐靈法曲。一望西風塵，倚竹翠袖拂。閒臨清水照，靜對遠山矗」。品貌不俗的芙蓉栽種在王構的館間，似閬苑仙子。使觀者不由得想到了「楚騷」中美好的奇花異草，便一起招得花神來。〔註51〕

《次韻肯堂學士冬日紅梨花二首》：將冬日的嚴寒中黃菊開、雪花紛飛，梨花綻放冰姿「無情及枯株，嫣然為修容。坐令玉華君，來從蘂珠宮。麗妝凝祥雲，明眸轉驚鴻。豈非散花手，試君情所鍾」〔註52〕描繪地淋漓盡致。而詩人在對花飲酒之際，想到了王構，內心諸多感慨。

王構是程鉅夫的好友，字肯堂，號安野，東平人。至元十一年授翰林編修，宋亡，被旨至杭取圖籍儀仗，累陞治書侍御史，改翰林侍講。成宗即位，參議中書省事，以疾歸，起為濟南路總管。武宗立，拜翰林學士承旨，至大三年卒，

〔註50〕《雪樓集》卷26。
〔註51〕《雪樓集》卷26。
〔註52〕《雪樓集》卷26。

年六十六。諡文肅。編有《修辭鑒衡》二卷。程鉅夫曾為其作《王肯堂遂庸軒說》〔註53〕、《題肯堂學士遂庸軒》〔註54〕。

《次疏堂中丞詩韻並序》前有小序說明寫作背景，及詩人內心的感受：

（潘景梁出示中丞疏堂公贈言，細讀之，有味哉，仁人之言也。紙末見及，深佩不遐遺之盛心。因風，敢次韻以謝。）

漆園物外人，是非一虀齊。冥心兩忘辯，玩世鄰滑稽。淫辭懸崖險，一陷莫可躋。吾徒自潔白，粲粲毛與西。庶以屬頑薄，勿俾傷孩提。廓然公好惡，於斯見天倪。清談寖成風，可否幾謬迷。飢溺不關心，誰其拯顛隮。哀哉延頸民，萬目徒睽睽。有嚴疏堂公，澹約甘朝虀。贈言教戒備，居要磨有臍。潘侯持示余，溫潤獲琬圭。維彼不比鍾，左右殊高低。徇激等一偏，詎可航且梯。塞餘惕瘝曠，凜若臨深溪。公言真菽粟，致遠終當齎。投身暬炎燠，每憶寒風淒。公能隨器使，倘似蹣跚奚。〔註55〕

潘景梁帶來疏堂公贈言，仔細品味，深感此為仁人之言。程氏讀此詩，深深敬佩疏堂中丞不疏遠自己的深情。所以作次韻詩表示感謝。

《送顏北城歸漳州》詩首交代了顏北城經行之地：

出山未了便還山，見見聞聞定不凡。此去人間呼處士，曾來天上換頭銜。簞瓢活計仍顏巷，霖雨蒼生自傅巖。我亦征塵袍褲滿，眼穿江上理歸帆。〔註56〕

顏北城即為顏奎。生平事蹟見許有壬《吟竹先生墓表》：「臨儒學正顏士穎奉大父吟竹翁《行實》請曰：『十三年，多難奔走，表於墓而未能，亦惟僻左未獲攸記，託其在今日乎？』燭其誠，序之曰：『諱奎，字子俞，吉州永新人……』」〔註57〕顏奎（1235～1308）字子俞，永新人。不求仕進，居鄉興學，門有萬竹，日嘯詠其間，學者稱吟竹先生。至大元年卒，年七十四。許有壬曾為其作《吟竹先生墓表》，《元詩選癸集甲》（五十六）有其相關作品。

詩中認為只有顏奎這樣真正超然屋外的隱士，才能做到「此去人間呼處

〔註53〕《雪樓集》卷23。
〔註54〕《雪樓集》卷26。
〔註55〕《雪樓集》卷26。
〔註56〕《雪樓集》卷26。
〔註57〕許有壬《吟竹先生墓表》，《至正集》卷57，清文淵閣四庫全書補配清文津閣四庫全書本。

士，曾來天上換頭銜。簞瓢活計仍顏巷，霖雨蒼生自傅岩。」

《送八番安撫司趙僉事》「功名成邂逅，此事正多端。車取富民易，班封定遠難。蠻荒今甸服，吾子昔儒冠。我欲歌黃鵠，誰憐范叔寒」〔註 58〕使用典故，借用范雎的典故來暗指趙僉事此去前途、吉凶未卜。借用「黃鵠歌」的典故，點名邊塞的遙遠與苦寒。但詩歌中悲壯沖淡了淒涼。程鉅夫希望趙僉事能在邊塞以儒者的學識影響當地居民「我欲歌黃鵠，誰憐范叔寒。」

《送人赴浙東木綿提舉》為送別友人赴浙東作木綿提舉的作品：

> 曾歷金華三洞天，風流歷歷記山川。柏林白綻梅花小，柿實紅垂橘彈圓。訪古但聞羊化石，因君又喜木生綿。霜風渾似當時峭，愁絕雙溪八韻篇。〔註 59〕

時值秋天，秋景雖已成暮，但依舊絢爛「霜風渾似當時峭」，想起與友人在一起三年經歷的山川、柏林、梅花，因友人而引起關注的羊化石、木棉樹，想著即將離別，不禁愁緒滿懷賦詩作別。

《己丑送趙縣丞世賞入官之任》：

> 肯堂生此肯堂兒，五葉崇蘭第一枝。世賞法應為邑長，縣丞廉不厭官卑。遙知浙水扶筇老，定說尊公衣繡時。是處甘棠有遺愛，郎君勉力繼前規。

詩歌肯定趙世賞的才能「五葉崇蘭第一枝」，遺憾的是其並未得到應有的官職。程鉅夫勉勵其「縣丞廉不厭官卑」，將元帝比作《甘棠》中召伯，定能慧眼識人，鼓勵其「勉力繼前規」。

《辛卯九月行臺解組西歸十四日泰州教授適齋胡先生送別真州是日乃先生初度》記錄元世祖至元二十八年辛卯（1291）九月，程鉅夫從行臺侍御史職位卸任還江西。十四日離真州，時任泰州教授的胡自明送別，是日乃胡自明生日。胡自明，字誠叟。以明經史、通詩賦進士業講授鄉里。為郡博士，後為海陵教官：

> 滿江風雨太多情，送了重陽送我行。祖帳遠來慚弟子，壽觴初度喜先生。功名千古文章印，師友平生父子盟。遮莫尊罏堪久戀，雞豚只合社吳城。

此詩是一首兼帶祝賀生辰的送別詩。全詩極力描繪風雨多情暗含送別之

〔註 58〕《雪樓集》卷 26。
〔註 59〕《雪樓集》卷 26。

不捨，藝術手法開闊而純熟，讚揚胡適齋的為文為人，表達自己對胡適齋的師友之情。以「遮莫尊鱸堪久戀，雞豚只合社吳城」對比表明胡自明雖解下綬印沉淪下僚，但卻為真君子。

《廿一日過建康送朱埜翁教授當塗》同樣是一首寄託深情的送別詩，開頭讚揚朱埜豪邁的氣概以及青雲之志：

> 男兒自合致青雲，天上何須問故人。選部四年無力挽，除書萬里待身親。司文鄭校官寧冷，迎侍潘與地卻鄰。去去新篇定驚我，採江月夜有詩神。

朱埜翁在吏部任職四年，現在一紙拜官授職的文書下達，便面臨遠赴就任，與老友分別。然而離開爾虞我詐的冷漠官場，輾轉到養親之當塗教授學生何嘗不是一件樂事？而且在路途中會有更多的經歷寫成新的詩篇，所以程鉅夫說「去去新篇定驚我，採江月夜有詩神」。

《贈汪郎中》為程鉅夫至元二十八年十日在吳城山下遇汪郎中惠詩一卷：

> （余解官歸省，舟過吳城山下，耆舊彫落，有嘅其歎。忽老人厖眉皓髮，衣冠偉然，惠詩一卷。使之年，曰：「八十三矣。」復遺瓜三枚，不一語而去。余意其異人也。坐有潘俊卿，謂余曰：「此盧潭老人汪郎中也。」屬余西沂，未暇細論，令人饋之羊、酒，將以此詩。至元二十八年龍集辛卯十月十日）（至元二十八年卸任）

此老今年八十三，江濱獨擅漢衣冠。文書銜袖龍蛇字，鬚髮如霜熊豹顏。耆舊於今足塵土，典刑留此重家山。醴牢略具高年禮，萬一神丹乞九還。

汪郎中為程鉅夫家鄉故人，這次相逢已經八十三歲。衣漢冠、善寫文書、字跡如龍蛇舞。程鉅夫感歎「耆舊於今足塵土，典刑留此重家山」，用高年禮的「醴牢」、「九還」神丹寄予了希望汪郎中長壽的美好祝願。

至元二十八年（1291）九月，程鉅夫從行臺侍御史職位卸任還江西。離真州後，《雪樓集》中有十四首詩作於沿長江西歸途中，依其順序可知程氏行程和所經地點：九月二十一日過建康（今江蘇南京），二十四日登蛾眉亭（位於安徽當塗牛渚山），其後過天門山，食嘉魚，十月四日過大、小孤山，繼之過湖口（今屬江西九江）、經廬山，六日到達吳城山，十日在吳城山下遇汪郎中惠詩一卷，其後到洪州（今江西南昌），與王構、徐琰等人詩酒唱和，最遲於十一月中旬回到家鄉。與此相關的詩歌有《廿一日過建康送朱埜翁教授當塗》、《廿四日偕包鼎新吳岩翁登蛾眉亭》、《天門山》、《連日飽飫嘉魚示包吳二君及

陳孟實志道》、《十月四日過兩孤山》、《過湖口》、《風帆迅甚今夜徑宿楮溪渡有
孤鼎新遊匡廬清興詩以解之》、《六日到吳城山》、《贈汪郎中》、《至洪王肯堂治
書見示芙蓉詩次韻二首》、《徐容齋參政王安野治書更倡迭和飲酒止酒各極其
趣次韻二首》

　　十月，與治書侍御史王構相會於洪州，臨別出《九方皋相馬圖》相示，並
題詩。此圖為本年秋天杭州張師道寄放於程鉅夫處。

　　約在十一月，程鉅夫回到家鄉。《家園見梅有懷疇昔同僚諸君子因成廿六
韻奉寄徐容齋王肯堂趙元讓黃文瑞諸公》一詩中云「歸來適仲冬」可證。十一
月二十五日，寫詩為吳澄母親祝壽。〔註60〕

　　《送前玉隆副宮嶽麓劉蒼雲》為程鉅夫送別前玉隆觀副宮道士、居湖南劉蒼
雲所作：

　　　　官已我方來問道，道成子卻去為官。出山不為功名在，有眼要
　　知天地寬。定力千年衡嶽峻，浮生一葦洞庭寒。玉函只在遊帷近，
　　何日歸舟覓剩丹。

　　劉蒼雲本為道士，後程鉅夫欲向問道，卻逢其出山為官。程鉅夫讚賞劉蒼
云為官並非為功名，而是為知天地寬。因為這樣的心境，打通了修行與入世的
界限。

　　《送留道士》為送別所作，卻表達了內心對道士般清閒生活嚮往之情：

　　　　樂得清閒了此生，青鞋布韤尚探尋。岩巒謾寄孤雲影，霄漢常
　　懸野鶴心。幸破樊籠天廣大，豈無泉石地幽深。他年心跡雙清了，
　　更覓新詩為子吟。

　　青鞋布韤、孤雲影、野鶴心、幽深的泉石等等，在程鉅夫看來，是天地廣
大景物的代表。

　　《送王子厚並序》：

　　　　（王子厚以醫名家，六世矣。與余家聯姻婭，在郢同居里。去
　　郢同寓里。別二十年，余將造朝，過吳城，為仲父宣慰謀醫。鄉人
　　合而言曰：「有名醫在都昌。」亟命舟迎致，則吾子厚也。　切脈如
　　見，用藥如神，信乎名不虛得。臨別賦此。）

　　　　高談稷契不謀身，作計岐黃自活人。六世名家孫肖祖，萬金良
　　藥眾疑神。傳來白雪千年調，散作青雲五老春。若遇無形可憂處，

未須驚走且逡巡。

王子厚為程鉅夫同鄉郢人，並與程鉅夫家聯姻。王子厚以醫名家，曾為程鉅夫叔父程巖卿治療疾病，切脈如見，用藥如神，臨別之際，程氏作此詩送別之。

《送趙月卿教授江州》是一首送別詩，送別趙月卿去往江州〔註61〕教書：

六館才名三十年，冷官還取舊青氈。不辭越水遠千里，要看盧山障百川。栗里風流今在否，濂溪源委故淵然。乾坤生物無窮盡，解有鸞膠續斷弦。

據詩文內容可知，趙月卿在國子監〔註62〕成名三十餘年，現年齡已不小，但仍舊清寒貧困。遙想遠去江州這一路上的艱辛「不辭越水遠千里，要看盧山障百川」，陶淵明〔註63〕的風度是否至今還在，周敦頤淵博的學問之原由曲衷為何，程鉅夫都表示疑問。最後發出「乾坤生物無窮盡，解有鸞膠續斷弦〔註64〕」世上生物無窮無盡，但一旦消逝，很少有像鳳麟州上可以續斷弦的鸞膠那樣延續美好的東西的感歎。

《送茶藥與唐靜卿三首》〔註65〕講述程鉅夫送藥給蓬萊頂上人、送茶給唐靜卿以及與唐靜卿飲酒三件事，表達出程鉅夫與唐靜卿的深情厚誼，以及灑脫自如的生活方式。程鉅夫所具有的「逸趣」是嚮往不被束縛、自由往來的道家仙境和喝茶飲酒的文人雅興。

與人交往類詩歌還有《次韻寄謝建昌監郡》、《次韻寄謝盱守》、《次韻寄謝盱江學院諸先輩》、《送李副使赴行臺治書侍御史》、《魏知事求樂閑字謾與一絕》、《別余琅山教授》等等，不勝枚舉。程鉅夫詩歌中，與人交往類詩歌佔據比例較大。可見，與人交往是程鉅夫作詩的重要目的。與程鉅夫交往之人既有其相知好友，如王構、徐琰；更多的有不知名姓的友人，如同鄉人汪郎中、謝

〔註61〕 江州：位於九江縣江洲鎮，地處東北贛、鄂、皖三省交界的長江中心。

〔註62〕 六館：國子監之別稱。謂清之實錄館、文穎管、國史館、四庫全書館、四庫會要館、內廷方略館。

〔註63〕 栗里：盧山溫泉北面一里許，是晉代陶淵明的故鄉——栗里。栗里坐落於山南虎爪涯下，是一個山環水繞，景色秀麗的山村。村前小溪蜿蜒，西側有一石橋，這便是陶淵明歸田後荷鋤來往經過的「清風橋」。

〔註64〕 漢族神話故事，相傳海上有鳳麟州。州上的仙人能用鳳喙麟角所熬成的膏膠結斷弦，人們稱這種膠膏為續弦膏，能續弓弩已斷之弦，名續弦膠，亦稱「鸞膠」。後多用以比喻續娶後妻。《漢武帝外傳》：「西海獻鸞膠，武帝弦斷，以膠續之，弦兩頭遂兩著。終日射，不斷。帝大悅。」

〔註65〕 《雪樓集》卷26。

盱守、余琅山教授……。可見程鉅夫交往之廣泛，從側面可以看出其性格中的好交友和博大的胸懷。

（二）紀念詩

為紀念所寫詩歌包括祝壽詩、挽詩、題齋記、字號、義門、頌揚人的品格類詩作。

《壽吳幼清母夫人（十一月廿五日）》：

> 清時富貴亦易得，吳子甘心臥草廬。慈母自能安菽水，高年忍
> 使倚門閭。此時為壽奉卮酒，豈必閒居要板輿。卻笑毛家兒子俗，
> 區區喜色動除書。

在為吳母祝壽的壽詞中，程鉅夫表達了自己內心對吳澄「清時富貴亦易得，吳子甘心臥草廬」這樣甘於平淡、清貧而不願為官品德的尊重。也正是如此，吳母的「安菽水」、「倚門閭」才顯得彌足珍貴。詩末表達了對吳母質量的讚揚和內心的祝福之情。

《趙菊山挽詞九月四日卒》：

> 菊花今歲失重陽，應為先生減妙香。市駿千金惟骨在，嗟麟一
> 角與詩亡。無人去問病摩詰〔註66〕，有客來干死孟嘗〔註67〕。我奉
> 蒲輪〔註68〕猶昨日，忍看丹旐遠還鄉。

挽詩中以高潔而美好的事物如：菊花、駿馬、麒麟來凸顯趙菊山的品格才學，「無人去問病摩詰，有客來干死孟嘗」來暗合趙菊山生時善於推薦士人的胸懷，以「我奉蒲輪」這種迎接賢士的方式，來表達對趙菊山的敬重。

《三十六代天師挽詞二首》〔註69〕是程鉅夫為三十六代天師張宗演所寫的挽詩。

張宗演（1244～1291）字世傳，號簡齋，貴溪人。正一道教第三十六代天師。至元十三年入覲，賜號演道靈應沖和玄靜真人，令主江南道教事，二十八年卒，年四十八。劉辰翁為作《嗣漢三十六代天師簡齋張真人墓誌銘》。

〔註66〕《維摩詰經》是大乘佛教的早期經典之一，因為此經的主人公為維摩居士，故
　　　而得名。宣揚在世俗生活中也能修煉成佛。唐詩人王維受此經影響，故取名摩
　　　詰。主要思想「心靜則佛土淨」、「亦入世亦出世」、「在入世中出世」。

〔註67〕孟嘗：戰國時齊國貴族，門下有食客數千。後為齊愍王相國，因貴族叛亂被
　　　疑，請辭。

〔註68〕蒲輪：古代常用於封禪或迎接賢士，以示禮敬。

〔註69〕《雪樓集》卷26。

挽詞中鋪排了道家仙境：雞犬鼎餘、天仙、晏清都、金壚側、龍虎山、白鶴、青牛，表達了程鉅夫的哀悼之情。

《樂山劉東厓學士為唐承旨立號》中「立號」是有關於劉岳給唐仁祖立號「樂山」之事：

> 不受東華一點塵，青青靜閱幾番春。朋儕欲表公心事，只有西山象得真。

在程鉅夫看來「不受東華一點塵，青青靜閱幾番春」不受俗世干擾、始終堅持自己的內心世界，確實符合唐仁祖的性格特徵。

劉岳（1239～？）字公泰，號東厓，南康星子人，徙居吳。世以醫名，亦工詩文，至元二十四年徵入朝，授太醫院判，未幾改翰林學士，三十一年出為健康路總管。程鉅夫為其作《送蘭與盱守劉東厓》。

唐仁祖（1249～1301）字壽卿，號樂山，畏吾人，寓蜀，祖曰唐古直，子孫因以唐為姓。至元十八年授翰林直學士，累遷工部尚書，二十八年除翰林承旨，改將作院使，大德五年再拜翰林承旨，是年卒，年五十三。謚文貞。程鉅夫曾為其作《送茶藥與唐靜卿三首》〔註70〕，《樂山》〔註71〕、《寄閻子敬唐靜卿二翰長》〔註72〕。

《瘍醫三茅蔣法師》類似為人物立傳。本詩為頌人之作，蔣法師是一位隱居高人，詩歌讚頌了其精湛的醫術和特出的詩歌才能。以「詩病依然欠事治」的正話反說來讚揚蔣法師的才能。

壽詩、挽詩、題齋記、字號、義門、頌揚人的品格。

此類詩歌還有《壽萬媼九十八歲》、《牟陵陽八十》、《壽劉樗庵八十》、《吳進學挽詞二首》、《韓孔惠孝廉挽詞》、《書郭將軍墓銘後》、《白無咎素軒》、《趙克敬耘庵》、《七真山洞雲觀》等等。這類詩歌中的主人公僅有少數為程鉅夫所熟悉，如程鉅夫為吳澄的母親和牟巘祝壽。剩餘為紀念的詞作中，大多都是為人所請的交際應酬之作。

（三）題書畫詩

《題蓮葉舟圖》：

> 如此風波惡，舟中坐晏如。此時不經濟，借問讀何書。

〔註70〕《雪樓集》卷26。
〔註71〕原注：劉東厓學士為唐承旨立號。《雪樓集》卷26。
〔註72〕《雪樓集》卷27。

《讕言長語》〔註73〕評論程鉅夫詩歌《蓮葉舟圖》「不必加貶，自有清意。」將對生的欣喜和對自由的追求與另一種高然的境界結合起來，平時「經濟」而有所為，閒時優游讀書，好不快活。結尾拋出了疑問，諧謔中表達了追求適意生活的願望。

蓮葉蘊含著淨土之意，佛經中的九品蓮花圖有所謂「願生西方淨土中，九品蓮花為父母。花開見佛悟無生，不退菩薩為伴侶」〔註74〕。大乘佛典《觀無量壽經》對此有詳細說解：「見此事時即自見，身坐金蓮花坐，已華合隨世尊。後即得往生，七寶池中一日一夜蓮花，乃開七日之中，乃得見佛。雖見佛，身於眾相好，心不明了」〔註75〕。有關蓮花的圖畫似乎都暗含著對於生命和自由的嚮往，山水畫脫去了物質存在的特性，而變成無邊莊嚴世界中的新的語言。他傳達的有別於宗教體驗，而是一種新的欣喜。

《題九方皋相馬圖後並序》

　　（至元辛卯秋，杭張師道寄余此卷。是歲十月，會安野侍御於

洪，臨岐出此，以當贈策，就題廿字。）

　　萬里出市駿，九京誰作歌。多因毛色似，誤殺眼明人。

這是一首包含寓意的詩歌。九方皋相馬寓指在對待人、事、物的時候，要抓住本質特徵，不能為表面現象所迷惑。〔註76〕

《題趙仲遠伏生授書圖》：

　　龍鍾九十餘，猶及漢三葉。哀哉窮獨叟，有女幸傳業。授數縑

四七，錯歸已德色。遂令讀書人，終古猜梅。

此詩敘述伏生授尚書事。詩題為《題趙仲遠伏生授書圖》，元代趙仲遠也曾有過《伏生授書圖》。程鉅夫此詩就是對本事的概述。並表達伏生對讀書人的影響，以及程鉅夫本人對《尚書》流傳的肯定和對伏生的尊重。

《題仲經家江貫道瀟湘八景圖八首》中的八幅畫為北宋間畫家江參〔註77〕

〔註73〕〔明〕曹安《讕言長語》卷上，民國景明寶顏堂秘籍本。

〔註74〕〔明〕毛晉《六十種曲》曇花記下，明末毛氏汲古閣刻本。

〔註75〕〔南北朝〕畺良耶舍《佛說觀無量壽佛經》，大正新修大藏經本。

〔註76〕〔春秋戰國〕列禦寇《列子》卷8，四部叢刊景北宋本。

〔註77〕〔宋〕吳則禮《贈江貫道》，《北湖集》北湖集卷2，韓芬樓秘籍本。江參，字貫道，約於北宋元豐年間出生於衢州一戶書香人家。有人稱江參為鎮江人了，吳則禮詩道：「即今海內丹青妙，只有南徐江貫道。」南徐，即鎮江。江參又曾作客湖州，極喜江天曠遠的景色，使畫藝境界大為開闊，故又有人誤認他為江南湖州一帶人。江參擅長畫山水，學董源、巨然的畫法，是描繪江南水鄉畫

的名作，江參擅長畫山水，學董源、巨然的畫法，是描繪江南水鄉畫派的繼承者。包括對平沙落雁、煙寺晚鐘、洞庭秋月、漁村夕照、山市晴嵐、江天暮雪、遠浦歸帆八種蘊含歷史與典故的特殊美景的描寫。不但對自古已有的美景的描寫與刻畫，也有自己對其特殊的理解和感悟：

《平沙落雁》

翩翩數行下，灘磧俯蒼波。此處稻粱好，人間矰繳多。

《煙寺晚鐘》

僧定鐘聲緩，依稀聽不真。渡頭風正急，喚醒未歸人。

《洞庭秋月》

萬頃玻璃上，輝輝玉一環。望中青似粟，約莫是君山。

《瀟湘夜雨》

昏昏風浪裏，瑟瑟打篷聲。騷客千年恨，靈妃萬古情。

《漁村夕照》

落日寒潭靜，西風黃葉鳴。鱸魚新出網，分我一杯羹。

《山市晴嵐》

旂亭新酒熟，下馬試從容。頗勝老兵對，夕陽三兩峯。

《江天暮雪》

六月三山底，城中似甑中。客來開短軸，亂雪舞江風。

《遠浦帆歸》

八景瀟湘妙，歸舟更色絲。招招煩小住，我賦式微詩。〔註78〕

《瀟湘吟興》中曰：瀟湘八景，曰山市晴嵐、遠浦歸帆、漁村夕照、煙市晚鐘、瀟湘夜雨、平沙落雁、洞庭秋月、江天暮雪。凡此八景，皆足以發吟興也。「嶽麓」，《南嶽記》：「南嶽，周廻八百里，廻雁為首，嶽麓為足。《元和郡國志》：「嶽麓山在長沙縣西南，隔湘江水六里，蓋衡山之足。」《方輿勝覽》又名靈麓峯，乃嶽山七十二之數。目湘西古渡，登岸夾徑喬松泉潤，盤繞諸峰疊秀，下瞰湘江。嶽麓寺在山上百餘級。「衡陽」，《禹貢》：「荊及衡陽，惟荊

派的繼承者。畫中林木蔥蘢，山峰重疊，時而溪水，時而幽谷，景色連綿，有一條曲折的小路貫穿其間。江參用硬筆勾畫石頭的輪廓，頗有力度，又十分注重水分的運用，並借鑒了米芾水墨雲山的技法，使得畫面具有江南水鄉的格調。

〔註78〕《雪樓集》卷 26。

州。」孔氏曰：「荊州以衡山之陽為至者，蓋南方惟衡山為大。」今詩《衡陽》，亦指衡山之陽。《水經注》：「衡山東南二面，臨映湘水，自長沙至此，江湘七百里中有九背。故漁者歌曰：「帆隨湘轉望衡九面。」《一統志》：「回雁峰在衡州府城南，雁至衡陽則不過，遇春而回。」〔註79〕

《平沙落雁》〔註80〕描寫落雁翩翩而下，棲息於瀟湘水面的灘磧上。灘磧上雖有稻梁等美味食物，但人間矰繳也極多。此詩歌為借寫畫以言志，表達對現象、事物的理解與看法。

《洞庭秋月》〔註81〕所述萬頃碧波之上，有如玻璃滑滑。夜晚月色中青山如粟米般點點，想必那就是登上之後具有另一種情懷的君山。

《瀟湘夜雨》〔註82〕最能引起文人墨客感懷之處。黃昏時分，狂風排浪、瑟瑟打蓬。多少文人墨客於此想起湘妃情愫千古遺憾之事。這是一首通過寫景的懷古詩。

《漁村夕照》中的落日寒潭西風黃葉，本來悽惶。但因陶淵明所寫《桃花源記》中的武陵人捕魚為業，捕魚生活便成為文人墨客嚮往之處。末尾程鉅夫說：「分我一杯羹」表達了其對隱逸安樂生活的嚮往之情。

《山市晴嵐》〔註83〕為詩人路經此地，下馬從容飲酒，夕陽西下，面對對面的山峰，詩人雖感年華已老卻仍躊躇滿志。

《山市晴嵐》〔註84〕看到六月的山中，小城猶如在甑中。飄雪時，客來之後，感到清涼與悠閒。

《遠浦歸帆》〔註85〕在瀟湘八景詩中，遠浦歸帆的景色最為絕妙。搖擺蕩漾中，在此小住。吟《式微》而思念家鄉。

題畫詩還有《題趙仲遠所藏趙大年鵝鴨圖》、《題仲經知事家藏錢舜舉折枝》、《題採蓮舟杯》、《題仲經所藏馬圖》、《題仲經所藏馬圖》等等。程鉅夫題畫詩中具有隱逸情懷，將在「程鉅夫與題畫詩」中專門論述。

〔註79〕〔五代〕殷元勳《冬末同友人泛瀟湘》《才調集補注》卷8，清乾隆五十八年宋思仁刻本。
〔註80〕衡陽回雁峰瀟湘自永州下瀉數百公里，到達南嶽七十二峰之首的回雁峰。
〔註81〕由湘陰北去，便是一望無際的洞庭湖。
〔註82〕永州城東湘水在永州境內與瀟水匯合以後，稱為瀟湘。雨落瀟湘的夜景，是舊時文人藉以寄情的著名景觀。
〔註83〕湘潭與長沙接壤處的昭山湘江由衡山北行一百五十餘公里到達昭山。
〔註84〕橘子洲自古為長沙名勝，東望長沙，西瞻嶽麓。
〔註85〕湘陰城江邊從橘子洲沿江北去，約遠七十公里，便到湘陰。

（四）閒適詩

詩酒自娛、詩酒自樂、詩酒自適、詩酒自放是程鉅夫在緊張之餘的悠閒時光。自樂性情的詩歌，可以讓詩人遠離外界的紛擾、塵世的喧囂。獨處中，詩人心靈可以自由發攄，在自然和靜謐之中，讓心靈回歸自然且欣賞和享受自然，遠離和鄙俗。這類詩是程鉅夫對自我心理的一種調節，詩歌可以樂性情、娛性情、適性情。程鉅夫的詩開創出自娛自樂的新境界，思考人生與詩人的自我反思相勾連。詩人獨得之樂，是無法與他人共享的。

《己丑除夜留遠齋十絕》：

無尋子美千間處，且管相如四壁休。風雨震凌都過了，一年直為遠齋留。

無奈星翁苦見尤，歲君己丑我何仇。殷勤欲且留君住，街鼓無端送土牛。

排行弟妹捧椒盤，應說癡兒未了官。昨日有人江外去，家書只寫道平安。

去歲金陵坊裏住，疏梅的皪兩三花。今年閏後花開早，定到墻陰萼綠華。

老大庭闈在盱水，漂零兒女落秦淮。感時懷抱思親甚，料得吾兒說遠齋。

何年呼得竈為君，鼻是煙窗耳是鐺。深夜乞靈余不會，但令分我膠牙餳。

鍾馗曾是開元見，從此人間鬼日多。明是將無來作有，撐眉努目奈人何。

今年悟得修真訣〔註86〕，巷柳園桃一併無。卻笑塵緣終未斷，杜詩韓集當麻姑〔註87〕。

都無柏酒與椒盤，止有年華上鬢端。一盞油燈充蠟炬，夜深炯炯寸心丹。

十載班行沐異恩，歸來未望屬車塵。沍陰明日東風動，萬歲聲中拜聖人。

〔註86〕道家修煉成仙的口訣。
〔註87〕麻姑：麻姑又稱壽仙娘娘、虛寂沖應真人，漢族民間信奉的女神，屬於道教人物。

至元二十六年除夜，吃著膠牙錫這些除夕夜裏特有的食物，思念郢州家鄉
的親人，回想一整年所作之事，有反思、也有領悟，想起經歷疏梅的礫的美景，
悟得道家修煉成仙的口訣：「卻笑塵緣終未斷，杜詩韓集當麻姑」。

這年宰相桑哥當政，法令嚴苛。民亂四方，程鉅夫入朝，奏議彈劾桑哥。
桑哥怒，前後六次奏請世祖，欲加害程鉅夫，為世祖不允。後，程鉅夫因此事
撰寫《論時相》。程鉅夫想要逃逸出這些紛爭，然而責任和擔當使得其在留得
一點心靈休憩空間的同時，還要入世，為天下蒼生濟。

（五）山水詩

寫景詩中游覽的地點有蛾眉亭、天門山、兩孤山、湖口、枯木、危橋等，
既有與友人一起登臨抒發感慨之作，也有純粹為寫景而作之詩。

《廿四日偕包鼎新吳岩翁登蛾眉亭》

牛渚幾頭看落暉，亭荒檻折怕憑危。江山欲暮涵元氣，舟檝無
風玩小兒。百怪可堪重出世，雙蛾安得暫開眉。酒澆不到青山土，
應笑新詩有許悲。〔註88〕

這首詩是在日暮之時，程鉅夫攜友人登牛渚幾頭上的蛾眉亭之作。詩歌除
描述當地風景外，也表示出對元朝命運的擔憂。詩末針對李白飲酒可以解千
愁，提出了更理性的判斷：「酒澆不到青山土，應笑新詩有許悲」，任何人看到
這種日暮蒼涼的景象，都會有些許悲涼。這種悲涼只能寄託於詩歌之中，以酒
澆是澆不滅的。他認為詩歌的功能之一，是可以釋放內心的悲涼和惆悵，如此
釋放是其他任何的方式都代替不了的。

《天門山》〔註89〕描寫大開大闔的氣勢和山中古木參天、藤蔓纏繞的景
象：

萬里瀰漫地，天門據要衝。乾坤大開闔，江漢此朝宗。往事空
多壘，千年只二峯。舟人亦癡絕，遙認兩眉濃。〔註90〕

詩人在此不免湧起思古之情。天門山在三國吳永安六年（公元263年），
嵩梁善忽然峭壁洞開，玄郎如門，形成天門洞這樣罕見的自然奇觀。於此地，
程鉅夫不免感歎唏噓三國之時的紛爭和國家的分分合合的歷史。

《十月四日過兩孤山》：

〔註88〕〔唐〕李白《李太白集》卷20，宋刻本。
〔註89〕天門山，古稱雲夢山、嵩梁山，是湖南張家界永定區海拔最高的山。
〔註90〕《雪樓集》卷26。

兩山相望幾曾孤，應是高峯不可梯。千載何人廟雙姥，我評只
合祀夷齊。〔註91〕

《大清一統志》記載：「飲虹橋，在撫仙湖中。舊有大小兩孤山，好事者
冶鐵為橋，跨兩山之間，如虹飲然，故名。一夕風雨交作，橋與小孤山失所在，
大孤山獨存。」〔註92〕兩孤山的兩座孤峰高聳相望高不可及，千年以來，人們
不斷拜祭兩座山峰，而在程鉅夫看來，應該拜祭的只有夷齊。這是在「自得」
之後高度的自信。詩中程鉅夫對夷齊的行為表現出了充分的肯定和尊敬，雖然
未言原因，想來是對二人做事原則的敬意。這是程鉅夫對歷史人物的獨特遭遇
提出的個性化的理解，在另一層面上，表現出其高度的自信。

《過湖口》是一首充滿濃鬱鄉情的作品；《風帆迅甚今夜徑宿楮溪〔註93〕
渡有孤鼎新遊匡盧清興詩以解之》體現出程鉅夫博大的胸懷，友人之間同處相
融和的情境當中，雖不能相遇，彼此錯過，但仍舊可以在心中默道出珍重；《六
日到吳城山》〔註94〕因親人墓冢在此，詩人路過此地，萬千思緒便湧上心頭。

寫景詩歌還包括《枯木》、《危橋》、《檮亭》、《厓雲》、《薩德彌實謙齋御史
瑞竹》、《樂廷玉西村》、《郭熙小景》、《夏珪山水》、《趙大年小景》等。

綜觀以上詩歌分類，據統計「交往詩」幾乎占程鉅夫詩作的一多半，交往
詩中又以「次韻詩」、「送別時」、「贈詩」所佔比重最大。與程鉅夫有交往的人
有禮部郎中王寅夫、旴江學院諸先輩、教諭韓明仲、僉事趙弘道、徐允、僉事
賀弘道、御史劉雲卿、王蘭思、御史張仲豪等，其中有同鄉人、朝廷的官員、
教諭、僉事、御史、不知名的人。程鉅夫與之詩文唱和的士人數量之多，身份
各異、職務不同，程鉅夫與當時士人交往頻繁，表現出其詩歌的交往功能。也
從側面表現出其對南北交流，混一南北所作出的努力。

三、具有鮮明特點的題畫詩

除去「交往類」詩歌，在程氏599首詩歌中，題畫詩占非常大的比例。程
氏所作題畫詩包括《題武仲經知事獅貓畫卷》《郭梅西息齋》、《題趙仲遠所藏
趙大年鵝鴨圖》、《題仲經知事家藏錢舜舉折枝》、《題採蓮舟杯》、《題仲經所藏
馬圖》、《題仲經家江貫道瀟湘八景圖八首》、《題歸去來圖》、《百蝶圖》、《張萱

〔註91〕《雪樓集》卷26。
〔註92〕〔清〕穆彰阿《大清一統志》卷74，四部叢刊續編景舊鈔本。
〔註93〕楮溪：上饒。
〔註94〕從東往西到老家。

唐宮搗練圖》、《為曹仲堅題漁父圖》、《題趙雲趣梅圖》、《題靖夫弟畫屏折枝十二首》等。

其中既有獅貓、鵝鴨、馬、蝴蝶、鳥雀、牛、犬、兔、睡鳧、白鶴等生物的整體摹寫，又有梅花、紫牡丹、梨花、雞冠、月桂、碧桃、黃蜀葵、來禽、梨子、石榴、琵琶、長春、木瓜、櫻桃、松、雙頭牡丹並蒂芍藥折枝樣植物微觀植物的局部特寫，也有酒杯等器具什物的勾勒，齋房、朱陵別館等建築的繪製，還有瀟湘八景、江天暮景、麓石、雪騎、秋山、煙嵐、山水、雪景、村田樂、長江歸櫂、江皋雪霽、溪山對月、蕭山、釣臺、桃江等自然景物的描摹，也不乏歸去來、搗練、漁父、雪寺歸僧、家山飛雲、少陵春遊、江山秋晚、李氏奉親、石上三生、五王避暑、寧山耆艾、蘇李相別、淵明高臥、潘司農龍眠拂菻婦女、早行、禹柏、九歌、米元暉忘機圖、歸來、雪中行吟七賢、謫仙捉月、滕王閣、蕭御史取稧帖、雲中四老、高僧試筆等在歷史中已凝聚的特殊形象的刻畫。

題畫詩在程鉅夫所作詩歌中佔有相當大的比例，程鉅夫的題畫詩也具有其自身特點。

作為久在元廷的士人，程鉅夫較容易接觸到類似秘書監一類元代內府書畫收藏之所在，有機會瀏覽大量的書畫名跡，這為其題畫詩創作提供了不可缺少的基礎。秘書監也是書畫文人薈萃與鑒賞之地，這又為其題畫詩提供了良好的創作氛圍。

程鉅夫以南人的身份出仕元朝，為元朝重臣，寵遇優渥，但仍有個人的情感表達與自我的解脫方式，表現在題畫詩中便是辭別塵世、歸隱山林願望的主題。表達這一主題的方式有三種：

首先，直抒胸臆。李伯時畫的馬歷來是詩人筆下最常見的詩題。詩人大多都是由圖畫中的馬說開，或讚賞李伯時超逸的畫技，或寄託懷才不遇、遭受欺凌、為世所困的現實情感。程鉅夫的《李伯時畫馬》〔註95〕引發的似乎與馬不相干的主題思想：「我今老病無所求，但願早賜歸林丘」。《為曹仲堅題漁父圖》〔註96〕：「風煙浩渺浪拍天，百帆齊開爭一先。輕舸蕩漾自來去，詩人曾賞古漁父。山圍別浦樹參差，水淨沙明人跡稀。大罾小罟較得失，魴鱮暗作枯魚泣。直針為鉤餌亦無，煙波不見真釣徒。林中茅屋是誰子，袖手無言方隱几。」描寫了在百帆爭先的浩淼水面上，蕩漾著輕舟來去自由的古漁父。表達了對漁父

〔註95〕《雪樓集》卷30。
〔註96〕《雪樓集》卷27。

自由生活的嚮往，更表達了對「袖手無言」的隱居生活的羨慕。

其次，詩人通過對時間概念的強調抒發歸隱之情。《長江歸棹圖》〔註97〕在江景將晚、江波東流的景色描述之後，提出了對回歸的時間的疑問「遊子何時歸」，表達了歸去心切。《題仲經家江貫道瀟湘八景圖》〔註98〕中題煙寺晚鐘一景詩，在描寫了緩慢而微弱的鐘聲後，設想著碼頭上強勁的風聲會喚醒尚未歸去的人們。「未歸人」既暗示了歸去是最終的目標，又指明了現時的狀況。時間的意味在表達主旨中起到了關鍵的紐帶作用。

最後，詩人採用對比的方式表現歸隱的主題。《早行圖》：「萬山廻合路紆縈，獨策羸驂款款行。卻憶麻源三谷裏，畫橋攜酒聽溪聲」〔註99〕前兩句描寫了蜿蜒曲折的山路上騎著羸弱的馬獨自行走的旅人，後兩句則描寫的是麻源第三谷中謝靈運攜酒燕遊的歡快場面。前後二景由詩人的追憶相連，二景對比的目的是要表達對自由生活的嚮往。《趙大年小景》〔註100〕中，直接將「匹馬衝寒踏落花，杏園深處曲江涯」的求仕生活與「相對風軒坐」、「漁船傍酒家」的閒適情調對比，表達的也是對隱居生活的渴慕。但詩人對隱居的描述只是在圖畫中。因此，如他自己在《題雪景圖》〔註101〕中所說：「人生適意耳，何去復何留？」這是詩人的感歎，也代表著他題畫詩作的基調：憂鬱傷感。

特別注意的是他的題畫詩中並沒有像其他宋遺民詩人那樣，表現出對故國宋王朝的懷念和傷懷，倒是有一首《上賜潘思農拂林婦女圖》：「拂菻迢迢四萬里，拂菻美人瑩秋水。五代王商盡作圖，龍眼後出尤精緻。手持玉鍾玉為顏，前身應住補陀山。長眉翠髮四羅列，白氎覆頂黃金環。女伴駢肩擁孤樹，背把閒花調兒女。一兒在膝嬌欲飛，石榴可憐故不與。涼州舞徹來西風，琵琶檀板移商宮。娛尊奉長各有意，風俗雖異君臣同。百年承平四海一，此圖還從祕府出。司農潘卿拜賜歸，點染猶須玉堂筆。天門蕩蕩萬國臣，驛騎橫行西海濱。聞道海中西女種，女生長嫁拂菻人」〔註102〕頌揚了元朝統一四海的歷史功績。值得一提的是一首風俗圖畫詩《漁翁圖》：描寫了漁翁一家的日常勞動生活，筆墨集中在織網這一具體的勞動上：「漁翁牽繰漁婦紡，膝上兒看掉車響」「祝

〔註97〕 《雪樓集》卷30。
〔註98〕 《雪樓集》卷27。
〔註99〕 《雪樓集》卷29。
〔註100〕 《雪樓集》卷30。
〔註101〕 《雪樓集》卷29。
〔註102〕 《雪樓集》卷29。

兒休啼手正忙，網成得魚如汝長」〔註103〕描寫生動有趣，語言樸素平易，很有生活趣味。

四、程鉅夫詩歌特點

程鉅夫詩歌清新明朗、俊偉詩風中蘊含著真性情、用典中體現其學養、有濃厚的理學滋養，形成其自身獨特的風格。

（一）俊偉詩風中蘊含著真性情

性情與學問是推動程鉅夫詩歌創作風格的內驅力，他在創作詩歌的時候，既重視性情，又重視才學。詩歌創作以情之所至而發端，而才學便是驅動力。才學在讀書為學中養成，是詩人的自身修養，內化為學養和骨力。缺乏骨力的支撐，是寫不好詩的。其實學問和詩之間的關聯，經由氣質。學問修養提升氣質，氣質提升之後，性情變得平和而堅定，性情發端作詩，從而影響詩歌創作。《廿一日過建康送朱塗翁教授當塗》〔註104〕是一首寄託深情的送別詩，開頭讚揚朱塗豪邁的氣概以及青雲之志。《送留道士》〔註105〕題為《送留道士》，卻表達了內心對道士般清閒生活嚮往之情。青鞋布韈、孤雲影、野鶴心、幽深的泉石等等，在程鉅夫看來，是天地廣大景物的代表。

自然與人的關係，是程鉅夫經常要思考的問題。程鉅夫的詩歌中表現出對「自然」的崇尚，在其詩歌中「自然」的流露是士人輕鬆而不經意中的所見所聞。程鉅夫的詩歌中堅持表現自然而然的景物和性情，由此出發，寫出隨景感觸，流露出真情實感。

《送三山陳格山教授高郵》：「師儒不比他官職，太息難逢本色人。覆盎一城如斗大，皋比重席得儒真。宗門況味從來冷，近日詩書漸可珍。淮海秦郎天下士，試尋恐有再來身」〔註106〕體現出的情感傾向為尊重儒者，但程鉅夫替像陳格山這樣就職於偏遠小城的真儒者感到惋惜。因為秦觀是高郵人，陳格山遠去就教的地點正是高郵，故程鉅夫化用秦觀一生坎坷，其所寫詩詞，高古沉重，寄託身世，感人至深。可惜沒有再來之身去體驗生命的過程，也是一種遺憾，表達對陳格山儒者的敬重和送別時的歡惋。

〔註103〕《雪樓集》卷29。
〔註104〕《雪樓集》卷26。
〔註105〕《雪樓集》卷26。
〔註106〕《雪樓集》卷26。

（二）用典中體現學養

在詩歌中運用典故，是為了更好地表達思想感情。典故由歷史故事生發，而形成自己特有的含義，在表達作者的含義時，由相對短小的詞語，表達相對豐厚的內涵。在短小文字容量的詩歌中，想要寄託遙深，需要足夠大量得運用典故來拓展詩歌的要內容和意旨。所以，在某種程度上，在古代傳統詩歌中，能否恰當、妥帖的運用典故成為衡量一個詩人藝術水平高低的標準。所以，胡應麟說：「詩自模景述情外，則有用事而已……欲觀筆力，全在阿堵中」。〔註107〕

用典是程鉅夫詩歌語言風格的一個重要方面。「所謂用典」，其實乃是比興手法的一種，或者是比興範圍的擴大；也是一種為了增加語言內涵和典雅程度的修辭手段。」〔註108〕

程鉅夫的詩歌風格與其文章特點還是稍有不同的，文章容量相對較大，所以形成了平易正大的風格，但詩歌短小精緻的特點，使得程鉅夫不得不想辦法擴大其詩歌容量，其中的辦法之一便是典故的使用。程鉅夫經常把典故、議論、敘事三者糅合在一起。大量典故的運用，使詩歌內涵曲折而富有情感上的變化，同時也體現出了詩人的文化素養。程鉅夫在用典時，方法富於變化。一方面可以靈活調遣各種歷史事實、傳說、故事，表達事實以及自己的觀點、看法和感慨，另一方面又從歷史典故中翻出新意，構造出他自己特有的觀點和想法。

程鉅夫詩歌用典的變化還體現在，一是把需要申說的意思代入古人的名字、生活地點、特殊標誌來促進讀者發揮想像；其次是把典故中的事情組合，用自己的語言加以表達。比如《輔正臣按察使挽詞》中，「閩嶠淚碑生叔子，孔堂尸祝死庚桑」一句，「淚碑」〔註109〕比喻對死者的懷念，「孔堂」〔註110〕謂學識已有相當的境界，若少了典故，詩句內涵就顯得單薄，而典故使用之後，

〔註107〕〔明〕胡應麟《詩藪》內編4，明刻本。
〔註108〕董乃斌：《李商隱的心靈世界》，上海：上海古籍出版社，1992年版，第188頁。
〔註109〕淚碑：典故名。典出《晉書》（唐房玄齡《晉書》清乾隆武英殿刻本。）卷三十四〈羊祜列傳〉。羊祜鎮守襄陽時，勤於治世，大興學校，關心百姓疾苦，後人在他常遊憩的峴山上為他立廟建碑，人見者無不落淚。後遂以「淚碑」等比喻對死者的懷念。
〔註110〕孔堂：孔子所居的堂隩，後以「孔堂」謂學識已有相當的境界。語出《論語·先進》：子曰：「由之瑟奚為於丘之門？」門人不敬子路。子曰：「言偃昭烈於孔堂，員武邁功於諸侯」。（三國何晏《論語》，四部叢刊景日本正平本。）

能夠把輔正臣按察使的學問和為政之道凸顯出來，表達深切的哀思，這首詩的感染力也隨之增強。

《送八番安撫司趙僉事》借用范雎的典故來暗指趙僉事此去前途、吉凶未卜。借用「黃鵠歌」的典故，點名邊塞的遙遠與苦寒。只要熟悉范雎、黃鵠歌，就能馬上聯繫起這首詩歌出處來，即使不知道兩個典故，僅從哀婉的用詞中也能感覺到詩境。有時候不易發現已經用了典故，這樣不易察覺的用典，應該說是到了用典的較高境界了。

用典使詩歌更有韻味，增加了撲朔迷離之美。如艾默生所說：「詩人總是在孤獨幽寂中傾吐詩句。他所說的，大多數無疑是傳統的東西；但是他逐漸說出了一些獨創的和美麗的東西。」〔註111〕

綜觀程鉅夫的詩歌用典方式，他在單一的詞語替代的基礎上，加強了本身和寄託的寓意給讀者雙重的情感衝擊，更能打動人、更富感染力；使用了重疊渲染的傳統典故，意境顯得含蓄朦朧，幽深綿邈。

（三）詩歌中優美句子的嵌入

《瘍醫三茅蔣法師》〔註112〕中用「藥錢不辦將詩準，詩病依然欠事治」的詩句，以「詩病依然欠事治」的正話反說來讚揚蔣法師的才能。《家園見梅有懷疇昔同僚諸君子因成廿六韻奉寄徐容齋王肯堂趙元讓黃文瑞諸公》「凌寒折一枝，殷勤寄王孫。又恐遠莫致，作詩當重論」〔註113〕寄物寄詩，以表達深情。這些都是很經典的例子。

詩歌的變化與時代和人物的盛衰密切相關。魏晉以後詩歌格調浮靡卑弱，元朝詩歌一掃宋人之積弊，原因一是土地之廣，故士人詩歌格調有雄渾之氣；二是元廷深仁厚德涵養天下，世間一派和平與繁榮景象。由此，元代詩歌體現出「大元氣象」。此即劉禹錫所言「八音與政通，文章與時高下」〔註114〕。

許有壬在《大元大一統志·序》中說：

　　春秋所以大一統者，六合同風，九州共貫也。然三代而下，統
之一者，可考焉：漢拓地雖遠，而攻取有正譎，叛服有通塞，況師

〔註111〕愛默生：《詩人》，《西方文論選》（下冊）伍蠡甫等編，上海：上海譯文出版社，1985 年，第 493 頁。
〔註112〕《雪樓集》卷 26。
〔註113〕《雪樓集》卷 26。
〔註114〕戴良《鶴年吟稿序》，李軍等校點《戴良集》，第 238 頁。

異道，人異論，百家殊方，指意不同，亡以持一統，議者病之。……
我元四極之遠，載籍之所未聞，振古之所未屬者，莫不渙其羣而混
於一。則是古之一統，皆名浮於實；而我則實協於名矣！〔註115〕

以往歷朝歷代，不但疆域沒有蒙元廣闊，而且「統一」之謂，皆名浮於實；
許有壬認為只有大元是真正的「混於一」。

在「混於一」的「大元氣象」之下，程鉅夫讚賞的詩歌風格是「清俊」；
認為詩文的優劣與內容是否充實具有非常緊密的關係；他所欣賞的山水景觀
是山水清幽、草木茂盛雄特秀偉、瑰詭的景致。在詩歌風格方面，程鉅夫也具
有如此追求；關於景物與心情的關係，程鉅夫心中的詩文觀為不同景物引起不
同的情緒，其詩歌也應體現出景與物協；他還認為人品和文品是一致的，主張
詩文以情感人。

程鉅夫詩歌多是隱逸閒適、懷古詠史的題材，並且體現出平易俊朗的特
點，是對宋末詩歌雕琢絢爛流弊的反叛。

第三節　程鉅夫詞內容及風格

一、元代詞學概況

元代前期的詞論，南方以張炎《詞源》為代表，北方以元好問等的相關論
著為代表。趙文《吳山房樂府序》描繪了當時的情景：「江南言詞者，宗美成；
中州言詞者，宗元遺山；詞之優劣未暇論，而風氣之異，遂為南北、強弱之占
可感也」〔註116〕，當時南北詞論各有所宗，似乎難分優劣，不同的只是風格
各異而已。

元代前期南方詞學沿襲的是南宋的雅正之風《金元詞研究史稿》中說：「在
「復雅」詞風的影響下，詞壇的創作風氣發生了根本性的轉向」〔註117〕。代
表作有《詞源》、《樂府指迷》、《詞旨》及《絕妙好詞》、《樂府補題》等既有嚴
密理論也有作品實踐的著述和選集。南宋詞學中的「復雅」主旨對元代詞學產
生了重要影響。

〔註115〕許有壬《至正集》卷35，清文淵閣四庫全書補配清文津閣四庫全書本。
〔註116〕趙文《吳山房樂府序》，《青山集》卷2，清文淵閣四庫全書本。
〔註117〕崔海正主編，劉靜、劉磊著《金元詞研究史稿》，第33頁，山東：齊魯出版
　　　　社出版。

　　隨著元代南北文學的融合進程，南北詞風不斷融合，詞風也逐漸轉變，這在吳師道所著《吳禮部詞話》一文中有所體現。《吳禮部詞話》僅有七則，是少見的蒙元時代論詞的著作。元代的學者如吳澄的《戴子容詩詞序》也從抒發情感的角度出發，肯定了詞體存在的意義：

　　　　風者，民俗之謠；雅者，士大夫之作，故風葩而雅正。後世詩人之詩，往往雅體在而風體亡。道人情思，使聽者悠然而感發，猶有風人遺意者，其惟樂府乎？宋諸人所工尚矣。國初太原元裕之以此擅名，近時涿郡盧處道亦有可取。……夫詩與詞，一爾，岐而二之者，非也。自其二之也，則詩猶或有風雅頌之遺，詞則風而已。詩猶或以好色不淫之風，詞則淫而已。雖然，此末流之失然也，其初豈其然乎？使今之詞人真能由香奩、花間而反諸樂府，以上達於三百篇，可用之鄉人，可用之邦國，可歌之朝廷而薦之郊廟，則漢、魏、晉、唐以來之詩人有不敢望者矣，尚可嘐嘐然不揣其本而齊其末哉！〔註118〕

　　從此看出吳澄的詞學觀，希望詩詞能夠承擔同樣的功能，即儒家之道義——風雅頌的勸導警戒的社會功效。

　　傑出散文家代表戴表元在《題陳強甫樂府》中，通過比較不同朝代的詞風，表達了對當時豪放詞風的不滿：

戴表元《題陳強甫樂府》

　　　　少時閱唐人樂府《花間集》等作，其體去五、七言律詩不遠。遇情愫不可直致，輒略加檃栝以通之，故亦謂之曲，然而繁聲碎句，一無有焉。近世作者，幾類散語，甚者竟不可讀，余為之憒憒久矣。山陰陳強甫示余《無我辭》一編，體用姜白石，近陸渭南，而編名適與其家去非公《無住詞》相似，是有以爽然於余心者載。〔註119〕

　　戴表元推崇姜夔詞作，也欣賞唐人樂府《花間集》「遇情愫不可直致，輒略加檃栝以通之，故亦謂之曲」幽微曲折的表情之作，批判的是如「幾類散語」的通俗之作。

〔註118〕吳澄《戴子容詩詞序》，《吳文正集》卷15，清文淵閣四庫全書本。
〔註119〕戴表元《題陳強甫樂府》，《剡源集》卷19，四部叢刊景明本。

綜觀元代前期詞作，南北方不同，即使同為北方代表作家，詞作也有相異之處。大體來說，包括如下幾種風格：或是注重華麗典雅細密的辭藻堆積，或是宣揚豪放高邁的審美傾向，或是讚賞春容大雅形式下曲折幽微的情感抒發，或是稱許以詞為詩具有同樣的風雅頌的社會功效；或是倡導細緻入微的情感表達。

另一類元代的詞學包括元人編選的詞選本，元人編選的詞選本有兩種類型：一為元代編刊元代當時人的詞選，如《樂府補題》、《天下同文》等；二為元代編選前代詞人的詞作。本文為了將程鉅夫樂府置於元代整個樂府背景京之下，試將第一類詞作稍作分析。

元代出現的詞選有《樂府補題》、《宋舊宮人贈汪水雲南還詞》、《精選名儒草堂詩餘》、《天下同文》、《鳴鶴餘音》、《中州樂府》等。

《樂府補題》是宋末元初一批心念南宋故土的詞人所創作的詠物詞。收錄王沂孫、周密、王易簡、馮應瑞、唐藝孫、呂同老、李彭老、李居仁、陳恕可、唐玨、趙汝鈉、張炎、王英孫、仇遠等十四人詞。

朱彝尊《詞綜・發凡》提到：

> 常熟吳氏訥匯有《宋元百家詞》，抄傳絕少，未見全書。〔註120〕

朱彝尊《樂府補題序》中又說：

> 《樂府補題》一卷，常熟吳氏抄白本，休寧汪氏購之長興藏書
> 家。予愛而亟錄之，攜至京師。宜興蔣京少好倚聲為長短句，讀之
> 賞激不已，遂鏤版以傳。〔註121〕

朱彝尊攜至京師的《樂府補題》版本為明代常熟吳氏訥匯《宋元百家詞》抄白本。《樂府補題》收集在康熙十七年朱彝尊等人編著的《詞綜》初編本。《詞綜》，已經收錄了《樂府補題》中的三十五首詞，只有王沂孫的二首詞沒有收錄。〔註122〕

〔註120〕〔清〕朱彝尊《詞宗》，第 123 頁，中華書局，1975 年，據康熙十七年裘杼
　　　　樓刊本影印。

〔註121〕〔清〕朱彝尊《樂府補題序》，《曝書亭集》，四部叢刊本。

〔註122〕於翠玲《〈詞綜〉與〈樂府補題〉的關係——兼論浙西詞派詠物詞的演變》西
　　　　北大學學報（哲學社會科學版）2005 年第二期：朱彝尊在編纂《詞綜》過程
　　　　中，發現了《樂府補題》的版本，並將其大部分詞收入《詞綜》，這擴大了《樂
　　　　府補題》的傳播範圍。朱彝尊等人以「擬補題」和「後補題」形式創作了大
　　　　量詠物詞，這形成了浙西詞人的獨特風格，也影響了以後浙西詞派的發展趨
　　　　勢。

《宋舊宮人贈汪水雲南還詞》三種，其所有詞作為送行汪元量南還所作。至元二十五年（1288），汪元量自元大都南歸〔註123〕，宋舊宮人金德淑、連妙淑、黃靜淑、陶明淑、柳華淑、楊慧淑、華清淑、梅順淑、吳昭淑、周溶淑、吳淑真、章麗珍、袁正真等三十三人為其贈別，所作贈別詞編輯為選本。

《草堂詩餘跋》中說：「無名氏選至元、大德間諸人所作，皆南宋遺民頁。詞多淒惻傷感，不忘故國。而於卷首冠以劉藏春、許魯齋二家，厥有深意。」〔註124〕《精選名儒草堂詩餘》二十四種三卷，又名《鳳林書院草堂詩餘》、《元草堂詩餘》。選錄宋元間詞人六十三家，詞作二百零三首。〔註125〕

《天下同文》一卷，編者為無名氏，該書從元周南瑞《天下同文》甲集中輯出。楊士奇《文淵閣書目·日字號第二廚書目》曾曰「天下同文」〔註126〕，蓋取《中庸補注》〔註127〕：「今天下車同軌，書同文，行同倫」。原書卷四十八至卷五十收有元人盧摯、姚雲、王夢應、顏奎、羅志可、詹玉、李琳七家詞作二十九首。

《鳴鶴餘音》九卷，元彭致中輯。《四庫全書總目提要》稱其：採輯唐以來羽流所著詩餘，至元而止……所錄多方外之言，不以文字工拙論。而寄託幽曠，亦時有可觀。〔註128〕元刊殘本為八卷，為道家所撰詞選集。篇首有述此書之編選始末。

《中州樂府·彭汝寔序》謂是書收錄：凡三十六人，總一百二十四首，以

〔註123〕汪元量南歸時間，下述說法：1. 至元二十五年（1288），見王獻唐《汪水雲事輯》；楊樹增《汪元量祖籍、生卒、行實考辨》（《中華文史論叢》1983年第4輯）；孔凡禮《關於汪元量的家世、生年和著述》（《文學遺產》1982年3期），《汪元量事蹟紀年》（《增訂〈湖山類稿〉》，中華書局1984年）；2. 至元二十二年（1285）秋。孔凡禮否定前說，載《關於汪元量研究的一些新資料》（《宋代文史論叢》學苑出版社，2006年）。3. 至元二十三年（1286），見祝尚書《汪元量〈湖山類稿〉佚跋考》，《書品》，1995年第3期）。按：汪元量《達徐雪江》《重訪馬碧梧》《東湖送春和陳自堂》諸詩，均謂十年。只有《南歸對答》云，「此行十三載」。其北流詩至《全太后為尼》止（1288），而從其抵達上都的時間（1276）計算，則正為十三載。故本文認為汪元量南歸在至元二十五年（1288）。
〔註124〕〔清〕歷鶚《草堂詩餘跋》，秦恩復編，《詞學叢書》，第7冊。
〔註125〕清人厲鶚據《翰墨大全》、《天下同文》等書補選，元刻舊鈔原為62人，詞194首，歷鶚所補比元刻舊鈔多出原來漏署名的高信卿一家，又補選9首詞，故而凡源出厲鶚鈔本的《名儒草堂詩餘》，共收詞人63家，詞作203首。
〔註126〕〔明〕楊士奇《文淵閣書目·日字號第二廚書目》卷2，清文淵閣四庫全書本。
〔註127〕〔清〕戴震《中庸補注》，清戴氏長留閣鈔本。
〔註128〕〔清〕永瑢主編《四庫全書總目提要》，卷200，乾隆五十四年武英殿刊本。

其父明德翁終焉。人有小序志之，中間亦有一二憐才者。《中州樂府》一卷，
金元好問編，為金代唯一的詞總集。元好問纂有《中州集》十卷，毛晉汲古閣
據明弘治本刻《中州集》，又刻樂府，遂合二書為一部。書中詞人小傳，汲古
閣刻本因小傳已見詩集中，故刪去樂府集中小序。是書有元至大刻本，吳昌綬
雙照樓據此摹刻，有明嘉靖本，朱祖謀收入《疆村叢書》，有日本巫山翻刻《中
州集》後附樂府一卷，與元至大本相同。《四部叢刊》據此本，又用傅增湘所
藏園刊本。〔註129〕以上是元代詞學概況，既有代表作家及觀點，又有當時輯
錄刊行的作品。表現出來的特點是：元代南北方看待優質詞作的標準不一，或
認為詞本詩餘，或以為詞為表情達意而為之，或覺詞與詩都可以承擔經國創偉
業的功效。而且綜觀詞作及詞集的數量，比起前代及後代，都是偏少的。程鉅
夫的詞作產生於這樣的環境之中。

二、程鉅夫的詞學觀

元代前期的詞論，南方以張炎《詞源》為代表，北方以元好問等的相關論
著為代表。趙文《吳山房樂府序》描繪了當時的情景：「江南言詞者，宗美成；
中州言詞者，宗元遺山；詞之優劣未暇論，而風氣之異，遂為南北、強弱之占
可感也」〔註130〕，當時南北詞論各有所宗，似乎難分優劣，不同的只是風格
各異而已。

元代前期南方詞學沿襲的是南宋的雅正之風《金元詞研究史稿》中說：「在
「復雅」詞風的影響下，詞壇的創作風氣發生了根本性的轉向」〔註131〕。南
宋詞學中的「復雅」主旨對元代詞學產生了重要影響。

隨著元代南北文學的融合進程，南北詞風不斷融合，詞風也逐漸轉變，吳
澄《戴子容詩詞序》也從抒發情感的角度出發，肯定了詞體存在的意義：「夫
詩與詞，一爾，岐而二之者，非也。自其二之也，則詩猶或有風雅頌之遺，詞
則風而已。」〔註132〕吳澄希望詩詞能夠承擔同樣的功能，即儒家之道義──
風雅頌的勸導警戒的社會功效。

〔註129〕以上可參閱：朱志遠《元代詞選版本序錄》，上饒師範學院學報，2013 年第
　　　　2 期。
〔註130〕趙文《吳山房樂府序》，《青山集》卷 2，清文淵閣四庫全書本。
〔註131〕崔海正主編，劉靜、劉磊著《金元詞研究史稿》，山東：齊魯出版社出版，1997
　　　　年，第 33 頁。
〔註132〕吳澄《戴子容詩詞序》，《吳文正集》卷 15，清文淵閣四庫全書本。

綜觀元代前期詞作，北方作家之詞包括如下幾種風格：或是注重華麗典雅細密的辭藻堆積，或是宣揚豪放高邁的審美傾向，或是讚賞春容大雅形式下曲折幽微的情感抒發，或是稱許以詞為詩具有同樣的風雅頌的社會功效；或是倡導細緻入微的情感表達。

置身於以上的創作環境之中，雖然滋養土壤不甚豐沃，但程鉅夫的詞學觀點具有自身的特點。

《金元詞研究史稿》以《題晴川樂府》〔註133〕一篇為例，認為：程鉅夫作為蒙元四朝元老、最受忽必烈賞識與器重的漢族文臣，他對詞體創作所持的態度卻與南宋遺民保持了一致性。程氏論詞強調創作過程，並將情感的抒發置於創作目的之首位，由此周邦彥的詞風受到他的大力肯定：

> 蘇詞如詩，秦詩如詞。此蓋意習所遣，自不覺耳。要之，情吾情，味吾味，雖不必同人，亦不必疆人之同。然一往無留，如戴晉人之映，則亦安在其為寫中腸也哉？余於近世諸家，惟清真犂然當於心。晴川樂府殊有宗風。雨坐空山，試閱一解，便如輕衫駿騎，上下五陵，花發鶯啼，垂楊拂面時也。起敬！起敬！〔註134〕

筆者對上述觀點提出疑問。程鉅夫對周邦彥詞風大為讚賞是肯定的，但其所稱許之處並非周邦彥所代表的南宋詞風「復雅」、「雅正」之特點。

分析程鉅夫《題晴川樂府》可知其詞學觀念非常的寬容。他既欣賞蘇軾的詞，也表現出對秦觀詞的濃厚興趣。程氏認為二者門徑不同，各自的韻味需要讀者自己去感受。

據文中言，程鉅夫尤其會對「情吾情，味吾味」的詞作產生共鳴，但他並不強求別人接受他的詞學觀念，正如其自言「雖不必同人，亦不必疆人之同」。

《題晴川樂府》中，程鉅夫道出自己所欣賞詞作的特點為「寫中腸也」。周邦彥詞之所以能敲動程氏心弦，是因為其詞「犂然當於心」、「雨坐空山，試閱一解，便如輕衫駿騎，上下五陵，花發鶯啼，垂楊拂面時也。」一為真情、一為清靈。故言，程氏好周邦彥之詞，而非宗尚周詞「復雅」、「雅正」的特點。程鉅夫如此喜好，其詞作中，也能較為鮮明的體現出來。

《跋安南國王陳平章詩集》是程鉅夫對其他人詞作的評價，從中可看出其詞論的具體內容，也可見其所偏好詞作具有的特點：

〔註133〕程鉅夫詞全部出自《雪樓集》，卷30。
〔註134〕《雪樓集》卷25。

右平章政事，安南國王集一卷，詩二百三十、樂府十，皆至元中歸朝後作。皇慶元年入覲間以視余，始獲讀之。夫本以忠孝仁智之道，博以詩書六藝之文，更以艱難險阻之變，襲以憂歡離合之情。其居既殊，所遇亦異。故其落筆如大將治軍旅，賢輔立朝廷，紀律嚴明，條令整肅，而不失舂容閑暇之意，過人遠矣。昔越裳氏慕周德而朝，觀其辭令，已知為詩禮之邦。安南，古越裳也，自漢唐以來，世多聞人。覽此，又疑非古所及已。嗚呼！其亦治世之音乎？
秋九月望日，廣平程某謹書其後。〔註135〕

從程鉅夫的敘述中，可知安南王著作的情況、詩文詞的數量和特點。文中提到了安南王落筆的特點「故其落筆如大將治軍旅，賢輔立朝廷，紀律嚴明，條令整肅，而不失舂容閑暇之意，過人遠矣」落筆整肅守規矩，並且不失舂容閑暇之意。

《禮記·學記》：「善待問者如撞鐘，扣之以小者則小鳴，扣之以大者則大鳴；待其從容，然後盡其聲。」〔註136〕鄭玄注：「從」，讀如「富父舂戈」之「舂」。舂容，未重撞擊也。「舂容」為用力撞擊為擲地有聲之意，大開大闔，能引起回想，表明作者的磊落胸懷。

閑暇：「止於坐隅，貌甚閑暇。」〔註137〕「閑暇」可解釋為：舉止安詳。據此知程鉅夫欣賞的詞作特點為音節擲地有聲，具有大開大闔的氣勢並透露著閑暇安詳的從容。即既有力又不綿密。

可見在詞作的作用方面，程鉅夫提倡表達真情；在風格特點方面他喜愛清靈、有力的詞章作品；在構思方面，意象不需多，詞作可以呈現出舒朗、不綿密的特點。

三、程鉅夫詞內容分類

本文依據內容將雪樓樂府分為對待入世與與出世的態度、表達思念之情、輕功名而重品格三類。

（一）對待入世與出世的態度

經統計，程鉅夫所作祝壽詞有三十三首之多，占其詞作的一半以上。這些

〔註135〕《雪樓集》卷25。
〔註136〕〔漢〕鄭玄《禮記·學記》，《禮記》卷11，四部叢刊景宋本。
〔註137〕〔漢〕班固《漢書·賈誼傳》，北京：中華書局，1987年，2221頁。

祝壽詞，除了表達出程鉅夫對主人公的祝福之外，還於內容中暗含了程鉅夫細緻而幽微的感情以及胸懷、性格、理想、願望、偏好等。

《漢宮春·壽劉中齋尚書》：「老子當筵，國手。曾看書賭墅，決策推枰。而今長垂衫袖，卷卻機心。後先翻覆，一從他、局面虧成。旁觀者，不求他訣，只從乞與長生。」〔註138〕表達了程鉅夫在仙境中渴求長生，同時其也有張良般建功立業之心。程鉅夫的理想生活是無官時可以如老子般優游山林；用世之時，又能像張良一樣運籌帷幄。

《清平樂·以茗芽椶扇壽長樂尉弟（四月三日）》中程鉅夫用椶扇和嫩芽茶來為長樂尉弟祝壽。他遙想蘇軾被貶海南「受用一般苦味，奉揚千載清風」身有苦楚卻能為官清廉。這也正是他自己所追求的境界。

《滿庭芳·壽曾勁節》中表現出程鉅夫崇尚清靜無為「天地為爐，崑岡欲爐」的道家理想境界。清涼的氛圍中，他回顧了曾勁節馳騁疆場「刃撼撼陣裏，翠旌蘦，佩玉鳴璫」的叱吒場面。他暗想二人閒來品評詩文的情景「如衛公步於淇水，以天地為枕席，任意徜徉」，表達了程鉅夫內心曠達、瀟灑的一面。

程鉅夫曾用「金縷歌」、「木蘭花慢」和「海棠春」詞牌名三次為胡夢魁祝壽。

胡夢魁字景明，號澗泉，建昌新城縣（今江西黎川）人，程鉅夫三子程大本岳父。南宋進士，曾任澧州戶曹、丹徒縣尉、浙西制置司參議官。程鉅夫江南求賢，舉薦於元朝。至元二十四年，授嶺南廣西道提刑按察司僉事。任上四年，決黜甚眾，特別是敢於彈劾當時無人敢惹的海南宣慰使。至元二十八年，辭官告歸。

三首樂府用笙鶴、南宮禮樂、駟轡等道家景物營造了神仙氛圍。程鉅夫寄予對胡夢魁的祝福「老子精神真滿腹，合借福星當道」；描繪了胡夢魁的理想生活「辦了調元勳業，丹霞小住千年」；表達程鉅夫渴望生活於神仙之境「攀琪樹，拾瑤草」的願望。

《清平樂·壽王楚山》中程鉅夫以「楚山」之地，諧音類比「王楚山」其人。以松、菊、萱草、蘭花來暗喻王楚山的人格質量。他認為王楚山也許年齡越大會活得越從容瀟脫「丹霞洞口紅泉。從來慣醉飛仙。不是稱觴獨後，後天長似先天」。

《南鄉子·壽程靜山》末句「七十未為翁……家慶圖中須著我，吾宗」可

〔註138〕《雪樓集》卷30。本節程鉅夫樂府全部出自《雪樓集》卷30。

看出程鉅夫對程靜山老當益壯的讚歎和傾慕。表明了他本人對修身的重視「家慶圖中須著我，吾宗」，他表示自己要以宗族長輩程靜山為榜樣，靜修己身。

《臨江仙・以鴛鴦梅一盆壽程靜山平章》中程鉅夫稱讚梅花孤芳獨賞、幽香獨特、獨度寒霜的高潔姿態。程鉅夫感概雖然程靜山已完成了建功立業的夙願，但仍「莫忘水雲鄉」仍想尋覓水雲彌漫，風景清幽適合隱者遊居之地。

《沁園春・和王寅夫樓居妙曲兼致惜別意》是一首和歌，蘊含著程鉅夫與王寅夫依依昔別之意。在微醺之時，程鉅夫憑高遠眺，想到人間事「翻覆蒼黃」滄海桑田變化不定，渴望居住於謝家春草堂一樣的仙境中。

《漁家傲・次韻謝郭西埜僉事》：「西埜有雲初出岫。浮空肯學纖絺繡。須信此中無雨久。君識否。老夫只羨無官守。」程鉅夫借寄贈郭西埜，表達自己的感悟：真正的擁有也未必是真切的存在，羨慕無官一身輕般樣閒雲野鶴的生活。

《臨江仙・餞拜都御史》表現出程鉅夫對於做官與隨緣任運兩種方式的選擇，更傾向於隨緣任運的生活方式，「江頭官柳」敵不過隨著「江漢水」「萬折與俱東」。

程鉅夫在朝為官四十餘年，官居顯位，在政治上建樹頗多，多與士人交遊，能處理好各方面關係。但宦海沉浮，程鉅夫為官做事有許多不得已，如彈劾桑哥被其打擊，其內心自是痛苦異常的，於是借詞作抒發內心的感概。

（二）表達思念之情

《醉江月・寄壽京山宣慰叔》：

> 歲時荊楚，渺淮海、相望竹林清逸。掛了豸冠歸去也，側耳中郎消息。見說旌旗，行春江上，也報歸來日。嬋娟千里，如今猶共天北。應是南國甘棠，綠陰新長，未放春風歌。料得清香凝燕寢，兵衛森然畫戟。回首塵蹤，轉篷未了，又欲馳京陌。浩歌金縷，殷勤遙寄銅狄。

程鉅夫回想與宣慰叔在荊楚之地相逢的情景，二人遠眺淮海，周圍竹林環繞。但如今已是各分南北，只能共享同一輪明月來慰藉思念。時值春風拂面綠茵花海的季節，在兵荒馬亂的國家，詞人寄出書信表達對朋友的思念。由此詞末尾的描述可知，或許程鉅夫思念之人就是疆場征戰之人。

《臨江仙・壽崔中丞（四月十日）》：「主翁情愛重，親手卷朱簾」「殷勤深意倩誰傳，呢喃如對語，富貴出長年」表達了程鉅夫對崔中丞的思念和祝福之情。

《千秋歲・壽劉中庵》：「冰雪種，瓊瑤樹。重逢仍嫵媚，方發非遲暮」「無

耐風霜洴。香不斷，清如許」程鉅夫藉此樂府為劉敏中祝壽。劉敏中，字端甫，號中庵。累遷燕南廉訪副使，入國子司業，遷翰林直學士，除東平路總管，擢西臺治書，大德九年召為集賢學士，歷河南行省參政、治書侍御史、淮西廉訪使，轉山東宣慰使，拜翰林學士承旨。諡文簡。著有《平宋錄》三卷、《中庵集》二十五卷。程鉅夫還曾為其作《寄劉中庵參政》（二首）〔註 139〕。全詞以梅花精神貫穿，以「瓊瑤樹嫵媚」描繪初春美景；梅花雖為桃花妒，但能自身抗擊嚴寒；梅花「香不斷，清如許」；希望二人在梅花綻放之時相遇「花會否，明年相見沙堤路」。表達出程鉅夫對劉敏中的思念之情。

《臨江仙·壽尹留守》：「六月灤陽天似水，月弓初上新弦」「印章金磊磊，階樹玉娟娟」六月晚上，夜涼如水，月如新弦，程鉅夫寫此詞向與自己同年的尹留守祝壽。此時兩人天各一方，程氏表達了自己對尹留守的思念。

《摸魚兒·次韻盧疏齋憲使題歲寒亭》：「茅屋趣。吾自愛、吾亭更愛參天樹。勞君為賦。渺雪鴈南飛，雲濤東下，歲晏欲何處」「平生握手相許。江南江北尋芳路，共看碧雲來去。黃鵠舉。記我度、秦淮君正臨清句。大德四年（1300）冬，程鉅夫作歲寒亭於官署後，有詩文題詠一卷。盧摯為此作樂府《摸魚子·奉題雪樓先生鄂憲公館歲寒亭詩卷》，程鉅夫為之次韻。〔註 140〕抬頭看見黃鵠，程鉅夫正在思念盧摯，憶起二人曾在秦淮相遇。盧摯身處湖南，年歲已老，平生與程鉅夫交往甚厚，現在二人卻隔江南江北不得相見。遺憾之情從詞中湧出。

《點絳唇·送王蓋臣》中程鉅夫讚賞王蓋臣具有魏晉時候王導的風度。王氏「綠鬢青雲」「乘驄」而去。渴望到「烏衣」的清貧之地。程鉅夫與王蓋臣相遇與分別的時候都是春天。送別時候也正值秋末，程鉅夫思緒不禁飛向遠方「江頭路」「官柳吹風絮」。詞中流露出一種分別之際的落寞和不捨。

程鉅夫詞中還有一首紀行樂府《浣溪沙·題湘冰行吟》此為程鉅夫為數不多的寫景詞之一。風雪交加的天氣，詞人正在湘水河畔，抱琴哀悼楚國忠魂屈原。兩岸青峰美景「流水落花，綠陰幽草生」。喚起了程鉅夫的思鄉之情。

（三）輕功名而重品格

《木蘭花慢·壽忠齋（三月廿七日）》：

〔註 139〕 《雪樓集》卷 28。
〔註 140〕 《程譜》：大德四年，程文海拜江南湖北道廉訪使，冬作歲寒亭於署後，有詩文題詠一卷。

春光明媚日，萬紅紫，鬥芳菲。弄幾許韶華，脂銷粉褪，蝶懶蜂稀。誰如半山解道，道綠陰、幽草勝花時。天與誕生元老，壽延長占佳期。　功名富貴轉頭非。滋味總曾知。且鸞坡鳳掖，文章議論，玉珮瓊琚。癡兒那知許事，須安排、（名字作去聲公師）豈識遼東歸鶴，只今壽國元龜。

該詞描述了春光明媚之時，恰逢友人壽辰，程氏奉上壽詞並稱讚其文「文章議論，玉珮瓊琚」。「功名富貴轉頭非」程鉅夫認為功名富貴都是過眼雲煙，可見其輕功名而重文章。

《太常引·壽李丞相》敘述了正值早春寒冷，但柏樹蒼翠挺立，程鉅夫以此表達對不畏嚴寒品格的欣賞。下闋表達了程氏希望出現「歲時新」、「太平民」的願望。

《水龍吟·次韻謝五峰》中，程鉅夫在月照峰頭，清輝無限的環境中，憶起「兒童驚走，龍鸞雜遝，兩山排闥」、「風雨蕭蕭，冰霜耿耿，相看高節」般故鄉山林的清幽雅靜。文末以調侃的口吻結束「問此君、學和龍吟，水底幾時成闕」感歎文章造詣何時才能精進。

《浪淘沙·次疏齋韻題楊生卷》中程鉅夫描述楊處士的形象為「來往扁舟」的瀟灑之姿。以「金鳳落何洲」暗指楊處士才華出眾，才華「如斗大」。

《鵲橋仙·次中庵韻題解安卿盆梅》詞人描寫梅花的景色「南枝春盛，斜斜整整」，程鉅夫在對梅飲酒時自省。該詞讚賞劉敏中具有梅花一樣的品格：在淒冷孤寂的環境中，仍然能夠保持內心的自足和堅持。

程鉅夫輕功名而重品格，他欣賞松柏的不畏嚴寒、友人的出眾才華和對內心理想的堅持。這也是他珍視品德的性格在其詞作中的體現。

四、程鉅夫詞的特點

（一）雪樓樂府中詞牌名豐富

雪樓詞雖只有五十五首，但詞牌名豐富，幾乎囊括各類詞牌。

雪樓詞中出現的詞牌名有《漢宮春》、《喜遷鶯》、《酹江月》、《木蘭花慢》、《臨江仙》、《青玉案》、《金縷歌》、《品令》、《清平樂》、《沁園春》、《滿庭芳》、《金縷歌》、《摸魚兒》、《漁家傲》、《臨江仙》、《清平樂》《南鄉子》、《蝶戀花》等，幾乎沒有重複的詞牌名。

填詞本是配樂演唱的樂府，據徐釚言，最早成為體制的詞牌名是《菩薩

蠻》：

> 一曰體制：填詞原本樂府，自《菩薩蠻》以前，追而溯之，梁
> 武帝《江南弄》，沈約《六憶詩》，皆詞之祖，前人言之詳矣。……；
> 余故薈萃其說。……。至氣體互殊，代有升降，亦略為申論。〔註141〕

程鉅夫所作樂府，從唐末《菩薩蠻》詞牌名起，使用的詞牌名林林總總，幾乎囊括全部。他與友人交往作詞，將詞牌名信手捏來，運用靈活，在他的示範作用下，使得詞的創作在元代得以繼續。

（二）雪樓樂府風格俊朗平緩

《詞苑叢談·凡例》〔註142〕：一曰品藻：「殘月曉風」、「大江東去」，鐵板紅牙，褒譏千古；特是優伶之口，未免強為差排；余為搜討名人緒論，以己見參之，所謂「峨眉不同貌而俱動於魄；芳草寧共氣而皆悅於魂」，善乎江淹之見，良有以夫。

樂府不必勉強劃分為「殘月曉風」、「大江東去」或婉約或豪放的風格。程鉅夫詞中真正動人心魄的是那些傾注真情的句子「峨眉不同貌而俱動於魄；芳草寧共氣而皆悅於魂」。像雪樓樂府中「況日邊紅杏，空迷蝶夢，眼前綠樹，嬌囀鶯簧。明媚時光，溫柔地氣，倘可棲遲老是鄉。花神訴，怨春歸閬苑，自有天香。」〔註143〕所表達出惜別之情、「尚記當年飛鶴譜，重隨賀燕呢喃。逢迎一笑卷疏簾。」〔註144〕包含追憶之情的句子、「況是雪中萱樹茂。華萼相輝，天長地久。」〔註145〕期盼友情長久的句子，才可謂是真正動情之作。

（三）雪樓詞的功能

程鉅夫詞以壽詞為主，其壽詞中有些詞作表達了真情實感，為交友之作，具有社會交往的功能。如《木蘭花慢·壽中齋三月廿七日》、《臨江仙·收崔中丞四月十日》、《青玉案·壽趙方塘學士五月五日》等，多在標題小序中即已說明作詞緣由、場合、用途，此為目的明確的交際作品。程鉅夫交友遍及四海，名重於當時，為官時間長達四十年。雪樓詞中有許多作品為朋友間的贈答之作，也具有交往的功能。詞成為聯絡感情，社會交際的工具。

〔註141〕徐釚著王百里校箋《詞苑叢談校箋》，北京：人民文學出版社，第7頁。
〔註142〕徐釚著王百里校箋《詞苑叢談校箋》，北京：人民文學出版社，第7頁。
〔註143〕《沁園春·和王寅夫樓居妙曲兼致惜別意》，《雪樓集》卷30。
〔註144〕《臨江仙·壽晉軒》，《雪樓集》卷30。
〔註145〕《壽陳北山》，《雪樓集》卷30。

　　歷代學者研究元詞，多集中在詞衰於元這個歷史定位的研究和探討上。誠然唐宋詞的光彩早已隱蔽了元詞，元代詞作本也不多。此時，程鉅夫詞作豐富的詞牌名及俊朗平緩的風格使得雪樓詞在元初成為影響當時詞學風氣的典範，對元代詞作的保留、擴大、傳播意義重大。正因為程鉅夫的一臂之力，才使得詞在文學之林成長為瓊枝玉樹，煥發別樣光彩。

結語：程鉅夫之影響

程鉅夫從至元十三年（1276）起入仕元朝，延祐三年（1316）致仕歸家，於朝為官四十餘年。他一直試圖消除統治者對南方士人的抵制與猜忌，為南士爭取入朝為官的機會，消弭南北隔閡。

程鉅夫心繫天下，以大一統的國家理念入朝為官、奔走朝野，身體力行，以國家融合、南北一家的理念為當時的詩文、文風、思維方式注入了新鮮的血液。

程鉅夫的努力不斷取得進展，他引薦南方士人入大都為官，推動了元代科舉的進行，明確科舉考試的內容和標準。如果沒有程鉅夫的努力，蒙元一統不能真正實現；也不會有大批南士菁英，如趙孟頫、袁桷、揭傒斯等北上入元廷任職；程鉅夫的文章風格也影響到整個元代，虞集感歎：元代「古文之盛，實自公倡之」〔註1〕，「文歸於厚」〔註2〕的大元文風，自程鉅夫始。某種程度而言，程鉅夫的倡導和《雪樓集》中的作品，對元代詩文創作基調的構建和詩文風格的形成都有奠基作用。程鉅夫求實的醇厚文風奠定了元代中期「雅正」的文風，而其「師古而不泥古」的詩文主張又影響了元代晚期主張張揚個性的詩文創作風格。危素言：「公在朝，以平易正大之學振文風，作士氣，詞章議論為海內所宗尚者四十年」〔註3〕，既代表了元廷和主流文壇對程鉅夫詩文價值的評價，也反應了時人對程鉅夫之於文壇意義的評價。

〔註1〕虞集《題雪樓先生詩文卷後》，《雪樓集》卷尾。
〔註2〕《行狀》。
〔註3〕《神道碑》。

一、程鉅夫詩文對後世的影響

程鉅夫有詩文辭結集《雪樓集》。《雪樓集》為程鉅夫第三子程大本所編，門人揭傒斯校正，共四十五卷。元至正六年，歐陽玄、至正十四年李好文各撰序文。至正十八年，揭傒斯子汯與程鉅夫孫、程大本之子程世京重訂為三十卷。至正二十三年春，建陽書市余通父為之謄寫，劉氏書肆為之刊行首十卷，即《玉堂類稿》九卷、《奏議存稿》一卷。

《玉堂類稿》刻板毀於至正二十八年（即洪武元年）。洪武（十四年春），以印本、寫本並刻於朱自達書肆。彭從吉為之序，述此集編經過。洪武二十八年刊成，程鉅夫曾孫程潗為其作校勘後記。二十九年，熊釗為之序。

喬衍琯處奉令代保管之前北平圖書館善本。其中影抄洪武本六冊，為陸心源於清光緒戊子（十四年）捐送國子監。又取陶湘刻本重印，《雪樓集》得以流傳。

（一）程鉅夫文章對後世的影響

宋代以才學為詩，但到宋末，此種風氣走向極端，表現為「以奇險相高」。程鉅夫作品能夠「以平易正大振文風，作士氣，變險怪為青天白日之舒徐，易腐爛為名山大川之浩蕩」其文風平易正大、舒徐浩蕩對當時士人多有影響，虞集也感歎程鉅夫文風對自己的影響：「今代古文之勝，實自公倡之。既去世，而使吾黨小子得以淺學末技，濫奏於空乏之餘，殆不勝其愧也」。〔註4〕

程鉅夫為理學注入了務實之風，論詩尚實。而且靈活變化，師古人之文，而不拘泥。他生於宋末理學極盛的時代，寫詩作文都有理學背景的支撐。程鉅夫的詩歌以及詩論，在一定程度上體現了元代前期南北詩風的融合，同時對元代中期雅正詩風和元代後期崇尚個性詩風的形成具有重要影響。

《程譜》中記載，程鉅夫五歲入小學讀書，即通大義。十二歲從叔父程岩卿授業，表現出極高的天賦。十七歲開始遊學，在大儒胡自明胡氏家塾就讀。十九歲於臨川遊學，受學於朱熹的再傳弟子饒魯的門人理學家族祖程若庸。因此其詩具有理學背景，自覺不自覺弘揚著理學正統，以昌明雅正宗旨。《程譜序》中記載程鉅夫「以研精性理為務」，時間長達二十餘年「幾二十餘年」。李好文《雪樓程先生文集序》中講述了其理學與其文學的關係，程鉅夫文章具有雅正的特點，並且文學作品能引領當時文壇「聲音與政通，文章與時高下」，

〔註4〕虞集《跋程文憲公遺墨詩集》，《道園學古錄》卷 40，四部叢刊景明景泰翻元小字本。

追溯其主要原因是「理與氣合，道與時合」。在武昌時，有詩八十九首，其風格沖澹悠遠、平易近民「公孫之來尉崇仁也，乃得公持節武昌時，行部近縣親書五十日所為詩八十九首。伏而讀之，至於再三，不忍去手。見其沖澹悠遠，平易近民，古人作者之風，其可及哉」。

朱熹理學中，對文道關係影響重要的理論是顛覆了傳統的「文以明道」的主張，而認為：「文皆是從道中流出，豈有文反能貫道之理？文是文，道是道，文只如吃飯時下飯耳。若以文貫道，卻是把本為末。以末為本，可乎？」強調了文道之間的關係為道為文之本，而文為道之末。

作為朱熹學術的傳承者，程鉅夫在《李仲淵御史行齋漫稿序》中的敘述，與以上觀點一致：

　　古人一章、一句，該體用，具本末，備終始，猶有餘；後世累千萬言，欲究其理而不足。……若《原道》、《原人》、《太極圖說》、《通書》、《西銘》等作，方可稱繼三代者，然必如是而為文，則天下之文廢矣，又豈通論哉？作述之體既殊，古今之尚亦異。學足紹先聖之道，言足垂將來之法而已，豈必模《三墳》，擬《大誥》而後為古乎？……我朝之盛，自古所未有，獨於文若未及者。豈倡之者未至，而學之者未力耶？今天子方以復古為己任於上；弘其風，濬其流，懍焉而任於其下者，非我輩之責耶？而吾老矣，仲淵不可辭也。

文中的「該體用、具本末」，是對經世之文提出的要求，也是給合乎要求古文所下的定義。在此，「本」，即「理」；「末」，即「文辭」。因此，他反對文章「模三墳，擬《大誥》」，合乎標準的文章應該做到「其本則六經，其辭則雜出西漢而下」以六經為本，雜以西漢而下的文章。

程鉅夫提倡澹泊自然的詩歌風格，在詩歌創作上，提倡持靜、觀物、適懷的理學思想。體現在其作品《嚴元德詩序》中：「自劉會孟盡發古今詩人之秘，江西詩為之一變，今三十年矣，而師昌穀、簡齋最盛，餘習時有存者。無他，李變眩，觀者莫敢議；陳清俊，覽者無不悅此學者急於人知之弊也。」陳與義為江西詩派中一祖三宗之一，其詩幾無艱深處，其後期詩歌新穎精巧，自然流麗，詩意深刻但用語清拔。相反，程鉅夫反對詩歌因過分雕琢，而導致語意晦澀難懂的「變眩」之詩。

對新穎精巧，自然流麗，詩意深刻但用語清拔詩歌的欣賞，還表現在對淡

薄自然詩風的頌美上。如《盧疏齋江東稿引》中評價盧摯詩風「疎翁意尚清拔，深造絕詣，犖犖不羈，故其匠旨輯辭往往隔千載，與古人相見」；在《李雪庵詩序》中程鉅夫所讚賞的是李雪庵「以澹泊為宗，虛空為友。以堅苦之行為頭陀之首，蓋數十年矣」。

由此出發，基於理學，程鉅夫文風詩風尚實。南宋後期，義理之學發展深奧到極致的結果，是儒生開始以朱熹所注的「四書」代替儒家傳疏，把「窮理」與「涵養道德」作為文章寫作的根本，各種文體的寫作都是為了切磋義理，將理學的應用拔高到了過於虛空、不適用的地位。

程鉅夫所處的時代是宗唐風氣盛行之時，士人不僅在創作上「由宋返唐」，而且在理論上廣泛學習古人。程鉅夫主張學習古人，正如《嚴元德詩序》中明確說出：「夫學者必求之古，不求之古而徒膠膠戛戛，取合於一時，其去古人也益遠矣。」強調了寫文章學習古人是基礎的一步。

但是程鉅夫反對拘泥於古人而沒有自己的探索。如《歐陽南陽手稿序》中體現出的：「養由基之射，調弓而猿號。黃帝張咸池之樂於洞庭之野，而游魚出聽。藝之精而音之至也，得之天而應於物也。……天非一時也，地非一邦也，人非一俗也，物非一態也」。雖然寫作是得天應物之舉，需向古人學習。然而天地萬物、人物風俗都在變化之中，所以不能拘泥於古人。

不拘泥於古人，又需要有暗合的規矩，程鉅夫指出這一規矩便是「寫心」、「即物」。〔註5〕

程鉅夫的文章理論，影響了有元一代。如《四庫全書總目提要》中指出的那樣：「蘇天爵《元文類》亦錄鉅夫古文十餘篇，大抵皆制誥、碑版、紀功、銘德之作，而不及其詩。」「其順宗諡冊諸篇，元史亦有取焉。」「誠以廟堂製作，溫厚典雅，有合於訓誥遺風，足為歐陽修、王安石等嗣音，固非南宋以來雕鏤藻繢者所可及也。」古文十餘篇被蘇天爵收入《元文類》，當做古文之示範而流傳千古。其敕賜之文溫厚典雅，有合古文「訓誥遺風」，扭轉南宋以來雕鏤藻繢的陋習。

（二）程鉅夫詩歌對後世的影響

宋末詩風內容繁縟，藝術上又流於纖巧。程鉅夫詩論和詩作針對宋末元初的現狀，在一定程度上體現了元代前期南北詩風的融合，同時對元代中期雅正

〔註5〕《段郁文詩序》，《雪樓集》卷14。

詩風和元代後期追求個性詩風的形成產生了重要影響。

元滅金以後，元好問、李俊民由金入元，他們以金朝遺民的心態來寫作，作品中不時流露出滄桑之感、故國之思。受其影響，北方詩文創作注重反映社會現實。同一時期的南方，當時主宰詩壇的是「江湖」、「四靈」詩派，他們以清麗精巧、空靈輕快的平淡詩風、糾正了「江西詩派」講求法度、尖新瘦硬的風格。但其詩歌內容流於虛空，減少了對社會生活的關注。到南宋末年，「江湖」詩人劉克莊、戴復古等人在為復興詩風做著努力，一方面保持「江湖」、「四靈」派詩歌的主張，力主效法晚唐詩風，另一方面延續「江西詩派」關心社會現實的傳統，效法杜甫，講究內容的求實尚實。

元朝統一後，南北文風相互影響，逐漸融合。使得南北文風都趨向於詩風上的平淡自然與內容上的求實與並重。程鉅夫由江西進入大都並入高層文化中心翰林院，論詩以理學為根基，詩歌創作風格崇尚自然而清麗澹泊，詩歌功用上重視詩歌內容。因此，在此維度上，他的詩學思想體現了這一時期南北詩風的融合。

因其詩歌風格自然而清麗澹泊，而又有明確主張，並可以為之，影響到了元代興盛時期的雅正詩風。「雅正」為延祐年間主導詩風。延祐年間，國家承平，士人心態趨於平淡。此時的主流詩風趨於雅正。

關於「雅正」虞集在《飛龍亭詩集序》和《胡師遠詩集序》中有過詳細解釋。《飛龍亭詩集序》中說：「古之言詩者……其公卿大夫，朝廷宗廟，賓客軍旅，學校稼穡，田獵宴享，更唱迭和，以鳴太平之盛者，則謂之雅。」〔註6〕在此，「雅」為《詩經》「風」「雅」「頌」中「雅」之義，《雅》詩是宮廷宴會或朝會時的樂歌。為正聲雅樂，亦即太平盛世之音。《胡師遠詩集序》中言：「李太白浩蕩之辭，蓋傷乎大雅不作，而自放於無可奈何之表矣。近世詩人，深於怨者多工，長於情者多美，善感慨者不能知所歸，極放浪者不能有所反，是皆非得情性質正。惟嗜欲淡薄，思慮安靜，最為近之。」〔註7〕此處的「雅正」偏於「正」，意即純正，合於規範，是指詩歌內容要符合「理」，即封建禮義。

程鉅夫詩歌符合此處「雅正」的規範，以理為主，主張傳統儒家教化觀，強調「抒性情之真，寫禮義之正，陶天地之和」〔註8〕，詩歌創作倡導自然澹

〔註6〕虞集《道園學古錄》卷31，四部叢刊景明景泰翻元小字本。
〔註7〕虞集《道園學古錄》卷34，四部叢刊景明景泰翻元小字本。
〔註8〕《王楚山詩序》，《雪樓集》卷15。

泊的詩風,這對元代中期雅正詩風不無影響。

　　元末詩風崇尚個性,程鉅夫師法古人而不拘泥於古人的詩歌主張對其產生影響。元代後期,以吳中地區為中心的文學在楊維楨、謝應芳等人的倡導下,出現一種世俗化、個性化的傾向。詩人們從元代「雅正」詩風中解脫出來,力主抒發性情。

　　元末追求獨立人格、追求個性自由的精神與程鉅夫師法古人卻又不拘泥於古人的思想十分相似。因此,不得不說程鉅夫對元末崇尚個性的詩風具有影響作用。

二、政治方面的影響

　　忽必烈朝,程鉅夫隨叔父入元,官至翰林學士承旨。其為元朝名臣,政治上多有建樹:上書取會江南仕籍、通南北之選、立考功歷、置貪贓籍、給江南官吏俸祿、江南搜訪遺逸、興建國學、御史臺按察司宜參用南人,屢次奏疏多為忽必烈讚賞並實行。這些奏議能夠平衡社會矛盾、維護南方士人的利益。

　　程鉅夫卓然而為,一直盡力為增強南方力量的政治影響、改善南方的境況、爭取南方士人的權利不斷向世祖建言。為推動江南士人北上和南北融合的歷史進程做出巨大貢獻。程鉅夫的努力首先在於讓元廷重視江南。江南的被平定是血色征服的過程,造成江南州、縣大量官吏與民眾流散。後來由於疏於對江南的管理,江南尤其是江南的偏遠地區陷入極端無序的狀態中,這種無序與不任用江南士人為官不斷惡性循環。至元十九年(1282),程鉅夫以集賢直學士、中議大夫身份向元世祖上吏治五事,其中的三條江南仕籍、通南北之選、給江南官吏俸祿等建議是針對南方官吏任職現狀而論的。在上疏中,他認為:首先需取會江南士集。其次,要登記南方有才能之士入籍,入仕北方,同時嚴懲不肯任職南方的北方士人,規範管理。最後,必須支付江南官吏俸祿。忽必烈接納了上述建議,意味著元廷把注意力轉向江南,開始考慮江南問題、整頓江南。從此,元世祖在對待江南的問題上敕緩和的態度。

　　在《取會江南仕籍》中程鉅夫指出了目前存在的問題,並提供了解決問題的方法:打破南北的界限和隔閡,任用通曉南北實際情況的官員,同監督官員、按察司一起取會江南,並且這種方式需細化到州縣城郭、鄉村鄰甲。記錄根腳和南宋官員姓名,書寫本人籍貫、三代以內入仕根腳,並且由相關人員拿到省部,作為憑證。以後遇到求仕之人,憑藉這些稱謂檔案,便能方便清晰地確定

真偽。

《通南北之選》，解釋了「通南北之選」的必要性和可行性。關於南人在北地為官的問題，北地官員的數量需要南方士人北方方士人按一定的比例搭配，使南人熟練元朝體例。這一建議主要是為了避免北人為阻止南人為官，依靠「南人未識體例」所作的藉口；關於北人在南地做官的問題，只需要加強對未到北地的南人的處罰措施。程鉅夫將一系列的建議都歸結到打通南北隔閡，真正混一南北，做到達到「聖主兼愛南、北之意」的效果上。

為了配合政治上任用南人、江南搜訪遺逸的措施，在《給江南官吏俸錢》中，程鉅夫提出關於經濟的建議。

在江南訪賢之前，程鉅夫做了諸如以上的很多準備工作，包括上疏和上奏議：《取會江南仕籍》、《通南北之選》、至元二十三年（1286）上疏江南訪賢、至元二十三年第二次上疏「江南訪賢」、《給江南官吏俸錢》來說服元世祖在用人政策上需要公平，現在對江南士人太過忽視，不利於國家的統治，需要實施一些專門的傾斜政策來彌補之前對江南人士沒有重用所造成的損失。時機成熟後，程鉅夫提出了由自己擔任訪賢官員的「江南訪賢」行動。並在以後的一系列行為中將江南士人搜訪招納到元廷，一些士人，如趙孟頫等在元廷擔任重職。程鉅夫的活動是一次轉折點，此後南北方的接觸、瞭解和融合進一步加強，忽必烈蒙元統合的願望也正如他希望的那樣步步深入。程鉅夫的意見和提出建議的步驟是在忖度國主的心意下進行的，君臣一致的願望，也促成了江南訪賢的實現。

這樣的態度意味著元廷開始認識到江南對於整個國家在政治文化方面大一統的重要性。至元二十三（1286），時任集賢直學士，進階少中大夫的程鉅夫再次上疏希望元廷能一視同仁對待南北方士人，因為如此江南才是才可能真正服務於元廷。同年，世祖下詔江南訪賢，這對於江南士人來說，是非常明顯的政治信號，鼓勵了江南士大夫北上任職的信心。

當程鉅夫一行到達京師，「宮門已閉，扣閣莫見」，而世祖聽說訪賢歸來，不覺起立，說「程秀才來矣」〔註9〕。足見世祖對江南態度的改變及改變江南政策的急迫。

隨程鉅夫江南訪賢北上的士人進入元廷對江南士人的影響非同尋常，尤其是故宋宗室趙孟頫由南入北及元廷對他的態度，影響著江南士人對待出仕

〔註9〕《神道碑》。

元朝的看法。世祖一見趙孟頫，歎為神仙中人，在中丞耶律鑄進言排斥趙孟頫入朝為官的情況下「趙某乃故宋宗室子，不宜薦之使近之左右」，程鉅夫以「立賢無方」來反駁，而世祖是站在江南士人一方的，他回答說「彼豎子何知」並傳旨將耶律鑄趕出尚書臺，〔註10〕封趙孟頫為尚書省草書者。即使趙孟頫為宋宗室名臣、也有程鉅夫的據理力爭，才得到如上效果，但只有世祖的認可和接受才是關鍵。世祖的態度也才是江南士大夫所關鍵的，看到世祖對耶律鑄的駁斥，才能堅定江南士大夫北上的決心。

程鉅夫一再推薦吳澄，不斷被拒絕，然而他從未放棄，從相世祖推薦吳澄其人，再到推薦吳澄之考著，程鉅夫一直未曾放棄將江南士人、儒家及理學引入元廷並發揚光大的決心。程鉅夫與吳澄既為同鄉，又是同時授業於程鉅夫族祖程若庸的學友。早在至元二十三年（1286）八月程鉅夫回撫州返京時，想徵吳澄出仕，在遭到拒絕後，邀其北上遊覽，吳澄此次遊覽對於其對北方的瞭解和隔閡的接觸具有很大作用。至元二十五年（1288），程鉅夫又上疏元廷，推薦吳澄所考《易》、《詩》、《書》、《春秋》、《儀禮》、《大戴記》、《小戴記》，認為有益於儒學傳播，應置國子監，令諸生之以傳天下，朝廷從之。這是吳澄在大德間年出仕的序曲。程鉅夫的江南訪賢對袁桷也產生了比較大的影響。在至元二十三年（1286）訪賢行動中，程鉅夫曾到四明徵袁桷之父袁洪出仕，袁洪決絕，但對袁桷產生了不小的影響，其在《師友淵源錄》中層提到程鉅夫：「程鉅夫，舊名文海，鄞州人。今居建昌。善鑒裁。為侍御史時，奉詔徵江南遺逸，首薦先子，以疾辭。所薦士皆知名，多至大官。今為翰林學士承旨。」〔註11〕將程鉅夫視為師友般敬重。大德元年（1297），袁桷在程鉅夫連同閻復、王構薦舉下，被元廷授翰林國史院檢閱官，開始了任職大都的仕宦生涯，一直到泰定元年（1324）致仕，一度為元廷重要的士人。延祐三年（1316），程鉅夫致仕回鄉，袁桷仿枚乘《七發》作長篇騷體賦《七觀》贈行。趙孟頫親筆為之書寫題跋，為的是袁桷將題跋與賦文「刻諸堅石」，「庶幾詞翰相須之義傳天下後世，以為美談云爾」〔註12〕。

程鉅夫對於影響元廷重視江南，並促使江南士人北上的重大意義在於，對江南士人來說，他所舉薦的人在當地具有相當大的影響力，元廷對他們的態

〔註10〕《趙公行狀》，《全元文》，第 25 冊，第 580 頁。

〔註11〕《全元文》第 23 冊，第 529 頁。

〔註12〕趙孟頫《七觀跋》，《松雪齋集》卷 10，四部叢刊景元本。

度，在那些持觀望南方士人的眼裏，折射出自己意欲何為以及北上之後的命運：趙孟頫是宋宗室子弟，張伯淳、袁桷為世家子弟，吳澄是經學領袖。他們這樣敏感的認為尚且接受徵召、受到禮遇，一心為新政權服務，其他南方士人便可以放心北上展示政治學術文學方面的才華。

南人北進的風潮以江西籍文人為主流，元代中期政壇重要人物如虞集、揭傒斯、范梈、何中、危素、周伯琦等都是江西士人。這些人中，虞集是吳澄的學生，揭傒斯是程鉅夫門生，何中是吳澄的表弟，從中可看出程鉅夫影響之大。

《元典章》中記載：「（至元二十九年（1292）六月，湖廣潭州（長沙）官員會同『耆老儒人』集議，認為）：今江南歸附已後一十八年，人心寧一。燈火之禁似宜寬弛。忽必烈應允：『上開禁施行』」〔註13〕。

此中見出，程鉅夫的江南訪賢，已成為元廷在政治上接受南人的重要行為。作為影響的結果和餘緒，這種接受還在進一步深入，也可以作為南方士人被逐漸接受，使得元廷對南方的政策逐漸放鬆、禁忌陸續解除。

由於江南訪賢的影響和示範作用，元廷對江南地主及士人的政策也漸趨鬆弛。《元末的江南士人與社會》實錄了在財稅政策上，元廷對江南地主相應寬鬆：「相應的，在具體財稅政策上，元廷也對江南地主及士人實施了有限的籠絡措施，包括：對江南地主收稅減輕、對江南地主兼併土地採取無視和縱容的政策、利用江南士人參與政權，拉攏有名望的士人、地主」。〔註14〕

江南士人對元廷的懼怕心理逐漸消失，也願意如蒙元政權為官。陳得芝《元代江南地主階級》：「江南士人對元廷的示好政策，也做出了自己的回應。最初南宋滅亡之時，江南隱逸之風盛行，多數的隱逸是為了躲避在元廷做官。混一南北後，江南的士人因對於新朝廷的懼怕也因出仕無門，多呈現觀望態度。但隨著江南訪賢，隨著元廷政策的開化和對江南政治、經濟政策的寬鬆，當時南人北上獵官之風甚炎」〔註15〕江南訪賢打通了南北在士人心理上的組合，對混一南北具有重大作用，當時出現了「南人求名赴北都……朝朝迎送名利客，身身消薄非良圖」〔註16〕如此南北士人流動的繁盛局面。為「蒙元統

〔註13〕陳高華等點校《元典章》，北京：中華書局，2011年，第215頁。
〔註14〕鄭克晟《元末的江南士人與社會》，《東南文化》1990年第4期。
〔註15〕陳得芝《元代江南地主階級》，《元史及北方民族史研究集刊》第7期（1983），第86～94轉引自蕭啟慶《內北國而外中國》。
〔註16〕薩都剌《芒鞋》，殷孟倫、朱廣祁校點《雁門集》，上海古籍出版社1982年版，第12頁。

合」做出了貢獻。

「蒙元統合」之後，可以消弭區域、民族、階級之間的差異，「蒙元統合」作為政治共同體，也涉及經濟、文化與心理等個領域。「蒙元統合」之後，國家混一南北。

蕭啟慶首次提出了「國家統合」的概念，在《元朝的統一與統合：以漢地、江南為中心》中，解釋了「國家統合」的內涵：「統合」「統合」或作整合一詞，則須略加解說。本文所用「統合」與政治學者所用「國家統合」相同。

「國家統合」乃指消弭構成國家的各部門——包括區域、民族、階級——之間的差異而形成一個向心力高、凝聚力強的政治共同體。國家統合雖為政治統合的一個層次，但亦牽涉經濟、文化乃至心理方面。「國家統一」與「統合」之間關係錯綜，而且相互重疊之處頗多。〔註17〕

南士出仕困難，長期被元廷所忽略，是元代政治統合的嚴重欠缺的漏洞。僅僅是在對宋的戰爭中，蒙元統治者為了勸降宋廷官員，制定出了招降政策：對降附官員皆予以高位和優厚待遇。

後來出現了追毀故宋官員委任狀的潮流，在這種潮流之下，南宋降官，陸續被罷免職位。此後，不僅北方州縣沒有南方士人為官，而且江南地方官也多為北方士人，而且這些北人多是挑選行省、宣慰、按察諸大衙門的要職，願去郡縣官屬的北人，多為販繒屠狗之流、貪污狼藉之輩。

程鉅夫江南訪賢，使得南士具有得以進入元廷的機會，為南士進入仕途打開了一扇大門。南方作為南宋故地，士人多受儒學影響。因此當南方士人大批進入元廷之後，客觀上促進了儒家正統文化在社會上層的傳播。

三、倡導科舉和文化建設的影響

元代科舉正式啟動是在仁宗時期，由程鉅夫、李孟、許師敬等人倡導完成：「至是，帝與李孟論用人之方，孟曰：『人材所出，固非一途。然漢、唐、宋、金科舉得人為盛。今欲興天下之賢能，如以科舉取之，猶勝於多門。而進然必先德行、經術，而後文辭，乃可得真材也。』帝深然其言，決意行之。冬十月丁卯，敕中書省議行科舉」〔註18〕。在重實用主義的元代，儒學和科舉的推行非常艱難。政策的實施者，需要長時間接觸儒學與理學才可能啟動科舉這是一

〔註17〕《元朝的統一與統合：以漢地、江南為中心》，《內北國而外中國》中華書局，北京：2007年版，16頁。

〔註18〕〔清〕畢沅《續資治通鑒》卷198，清嘉慶六年遞刻本。

個長期的過程。從此意義上來講，程鉅夫以上一系列舉動，對科舉制度的實施，起過重要的推動作用，是科舉行進路上不可或缺的一環。

秋，詔令程鉅夫同李孟、許師敬一起討論實行貢舉法之事。方案成，仁宗命程鉅夫草詔所議成之「貢舉法」：「於是詔鉅夫偕平章政事李孟、參知政事許師敬議行貢舉法，鉅夫建言：『經學當主程頤、朱熹傳注，文章宜革唐、宋宿弊。』命鉅夫草詔行之」〔註19〕。

元代（尤其是元代前期）吏尊而儒卑，選官制度也以根腳和吏選為主，漢人、南人中儒者的地位極低。在「以吏取士」的銓選體制下，程鉅夫一直致力於提高儒士地位，在推動科舉取士中產生重要作用。程鉅夫以南士和儒士的身份參與政權，為以後向統治者建議實施科舉提供了可能性。他曾向元廷進言開設科舉，並提出了科舉取士的內容和要求，在議行科舉時，又得以參與其中。後來的貢舉法相應部分的實施標準也是按其「經學當主程頤、朱熹傳注，文章宜革唐、宋宿弊」所進行的。

從程鉅夫的儒學觀念、理學意識、重科舉之實的科舉觀、對文章新變的探索、對文道關係的理解、身為提刑按察司有監督科舉的職能幾個方面來看。元代科舉的實行，程鉅夫功不可沒。

元代學校和書院的興起，為儒學教育發展提供了比較好的條件，為程朱理學的傳播提供了基地。

元代官學和書院的發展也使得元代文人謀生有了合適的機會，客觀上，儒學的發展有了較為寬鬆的社會氛圍。儒學並非元政權用人的唯一標準，儒士出仕困難，為維持正常生計，許多儒生選擇到官學、詩學、書院、義塾中去教學生。元代前期八十年科舉廢止不行，生活在這段時期的文人們，不僅親身經歷了社會地位和經濟狀況的劇變，元代儒士社會地位下降，失去「四民之首」的優越地位，政治上的出路受到了阻塞，統治者用與不用直接決定了儒士文人的身價與出處。〔註20〕

程鉅夫於至元二十三年（1286），陳乞興建國學，興學明教。正月，元廷改其官職集賢直學士，進階少中大夫。三月，程鉅夫向世祖建言：興建國學、搜訪江南遺逸、御史臺按察司宜並參用南士。世祖旋即命建國子監：「大元二

〔註19〕《元史本傳》。
〔註20〕此標題可參閱李兵《元代書院與程朱理學的傳播》，浙江大學學報（人文社會科學版），2007年第1期。

十三年，公年三十八歲。春正月，改集賢直學士，進階少中大夫。三月，公入陳乞興建國學、遣使江南搜訪遺逸、御史臺按察司並宜參用南士。上即命建國子監」〔註21〕。

程鉅夫所做關於書院的文章，體現出其學術思想和關於教育的理念，包括：對儒學和儒學的推崇、治學精神的鼓勵、為師者的質量、為學者的素養、書院的重要作用、書院學習的特點、教學理念等。

如《東菴書院記》中指出治學應該本著「求真務實」的精神；《忠武侯祠亭記》、《重修南陽書院記》、《又題名記》傾慕安於躬耕、孤獨寂寞的讀書生活、申明「勉勵學校，使臣之職也」是為師者的質量；《南城縣重修學記》指出「修身修心」是為學者的素養；《主一書院記》推崇「勤且賢」的品德；《題興化路學修造疏後》表達了其對書院的重視；《南湖書院記》強調學習效果的大小最關鍵的決定因素在於學習者本人；《寧德縣重脩學記》表現出朱子理學思想的推崇；《福寧州學記》論述了對詞章和性命之學的討論；《台州路學講堂記》呼喚夫子之文和真儒的出現；《閩縣學記》強調重視學校的教化作用。〔註22〕

書院為培育人才之地，人才的培育有助於蒙元大一統國家的強盛。然而程鉅夫修建書院、重視學校的目的不僅僅在於此，為科舉做好準備也許是程鉅夫重視教育的目的所在。在其文章中，程鉅夫批判了宋末科舉的弊端，也提出了自己的科舉觀，在實踐科舉的過程中，也許興建書院正是最為恰切的方式。

自從忽必烈朝，程鉅夫隨叔父入元入備宿衛後得世祖賞識起，他便一心致力於為南方士人爭取利益，這在客觀上促進了蒙元大一統國家南北方在文化上真正的融合。再後來的任上，程鉅夫歷仕世祖、成宗、武宗、仁宗四朝，官至翰林學士承旨。為元朝名臣，政治上多有建樹：上書取會江南仕籍、通南北之選、立考功歷、置貪贓籍、給江南官吏俸祿、江南搜訪遺逸、興建國學、御史臺按察司宜參用南人，屢次奏疏多為忽必烈讚賞並實行；在肅政廉訪使任上，程鉅夫能採用「首治閩海、彌災賑民」的措施；任江南湖北道肅政廉訪使之時，湖北連年大饑荒，程鉅夫用自己的俸祿，賑濟貧病的災民；對不能存活下來的人，給他們的家屬以錢幣來補償其損失；在任中書省事的官職之時，天氣異常惡劣，程鉅夫奉詔提出「敬天、尊祖、清心、持體、更化」等點建議。

程鉅夫又是理學的倡導者，與其臨汝書院的同學吳澄一樣，程鉅夫主張會

〔註21〕《程譜》。
〔註22〕本段「記」出自《雪樓集》卷13、14、15。

合朱陸，更提倡理學的經世致用。這樣的學術觀點體現在題立身行事及其詩文當中。正是有會合朱陸理學思想的指導，程鉅夫建議實行科舉、擬寫《行科舉詔》，鼓勵後學、興辦學校，在文化上具有相當大的貢獻。

　　總之，在文化與政治方面，程鉅夫對有元一代的大一統國家影響頗大。不僅體現在其自身的力量，還表現為其思想對與之交遊的士人產生影響，這種影響不斷擴大和延續。因此，他得以將自身的政治思想、儒學修養、文學觀念貫徹到對朝政的建議和任官時的身體力行中，從而其行為對國家的用人政策、南北互通、儒家經學的實行、科舉制度的推動、文學風氣的轉化，以至民族融合、國家統一、文化演進等都起到了巨大的促進作用。

下編　《程鉅夫年譜》

年譜凡例

　　一、程鉅夫是元代歷史和文學史上的重要人物，但是迄今為止尚無翔實的年譜。本年譜旨在系統考述程鉅夫的家世、行歷、仕履、交遊及文學等情況。目的在於揭示程鉅夫對元代南北統一和扭轉元代文風的重大影響。

　　二、本譜包括時事、事蹟、編年詩、編年文四項。

　　三、首列時事，記同年政局及國內外大事。

　　四、次列事蹟，考述譜主之家世、行蹤、仕宦、著述及親友、交遊等。其交遊者事蹟，列於首次出現時略加考述，再次出現時，考述當時與譜主相關之事蹟。其暫不可考者，則存闕疑。

　　五、再列編年詩、編年文，編列其當年詩文作品。

　　六、一個事蹟為一個完整的敘述單元。每一條事蹟下敘述順序：首列正文（論文作者敘述語），次列引錄文獻（小一號字），次為論文作者按語（考證文字）。

　　七、引錄文獻順序（按正文出現的順序引錄）：譜主文字、碑傳文字、元人文集、其他文獻，均按時間前後順序引錄。

　　八、引用文獻在第一次出現時，要標明作者名、文獻全稱、簡稱、卷數及版本，以小注形式置於頁下。以後出現僅標簡稱、卷數，不再標版本。為避繁冗，揭傒斯《元故翰林學士承旨光祿大夫知制誥兼修國史雪樓先生程公行狀》，下簡稱《行狀》〔註1〕；危素《大元敕賜故翰林學士承旨光祿大夫知制誥兼修

〔註1〕程鉅夫《楚國文憲公雪樓程先生文集》卷末，《元代珍本文集彙刊》據臺北圖書館所藏清宣統二年陽湖陶氏涉園影明洪武二十八年與耕書堂刊本影印。下簡稱《雪樓集》。本譜所引《雪樓集》中詩文皆出自該版本。

國史贈光祿大夫司徒柱國追封楚國公謚文憲程公神道碑》，下簡稱《神道碑》
〔註2〕；程鉅夫孫程世京編錄《楚國文憲公雪樓程先生年譜》，下簡稱《程譜》
〔註3〕；程世京《雪樓程先生年譜序》，下簡稱《程譜序》〔註4〕；《元史》卷
一百七十二《程鉅夫傳》，下簡稱《元史本傳》〔註5〕。

　　九、本年譜按編年記事，採用皇帝年號紀年，兼附公元和干支紀年。年號
的表述順序為：蒙古大汗或元朝皇帝年號、南宋皇帝年號、干支、括注公元年、
譜主年齡。

　　十、本年譜所據程鉅夫詩、文、詞，以《元代珍本文集彙刊》本（據臺北
圖書館所藏清宣統二年陽湖陶氏涉園影明洪武二十八年與耕書堂刊本影印）
為底本，以《雪樓集》四庫全書本為校本。若輯得集外詩文詞，皆標注出處。

〔註2〕危素《大元敕賜故翰林學士承旨光祿大夫知制誥兼修國史贈光祿大夫司徒柱
　　　　國追封楚國公謚文憲程公神道碑》，《雪樓集》卷末。
〔註3〕《雪樓集》卷首。
〔註4〕《雪樓集》卷首。
〔註5〕《元史》卷172《程鉅夫傳》第4015～4017頁。

世系表

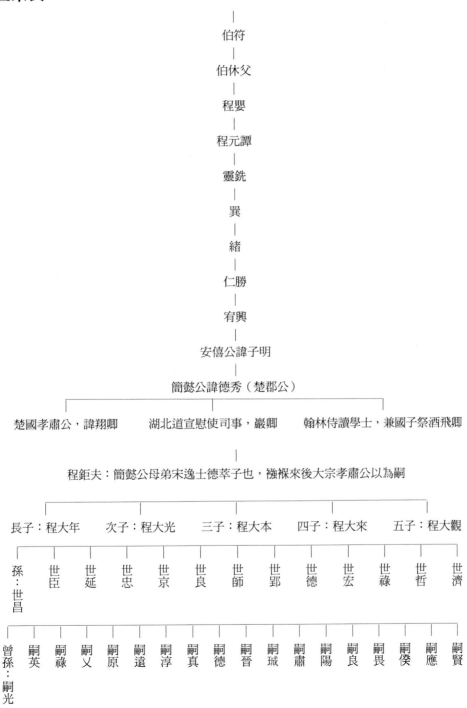

伯符

伯休父

程嬰

程元譚

靈銑

巽

緒

仁勝

宥興

安僖公諱子明

簡懿公諱德秀（楚郡公）

楚國孝肅公，諱翔卿　　　湖北道宣慰使司事，巖卿　　　翰林侍讀學士，兼國子祭酒飛卿

程鉅夫：簡懿公母弟宋逸士德萃子也，襁褓來後大宗孝肅公以為嗣

長子：程大年　　　次子：程大光　　　三子：程大本　　　四子：程大來　　　五子：程大觀

孫：世昌　世臣　世延　世忠　世京　世良　世師　世郢　世德　世宏　世祿　世哲　世濟

曾孫：嗣光　嗣英　嗣祿　嗣乂　嗣原　嗣遠　嗣淳　嗣真　嗣德　嗣晉　嗣珹　嗣肅　嗣陽　嗣良　嗣畏　嗣侯　嗣應　嗣賢

《程譜序》：程氏之先，自成周之世，伯符始國於程。至伯休父，佐宣王中興。忠誠君嬰，保晉趙文子。忠佑公元譚，西晉守廣平，移節新安。忠壯公靈銑佐命於陳。代著忠績，世居歙縣之黃墩，復遷於休寧縣之閔川口。宋元豐中，有曰處士巽者，於公為七世祖。巽生緒，緒生仁勝，皆以經學教授，潛德弗耀。高祖徵士諱宥興，性仁厚，有大略，樂善好施，嘗遊漢上，樂其風土。卜築郢州京山縣之西高渠上，薦辟不起，卒葬其地。曾祖安僖公諱子明，沉靜方嚴，寡言笑，重然諾。天兵破襄漢，避地於鄂。時沿邊流寓者凡數千人，悉為經理之，使各得其所。卒葬壽昌之槲林村，皇贈集賢侍讀學士、中奉大夫、護軍，追封楚郡公。祖簡懿公諱德秀，魁岸有器幹，復東入彭蠡，寓隆興新建縣之吳城山。從之者數百家。沿江梱帥檄委糾合鄉井以自護，遂結豪傑，料丁壯、利器，積糧，掘壕樹柵以為固，外兵莫犯，民咸德之。初，以季子登朝恩，封承務郎，復以功擢壽春府軍事判官，主管淮西安撫使司機宜文字，晚以宣義郎致仕。卒葬吳城之吳林，皇贈資善大夫、中書左丞、上護軍，追封楚郡公。三子：長累贈光祿大夫、大司徒、柱國、楚國孝肅公，諱翔卿。次同知荊湖北道宣慰使司事巖卿。次翰林侍讀學士，兼國子祭酒飛卿。公，簡懿公母弟宋逸士德萃子也，襁褓來後大宗孝肅公以為嗣。孝肅公資性明敏，練達事情，持家御眾，斬斬有法。椿薆壽考，叔季宦成，孝友之著焉。

危素《神道碑》：其先周成、康之際，始國於程，子孫因以為姓。宣王中興，有賢佐曰伯休父。春秋時有趙氏忠臣，曰嬰。西晉循吏曰元譚，為廣平太守，持節新安，因家焉。其後自歙遷休寧，至公高祖宥興，徙居郢之京山。曾祖子明，又避兵武昌，卒葬其境。

程鉅夫年譜

大蒙古國海迷失後稱制元年　宋理宗淳祐九年己酉（1249）　一歲

【時事】

四月，余玠並將沔州（今陝西沔縣）軍隊調集於青居城，與釣魚、大良、運山等城成為犄角之勢，成為「防蒙八柱」中之堅城。

本年，《花庵詞選》編定，此時詞壇正是辛派詞人及其後勁佔據主導。

本年，太保劉秉忠北上，遇奇才王恂，即薦於忽必烈。

【事蹟】

四月十七日午時，出生於建昌南城吳城山（今屬江西南昌）。

《行狀》：公生淳祐己酉四月戊午十七日，在襁褓中即歧嶷異常兒，目光如炬。識者知其為大器也。

《神道碑》：公生宋淳祐九年四月十七日，生而目光如炬，識者異之。

李好文《雪樓程先生文集序》〔註 1〕：公生於宋淳祐己酉，當我憲宗嗣服前之二歲。

何中《翰林學士承旨光祿大夫知制誥兼修國史程公行狀》〔註 2〕：家郢州京山縣，歸本朝，占籍為建昌路南城縣人。……宋理宗淳祐己酉四月戊午，公生於豫章之吳城山。

〔註 1〕下簡稱《雪樓集原序》，《雪樓集》卷首。

〔註 2〕何中《翰林學士承旨光祿大夫知制誥兼修國史程公行狀》，《全元文》第 22 冊，第 205～210 頁。下簡稱何中《程公行狀》。

《程譜》：夏四月十七日戊午午時，公生於吳城山。

吳澄《劉季說墓表》〔註3〕：與余同生淳祐己酉歲者，位之顯有程鉅夫，居之近有劉季說。鉅夫生之月後於余四朔。一則正月中旬之九，一則四月中旬之七。季說生之日後於鉅夫之六辰，一則其日日中之午，一則其夜夜半之子。」

吳城山，今屬江西南昌。

《程譜》：夏四月十七日戊午午時，公生於吳城山。

《新修南昌府志》〔註4〕卷三：按：（南昌）秦併天下置郡三十六，此為九江郡地。漢為豫章郡，統縣十八。南昌，其一焉。凡今袁臨撫建吉瑞饒九南康咸為郡境。今新豐避奉靖寧武，咸為縣境。時郡治所在南昌，是南昌自昔為首縣也。……吳城山在縣北一百八十里，高五丈、廣五里，臨大江，上有龍王。」

高祖徵士，諱宥興，性情仁厚、樂善好施。卜築郢州京山縣（今屬湖北荊門）西高渠上，薦辟不起，葬於郢州（郢州，治所在今武漢市武昌）。

《程譜序》：高祖徵士諱宥興，性仁厚，有大略，樂善好施，嘗遊漢上，樂其風土。卜築郢州京山縣之西高渠上，薦辟不起，卒葬其地。

曾祖安僖公，諱子明。元兵破襄漢，避地於鄂州。後葬於壽昌之槲林村，元朝贈集賢侍讀學士、中奉大夫、護軍，追封楚郡公。曾祖母姚氏，追封楚郡夫人。

何中《程公行狀》：曾祖子明，贈集賢侍讀學士、中奉大夫、護軍，追封楚郡公，諡安僖。妣姚氏，追封楚郡夫人。

《程譜序》：曾祖安僖公諱子明，沉靜方嚴，寡言笑，重然諾。天兵破襄漢，避地於鄂。時沿邊流寓者凡數千人，悉為經理之，使各得其所。卒葬壽昌之槲林村，皇贈集賢侍讀學士、中奉大夫、護軍，追封楚郡公。

祖母李氏，追封楚郡夫人。

何中《程公行狀》：祖德秀，宋承務郎、壽春府軍事判官，改宣教郎，今贈資善大夫、中書左丞、上護軍，追封楚郡公，諡簡懿。妣李氏，追封楚郡夫人。

《元史》〔註5〕：武昌路……武昌：下。宋升壽昌軍，以其為江西衝要地也。元因之。至元十四年，升散府，治本縣。後革府，以縣屬本路。

祖簡懿公，諱德秀。初居隆興路新建縣之吳城山。以季子程飛卿登朝恩，

〔註3〕吳澄《吳文正集》卷68，清文淵閣四庫全書本。
〔註4〕〔明〕章潢《新修南昌府志》卷3，明萬曆十六年刻本。
〔註5〕《元史》卷63《地理六》，第1524頁。

封承務郎，又因功擢壽春府軍事判官，主管淮西安撫使司機宜文字，晚以宣義郎還鄉。去世後葬吳城山吳林，元朝贈資善大夫、中書左丞、上護軍，追封楚郡公。

　　《程譜序》：祖簡懿公諱德秀，魁岸有器幹，復東入彭蠡，寓隆興新建縣之吳城山。從之者數百家。沿江梱帥檄委斜合鄉井以自護，遂結豪傑，料丁壯、利器，積糧，掘壕樹柵以為固，外兵莫犯，民咸德之。初，以季子登朝恩，封承務郎，復以功擢壽春府軍事判官，主管淮西安撫使司機宜文字，晚以宣義郎致仕。卒葬吳城之吳林，皇贈資善大夫、中書左丞、上護軍，追封楚郡公。

　　《元史》〔註6〕：龍興路，上。……宋升隆興府。元至元十二年，設行都元帥府及安撫司，仍領南昌、新建、豐城、進賢、奉新、靖安、分寧、武寧八縣，置錄事司。……二十一年，改隆興府為龍興。

　　父程翔卿，累贈光祿大夫、大司徒、柱國、楚國孝肅公。武宗至大元年戊申（1308）秋，皇帝手詔宣行的詔令，贈程翔卿為「正奉大夫、參知政事郢國公」，諡孝肅。贈其母李氏「郢國夫人」，後改楚國夫人。

　　何中《程公行狀》：考翔卿，朝列大夫、管軍總管，贈榮祿大夫、參知政事，追封郢國公，諡孝肅，再贈光祿大夫、司徒、柱國，改封楚國公，仍故諡。妣李氏，追封郢國夫人，改楚國夫人。

　　《程譜序》：三子，長累贈光祿大夫、大司徒、柱國、楚國孝肅公，諱翔卿。

　　《程譜》：至大元年秋，特製贈父翔卿正奉大夫、參知政事、郢國公，諡孝肅，母李氏郢國夫人。

　　按：程翔卿，字有道〔註7〕，初名程應龍。宋嘉定十四年（1221）四月七日生於郢州之京山（今湖北鍾祥管縣），卒於元元貞元年（1295）十二月四日。未冠，避兵吳城山濱湖之地。程翔卿兄弟三人，其為長兄。入元，曾官朝列大夫、管軍總管。

　　程翔卿去世近六十年，程鉅夫之孫程伯洺為其撰寫《行錄》〔註8〕。

　　程伯洺《元贈光祿大夫大司徒柱國追封楚國公諡孝肅程公翔卿行錄》：公諱翔卿，字有道，初名應龍，生於郢州之京山。自曾祖至公，居郢三世矣。家富而遵禮義，宗媼之指數百，戶外

〔註6〕《元史》卷62《地理五》，第1507頁。
〔註7〕程敏政《新安文獻志》卷92作「有」，文淵閣四庫本《新安文獻志》作「羽」。
〔註8〕《行錄》中云「我大父文憲公自幼以從弟來後」，可知程伯洺為程鉅夫之孫、程翔卿曾孫。程鉅夫孫程世京字伯崇，又可知伯洺為字，其名「世□」待查。程伯洺，新安（今江西婺源）人，至正時在世。

之屨常滿，邦邑稱為望族，時號長者之家。公謹厚明敏，讀書通大義。未冠侍親，奉大父避兵，乘舟東下，南入彭蠡，擇吳城山濱湖之地以居。公兄弟三人，而公居長。其父師曰：「居家理故治，可移於官，長子克家者也，盍自治乎！」於是一門之政悉諮於公。持身御眾，斬然有法。內而奉甘旨，教子弟；外而接賓客，館遊從。雙親壽考，仲季宦成，公之力也。既而，季白飛卿受命守建昌，公侍父母就養。郡城南隅，有故侍郎曾穎茂兄弟居址。公捐金以贖其地，築室奉親居之，孝友之道雍如也。先是，飛卿以進士佐洪闍，即吳城，建壕柵，集義兵，禦外寇。公散家財，鼓士氣，制馭其中，隱然重鎮。至是宋鼎告遷，公審機識變，決策全城，撫安境內，日惟以止殺戮、安凋殘為勸誠。由是存活益眾，洪旴之民沒世賴之，而公不以為德也。至元丙子，中軍元帥呂公師夔將命來旴江，見公而器重焉。大將李公恒表聞於朝，特頒璽書，授公朝列大夫、管軍總管，佩符縉綬。兄弟分任兵民，建節一邦，金紫輝映，時人羨之，而公不以為榮也。又明年，公子入宿衛，旋貴於朝。公即謝事，營別墅城南之繞堆，距城可三十里，象郡之石城，構屋為遊息之所，自號石城居士，將終老焉。或挽其入燕京，公曰：「吾家積德累世，嗣子行顯用矣，獨不聞王氏植槐之事乎？吾尚何為哉！」壽七十五，考終於家。生宋嘉定辛巳四月七日，沒元貞乙未十二月四日，與夫人李氏俱葬繞堆大盤山之陽。子孟一，早卒。女適建寧路判官曹某、趙某、同知某路事江某。我大父文憲公自幼以從弟來後，從宋制也。公沒時，文憲公持憲節閩海，奔訃歸葬。藩憲之僚、守貳、將帥，弔祭盡禮，所謂生榮死哀者耶。至大戊申，文憲公以翰學議中書事，制特贈公正奉大夫、參知政事，追封郢國公，諡孝肅。延祐丙辰，加贈光祿大夫，大司徒、柱國，進封楚國公。夫人李氏，由郢封楚。製詞略曰：「活千人者必封，事將有待；作三軍而謀帥，賞未足酬。故具官程某，弘毅而孝恭，高明而肅括。因心則友，早竭力以事親；順天者存，克沈機而先物。千里之風塵不聳，一方之塗炭獲甦。並疇昆弟之庸，分任兵民之寄，顧乃功成不處，抗志自高。」又曰：「早躬孝悌之行，晚甘恬退之風。賞不酬勞，遺愛未忘於千里；教之能仕，移忠遂立於四朝。」又曰：「身居公鼎，雖不逮於生平；手植庭槐，尚遍觀於世濟。」嗚呼！盡之矣！公沒垂六十年，而陵谷變遷，故老淪謝，遺事不傳，謹採摭行實，書於家乘，以示子孫無忘可也。〔註9〕

叔父程巖卿，官同知荊湖北道宣慰使司事。

《程譜序》：次同知荊湖北道宣慰使司事巖卿。

季父程飛卿，官翰林侍讀學士，兼國子祭酒。

《程譜序》：次翰林侍讀學士，兼國子祭酒飛卿。

一月十九日，吳澄生。

〔註9〕《全元文》58 冊 411～412 頁。

吳澄《劉季說墓表》〔註10〕：與余同生淳祐己酉歲者，位之顯有程鉅夫，居之近有劉季說。鉅夫生之月後於余四朔。一則正月中旬之九，一則四月中旬之七。季說生之日後於鉅夫之六辰，一則其日日中之午，一則其夜夜半之子。

本年，王楚山出生。

按：王楚山與程鉅夫同里，有詩集，程鉅夫曾為其詩集作序，盛讚其詩。

《王楚山詩序》〔註11〕：翁（王楚山）與余同里，又同年生。……每當風晨月夕，山嬉水娛，可嘯可詠，可歌可籲者，一寄此集也。觀者美之，如錦段玉案。余將還西江，因留其集，而書此以謝焉。

大蒙古國海迷失後稱制二年　宋理宗淳祐十年庚戌（1250）　二歲

【時事】

二月，宋廷詔刑部處理奏報罪案，令各守條限申嚴、諸路憲司凡獄訟無得淹。九月，賈似道兼淮西安撫使。

本年，宋地連歲大旱，河水盡涸，野草自焚，民不聊生。

【事蹟】

在家。

大蒙古國海迷失後稱制三年　憲宗蒙哥汗元年　宋淳祐十一年　辛亥（1251）　三歲

【時事】

三月，宋收復襄陽與樊城。敕令所編定《淳祐條法事類》，共四百三十篇，為隨事分類編纂法典。由左丞相鄭清之等呈上。

六月，蒙古忽里勒臺召開，蒙哥即汗位。命皇弟忽必烈領治蒙古、漢地民戶。頒事宜於國中：凡朝廷及諸王濫發牌印、詔旨、宣命，盡收之。夏，忽必烈開府金蓮川，總管漢地，屬以漠南漢地軍國庶事。

【事蹟】

在家。

〔註10〕吳澄《吳文正集》卷68，清文淵閣四庫全書本。
〔註11〕《雪樓集》卷15。

憲宗蒙哥汗二年　宋理宗淳祐十二年壬子（1252）　四歲

【時事】

六月，宋左丞相鄭清之奏請清丈田地，朝廷遂命在信、常、饒三州和嘉興府推行，引起次年信州玉山饑民起義。九月，宋詔改明年為寶祐元年。

正月，蒙古皇太后去世。夏，蒙哥汗駐蹕和林。八月，忽必烈次臨洮，命總帥汪田哥以城利州聞，欲為取蜀之計。

【事蹟】

在家。

憲宗蒙哥汗三年　宋理宗寶祐元年癸丑（1253）　五歲

【時事】

八月，宋廷以馬光祖為司農卿，處淮西，總領財賦。十一月，賈似道獻所獲良馬，賜詔褒嘉其將士，增秩賞賚有差。

六月，蒙哥汗命諸王旭烈兀及兀良合臺等帥師征西域哈里發八哈塔等國。九月，忽必烈次忒剌地，分兵三道以進。冬十二月，大理平。蒙哥汗駐蹕汪吉地，命軍征高麗。

【事蹟】

入小學，讀書即通大義。初名「櫄之」，後字「周翰」。

《行狀》：幼入小學，日誦數百言，必斂衽端坐，以求訓詁旨意。

《程譜》：公五歲入小學讀書，即通大義。父師初命名曰「櫄之」，後字周翰。

憲宗蒙哥汗四年　宋理宗寶祐二年甲寅（1254）　六歲

【時事】

夏，元廷遣札剌亦兒部人火兒赤征高麗。冬，忽必烈還自大理，留兀良合臺攻諸夷之末附者，入覲於獵所。

本年，張柔以連歲勤兵，兩淮艱於糧運，奏據亳之利。張柔被令鎮亳州，率山前八軍守城。

【事蹟】

在小學讀書。

本年，趙孟頫（1254～1322）生。

　　楊載《大元故翰林學士承旨榮祿大夫知制誥兼修國史趙公行狀》〔註12〕：其年（至
治二年）辛巳，薨於里第之正寢。是日猶觀書作字，談笑如常時。至暮翛然而逝，年六十有
九。

憲宗蒙哥汗五年　　宋理宗寶祐三年乙卯（1255）　　七歲

【時事】

　　二月，宋余晦遣都統甘閏以兵數萬城蜀要地紫金山，蒙古汪德臣選精卒銜
枚夜進，破之。城為蒙古所據。十二月，宋廷築甬路自亳抵汴陽百二十里，流
深而不可築。復為橋十五，或廣八十尺，橫以二堡戍之。

　　本年，改命札剌觲與洪福源同征高麗。蒙古定「包銀」之制。忽必烈在京
兆興學，用理學家許衡為提舉。

【事蹟】

　　在小學讀書。

　　本年，李孟（1255～1321）生。

　　《元故翰林學士承旨中書平章政事贈舊學同德翊戴輔治功臣太保儀同三司上柱國追封魏
國公謚文忠李公行狀》〔註13〕：至治元年春，瘡發於股，醫莫能療。公知不可復起，乃區別
家事，手書付家人。使治葬地於燕。遂以夏四月三日，薨於大都和寧坊居第之正寢，享年六十
有七。以其月十八日，葬宛平縣石井鄉之某原，遵遺命也。

憲宗蒙哥汗六年　　宋理宗寶祐四年丙辰（1256）　　八歲

【時事】

　　五月，文天祥等參加廷對。七月，宋敘州史俊調舟師連與蒙古戰，卻蒙古
軍。

　　六月，蒙哥汗於太白見諸王亦孫哥、駙馬也速兒等，請伐宋。

　　本年，忽必烈建開平城。旭烈兀滅木剌夷國。耶律鑄將家中珍藏的《李賀
歌詩編》重刊於燕京。

【事蹟】

　　在小學讀書。

〔註12〕下簡稱《趙公行狀》，《全元文》第 25 冊，第 579～588 頁。
〔註13〕《雪樓集》30 卷。

憲宗蒙哥汗七年　宋理宗寶祐五年丁巳（1257）　九歲

【時事】

二月，宋廷以賈似道為兩淮安撫大使。四月，程元鳳等上《中興四朝志傳》。

五月，蒙古汗幸忽闌也兒吉，詔諸王出師征宋。九月，蒙古軍出師南征。冬十一月，兀良合臺伐交趾，敗之，入其國。

本年，兀良合臺平雲南，置郡縣，並攻安南（即交趾）。安南國成為蒙古藩屬。

【事蹟】

在小學讀書。

憲宗蒙哥汗八年　宋理宗寶祐六年戊午（1258）　十歲

【時事】

五月，宋臣李曾伯言，廣西多荒田，民懼增賦，不耕。向宋廷乞許耕者復三年租，後兩年減其租之半。六月，宋理宗始聞安南被元兵攻破，欲增兵支持。

三月，蒙古命洪茶丘率師從札剌觸同征高麗。八月，李璮與宋人戰，殺宋師殆盡。

本年，蒙古皇子辨都於吉河之南去世。

【事蹟】

在小學讀書。

憲宗蒙哥汗九年　宋理宗開慶元年己未（1259）　十一歲

【時事】

二月，蒙哥汗圍宋合州釣魚城（今四川合川東），宋王堅守城力戰。七月，蒙哥汗死。八月，郝經奉忽必烈之命宣撫江淮，建立太廟。

本年，忽必烈接受賈似道劃長江為界和議，南宋獻貢保安。

【事蹟】

在小學讀書。

元世祖中統元年　宋理宗景定元年庚申（1260）　十二歲

【時事】

四月，南宋右丞相賈似道陳建儲之策，支持趙禥，並借機攻擊吳潛。吳潛被罷相。六月，立趙禥為太子。

三月，忽必烈開平稱帝，建元中統，是為元世祖。四月，蒙古設十路宣撫司。郝經使宋。七月，至宋境。中統寶鈔印行，七月，發行「交鈔」，以絲為本。十二月，忽必烈汗正式封尊八思巴為「國師」，賜以玉印，統領天下釋教。

本年，忽必烈聽從王鶚建議，開始設立翰林學士院，王鶚又薦李冶、王磐、徐世隆、高鳴等為學士，接著奏立十道提舉學校官。

【事蹟】

蒙古軍渡長江，程鉅夫避兵海浦侍奉祖父母。蒙古兵退，返歸吳城，從叔父程巖卿學習。賦詩、作文即成，時人歎服其聰敏。

《程譜》：是年，天兵渡江，公侍大父母避兵於海浦。兵退，歸吳城，從仲父宣慰公受業。對客，賦詩、作文應聲而成，人服其敏。

元世祖中統二年　宋理宗景定二年辛酉（1261）　十三歲

【時事】

五月，宋賈似道查核各地軍費，大將多獲罪。

本年，數學家楊輝著《詳解九章算法》成書。

正月，蒙古設翰林院。王惲為首批成員之一。四月，蒙古詔軍中所俘儒士，聽贖為民。七月，王鶚請修遼、金二史，並言以左丞相耶律鑄監修，仍採訪遺事。從之，始設翰林國史院。此為蒙古承漢制以宰相監修史書之始。九月，採納王鶚建議，立諸路提舉學校官，並以王萬慶等三十人任此官。十月，郝經被拘於真州。

【事蹟】

從叔父程巖卿學習。

元世祖中統三年　宋理宗景定三年壬戌（1262）　十四歲

【時事】

三月，宋將李璮帥眾出掠輜重。將及城北，蒙古兵邀擊大破之。六月，朝廷聞李璮受圍，給銀五萬兩下益都府犒軍。

二月，忽必烈命大司農姚樞至中書省商議及講定中外官俸條格。李璮叛亂。忽必烈誅王文統。十二月，蒙古設十路宣慰司。

【事蹟】

跟從叔父程巖卿學習。

叔父程飛卿進士及第。省試時的三場考試，閱題目，即覽成誦，聞者皆覺驚異。

《程譜》：景定三年壬戌，公年十四歲。是年，季父侍讀公登進士第，省試三場文，公一覽成誦，聞者驚異。

元世祖中統四年　宋理宗景定四年癸亥（1263）　十五歲

【時事】

一月，宋賈似道推行公田，預計於兩浙、江東西收購官民田一千萬畝，以田租供國用，後購至三百五十萬畝而止。六月，宋理宗復用董宋臣為入內侍省押班。十月，以張珏知合州。珏與王堅守合州。

五月，蒙元初立樞密院，以皇子燕王守中書令，兼判樞密院事。八月，元廷以阿脫、商挺行樞密院於成都，凡成都、順慶、潼川都元帥府並聽節制。蒙古命諸路包銀悉以鈔輸納。

【事蹟】

本年，跟從叔父程巖卿學習。

元世祖至元元年　宋理宗景定五年甲子（1264）　十六歲

【時事】

十月，宋理宗去世。太子禥即位，是為宋度宗。本年，宋衢州民詹沔因官吏苛取起義。

正月，忽必烈敕選儒士編修國史，譯寫經書，起館舍，給俸以贍之。

本年，蒙古立開平府為上都，改燕京為中都。阿里不哥被迫受制於忽必烈。改中統五年為至元元年。始立翰林國史院。改燕京為大都。元軍圍攻襄陽。世祖命丞相史天澤行科舉，未果行。

【事蹟】

從學於叔父程巖卿。

元世祖至元二年　宋度宗咸淳元年乙丑（1265）　十七歲

【時事】

四月，宋加賈似道太師，封魏國公。

六月，蒙古省併州縣，至十二月，共省併州縣二百二十餘所。

本年，宋、蒙兩軍在廬州、漳川等交戰，宋軍均敗。蒙古並六部為四部：吏禮部、戶部、兵刑部、工部。定以蒙古人充各部達魯花赤，漢人充總管，色目人充同知。李冶被元世祖任命為學士，但在職僅期月就辭歸。郭昂上書言事，受到權臣廉希憲賞識。

【事蹟】

從學於龍淵胡自明先生。

《程譜》：咸淳元年，公年十七歲。初，從學於龍淵胡自明先生。

按：胡自明，字誠叟。以明經史、通詩賦進士業講授鄉里。為郡博士，後為海陵教官。名其居室便坐之所曰「適」，程鉅夫至元二十九年曾為之作《適齋說》。

《適齋說》〔註14〕：豫章胡先生誠叟名其居室便坐之所曰「適」。先生方布衣時，以明經史、通詩賦進士業講授鄉里，其氣浩然，其容澤然。其議論軒昂震盪，聞者竦立，無一毫憔悴不自得之態。既而位郡博士，同時行輩衰衰臺省矣。或以先生名聞，始授朝命。又屈為海陵教官。先生不以居卑為羞，處約為怨，單車之任，其志氣猶布衣時，真能適者也。……余少從先生學，知之尤深，故為著其說。至元二十九年夏五學生程某敬書。

何中（1265～1332）生。

揭傒斯《何先生墓誌銘》〔註15〕：明年春（至順三年），與其子渡江遊西山，主丁氏族。夏六月二十有三日，以疾卒。……然生世六十有八年，連蹇愁悴者十八九。

元世祖至元三年　宋度宗咸淳二年丙寅（1266）　十八歲

【時事】

正月，蒙古設制國用使司，任命阿合馬為使，總領全國錢穀。四月，許衡奏陳《時務五事》。八月，忽必烈遣兵部侍郎黑的、禮部侍郎殷弘出使日本，勸諭日本歸順來朝。

本年，宋襄陽守將呂文煥投降蒙古。

【事蹟】

〔註14〕《雪樓集》卷23。
〔註15〕《全元文》第28冊，第540頁。

在胡氏家塾學習。

六月，袁桷（1266～1327）生。

蘇天爵《元故翰林侍講學士知制誥同修國史贈江浙行中書省參知政事袁文清公墓誌銘》〔註16〕：泰定初，辭歸。四年八月三日，以疾終於家，享年六十有二。是歲十有一月某日，葬鄞縣上水慶遠塬之原。

元世祖至元四年　宋度宗咸淳三年丁卯（1267）　十九歲

【時事】

二月，宋授賈似道平章軍國重事，賜第西湖葛嶺。宋收復開州。

五月，蒙古施行停鈔制。九月，翰林學士承旨王鶚等請行科舉，次及取士科目。中書左三部與翰林學士議立程序又請，未果行。十二月，設立諸位斡脫總管府，管理斡脫事務。忽必烈接受南宋降將劉整的主張，決定先取襄陽，撤宋屏障，浮漢入江，消滅南宋。蒙古敕修曲阜孔廟。禁僧官侵理民訟。築大都宮城。以許衡為國子祭酒。令包銀民戶每四兩增一兩，以給官俸，名俸鈔。

本年，擴建中都城，定蒙古軍制。修建大都，同時命上都重建孔廟。翰林學士王鶚上書，請開科取士。

【事蹟】

遊學於臨川，於臨汝書院跟隨程若庸學習，程若庸為饒魯的高徒，有作品流傳。此時吳澄也在臨汝書院學習，二人相識。

《行狀》：「長從族祖徽菴先生若庸學，與今集賢直學士吳公澂為同門。徽菴乃饒雙峰先生門人也。」

《神道碑》：公與翰林學士吳澄從之講學。

何中《程公行狀》：咸淳三年丁卯，公往臨川，從叔祖徽菴先生講學於臨汝書院。

《程譜》：咸淳三年丁卯，公年十九歲，遊臨川，讀書臨汝書院。

按：臨川，屬江西省撫州，位於江西省東部，撫河中游，東鄰金溪、東鄉，西倚崇仁、豐城，南瀕南城、宜黃，北毗進賢。

《元史》〔註17〕：臨川，上。崇仁，上。金溪，上。宜黃，中。樂安，中。

江州路，下。唐初為江州，又改（尋）〔潯〕陽郡，又仍為江州。宋為定（海）〔江〕軍。元至元十二年，置江東西宣撫司。十三年，改為江西大都督府，隸揚州行省。十四年，罷都督

〔註16〕《全元文》第40冊，第387頁。

〔註17〕《元史》卷62《地理五》，第1511頁。

府，升江州路，隸龍興行都元帥府，後置行中書省，江州直隸焉。十六年，隸黃蘄等路宣慰司。二十二年，復隸行省。戶八萬三千九百七十七，口五十萬三千八百五十二。領司一、縣五。

　　臨汝書院在府城西南大約二里。宋淳祐九年，馮去疾為江南西路提舉。因為朱熹常到這裡的緣故，在此地設立書院。書院祠堂仿傚宋代學制。元代延祐年間，臨汝書院遭火焚毀。書院山長黃鎮、同知馬合睦重新修建，吳澄為臨汝書院作記。至正年間重修，禮殿、講堂、門廡、齋舍皆煥然一新，虞集有記。

　　《江西通志》卷二十一《撫州府》〔註18〕：臨汝書院在府城西南二里。宋淳祐九年馮去疾提舉江南西路，以朱子嘗臨是邦，故立書院，祠之規畫悉仿學制。元延祐間，燬於火。山長黃鎮、同知馬合睦新之。吳澄記。至正辛巳，照磨王堅孫、山長張震重修，禮殿、講堂、門廡、齋舍煥然一新。虞集記。

　　按：程鉅夫族祖程若庸，師從饒魯。字達原，宋代端明殿學士程珌的從姪。號勿齋，學者稱勿齋先生。在撫州，號徽菴，以寓不忘桑梓之意。咸淳四年進士，從學於饒魯，後師事沈貴珤，承傳朱子一派的學說。歷湖州安定書院山長、臨汝書院、武夷書院山長。程鉅夫、吳澄、范奕、金洙、吳錫疇皆為其高徒弟子。有《性理字訓》、《講義》百篇及《太極圖說》、《近思錄注》行於世。

　　《神道碑》：宗老若庸，為撫州臨汝書院山長。

　　《程譜》：咸淳三年丁卯，公年十九歲，遊臨川，讀書臨汝書院，受學於族祖徽菴先生若庸。

　　洪焱祖《程山長若庸傳》〔註19〕：程山長若庸，字達原，宋端明殿學士珌之從姪。咸淳四年，陳文龍榜進士，從學雙峰饒先生魯，又師事毅齋沈先生貴珤，得聞朱子之學。淳祐丁未，為湖州安定書院山長。庚戌，馮此山去疾，創臨汝書院於撫州。聘若庸為山長，置田宅居之。咸淳戊辰，為福建武夷書院山長。若庸累主師席，及門之士最盛。在新安。號勿齋，學者稱勿齋先生。如范奕、金洙、吳錫疇皆其高弟。在撫州，號徽菴，以寓不忘桑梓之意。學者稱徽菴先生，如吳澄、程鉅夫皆其高弟。所著有《性理字訓》、《講義》百篇及《太極圖說》、《近思錄注》行於世。

　　《漢口志序》〔註20〕：若庸師事饒仲元，其後吳幼清、程鉅夫皆出其門。學者稱之為徽菴先生。

　　《重修安徽通志》〔註21〕：程若庸，字達原，休寧人。從饒魯遊，得朱子之學。咸淳閒，登進士，累為安定、臨汝、武彝三書院山長。吳澄、程鉅夫皆出其門，學者稱勿齋先生。所著

〔註18〕〔清〕謝旻《江西通志》卷21，清文淵閣四庫全書本。
〔註19〕程敏政《新安文獻志》卷70，清文淵閣四庫全書本。
〔註20〕〔明〕歸有光《震川集》卷2四部叢刊景清康熙本。
〔註21〕〔清〕何紹基《重修安徽通志》卷219，清光緒四年刻本。

有《性理字訓》、《講義》、《太極洪範圖說》。

《徽州府志》〔註22〕：程若庸，字達原，休寧人。淳祐中，為安定、臨汝兩書院山長。咸淳戊辰，登進士第，主武夷書院。學者稱徽菴先生。

按：饒魯，字伯興，一字仲元，自號雙峰，江西餘干人。其生卒年月已不可考，生活在南宋末年理宗、度宗時期，其年略長於黃震。饒魯是勉齋黃榦的高徒，為朱熹再傳弟子。黃榦門下分為金華、江右兩支，饒魯為江右斗杓。饒魯師承朱學，但不固守。朱熹繼承二程之理學，共派而分流的；饒魯專於理學，但能不拘守章句；程鉅夫繼承朱學，同流一派，卻有自己的見解。吳澄為饒魯弟子，也是元代著名理學家。從程鉅夫、黃宗羲的議論中，可略知饒魯的學術淵源和繼承。饒魯著有《五經講義》、《語孟紀聞》、《學庸纂述》、《西銘錄》、《近思錄注》。黃宗羲編《宋元學案》時，稱「其書不傳」〔註23〕。《四庫全書總目》史部傳記類有《饒雙峰年譜》存目，其書今亦失傳。《宋元學案》所載饒氏語錄，是從《程氏讀書分年日程》中錄出。清乾隆時，王朝璩又從一些經籍纂疏中，將饒魯的疏解輯為《饒雙峰講義》十二卷。王梓材、馮雲濠的《宋元學案補遺》中，所補輯的饒魯材料，大體上不出於《講義》的範圍。

《宋史理宗本紀》〔註24〕：庚申，詔饒州布衣饒魯，不事科舉，一意經學，補迪功郎、饒州教授。

《程譜》：徽菴乃饒雙峰先生高第弟子，有《字義》行世。

《宋元學案序錄》〔註25〕：雙峰亦勉齋之一支也，累傳而得草廬，說者謂雙峰晚年多不同於朱子，以此詆之。

《雙峰先生文集序》〔註26〕：書者，修齊治平之方也。聖作明述，昭昭具存，猶之於醫，定標本，察虛實，按而用之，無難焉；而猶云方多効少者，非方之罪也。理學至伊洛而大明，逮考亭而益精。學者家庋其書，歸而求之有餘矣。而拘者束章句，虛者掠聲稱，專門戶以為高，遊辭說以為達，若存亡愚智交病。雙峰饒先生最晚出，徒得從其高第弟子游，乃獨泳澤窮源，抉根披枝，共孤而分流，異出而同歸，廓然煥然於此也。僕不肖，少獲事徽庵程先生，知雙峰之學為詳。蓋二先生之志同，其造詣亦同。今觀雙峰之於言，抑何其富也。大道之不明，非書之不多。若雙峰之書，政患其未多耳。其子轍抱以示予，凡若干卷，且求言以發。夫雙峰之書，

〔註22〕〔清〕朱彝尊《經義考》卷71，清文淵閣四庫全書本。

〔註23〕〔清〕黃宗羲《宋元學案·序錄》，清道光刻本。

〔註24〕脫脫《宋史》卷44《本紀第四十四》，清乾隆武英殿刻本。

〔註25〕〔清〕黃宗羲《宋元學案》卷83，清道光刻本。

〔註26〕《雪樓集》卷14。

顧待予而發哉！獨念前輩典刑漸落，後生聞見之外，誦詩讀書而不知其人，可乎？因為序其梗概。蓋雙峰慕學甚早，力棄場屋，尋師取友，刻意斯文，故卒成一家之學如此。嗟夫！士誠不可不尚志也！後生可畏，詎不信然。好德之士有能刊而布之四方，則後之學者雖不幸而不遇親發藥焉，而得是書讀之，其亦庶乎不終病也已。

　　饒魯詩文思想包括天道思想：天地充滿陰陽五行之氣，且「理」與「氣」可以兼容不分；人性論：由「天理」一以貫之體現於人即為人性，又進一步發揮為天地萬物與我一體之論；識見天理的方法多吸收陸九淵的明心論，饒魯提出革除物慾，返於天地之性，在於發見自身的善端。

　　《饒雙峰講義》〔註27〕卷十：「發育萬物」，以道之功而言，萬物發生長育於陰陽五行之氣，道即陰陽五行之理。是氣之所流行，即理之所流行也。「峻極於天」，以道之體段而言，天下之物高大而無過者。天之所以為天，雖不過陰陽五行渾淪之氣。而有是氣，必具是理，是氣之所充塞，即理之所充塞也。此言道之全體大用，極於至大而無外有如此者。

　　人性論〔註28〕：《西銘》一書，規模宏大而條理精密，有非片言之所能盡。然其大指，不過中分為兩節。前一節明人為天地之子，後一節言人事天地，當如子之事父母。何謂人為天地之子？蓋人受天地之氣以生而有是性，猶子受父母之氣以生而有是身。父母之氣即天地之氣也。分而言之，人各一父母也，合而言之，舉天下同一父母也。人知父母之為父母，而不知天地之為大父母，故以人而視天地，常漠然與己如不相關。人於天地既漠然如不相關，則其所存發宜乎？……。言天以「至健」而始萬物，則父之道也；地以「至順」而成萬物，則母之道也。吾以藐然之身，生於其間，稟天地之氣以為形，而懷天地之理以為性，豈非子之道乎？

　　仁，心也。〔註29〕魂者氣之靈，魄者血之靈，心是魂魄之合。氣屬天，血屬地，心屬人。人者天地之心，心便是血氣之主。能持其志，則血氣皆聽命於心，不能持其志，則心反聽命於血氣。〔註30〕

　　誠意、正心、修身不是三事。顏子問仁，夫子告以非禮勿視、動，緊要只在四箇「勿」字上。仁屬心，視、聽、言、動屬身，「勿」與「不勿」屬意。若能「勿」時，則身之聽、言動、便合禮，而此心之仁即存，以此見心之正不正，身之修不修，只在意之誠不誠。所以《中庸》、《孟子》只說「誠身」便貫了。〔註31〕

〔註27〕轉引自明顧夢麟《四書說約》卷3，明崇禎十三年織簾居刻本。以下簡稱《講義》。
〔註28〕轉引自明顧夢麟《四書說約》卷15，明崇禎十三年織簾居刻本。
〔註29〕轉引自明顧夢麟《四書說約》卷7，明崇禎十三年織簾居刻本。
〔註30〕轉引自明顧夢麟《四書說約》卷6，明崇禎十三年織簾居刻本。
〔註31〕轉引自明顧夢麟《四書說約》卷2，明崇禎十三年織簾居刻本。

程鉅夫跟隨程若庸學習，程若庸從學於饒魯，二人的學術造詣基本相同。程鉅夫讚賞饒魯一派的理學思想，若干年後，饒魯之子饒轍將饒魯的學術著作示與程鉅夫，程鉅夫為此作《雙峰先生文集序》。

《雙峰先生文集序》〔註32〕：雙峰饒先生最晚出，徒得從其高第弟子游，乃獨泳澤窮源，抉根披枝，共沠而分流，異出而同歸，廓然煥然於此也。僕不肖，少獲事徽菴程先生，知雙峰之學為詳。蓋二先生之志同，其造詣亦同。今觀雙峰之於言，抑何其富也。大道之不明，非書之不多。若雙峰之書，政患其未多耳。其子轍抱以示予，凡若干卷，且求言以發。夫雙峰之書，顧待予而發哉！

與吳澄為同學。

按：吳澄（1249～1333），字幼清，號草廬，撫州崇仁（今屬江西）人。二十七歲以前生活於南宋。吳澄世代業儒，曾師從儒學家程若庸、程紹開。入元後，吳澄受程鉅夫、董士選等人推薦，四次入京，任國子司業、國史院編修、制誥、集賢直學士。早年校注五經，晚年成《五經纂言》，遺著尚有集、外集。清人合其所有文字為《草廬吳文正公全集》。

《程譜》：咸淳三年丁卯（至元三年），公年十九歲，遊臨川，讀書臨汝書院，受學於族祖徽菴先生若庸，與翰林學士吳文正公澂為同門。

吳澄《癡絕集序》〔註33〕：昔予弱冠，與郢程鉅夫同學臨汝書院。時月香林君以鄉先達日坐前廡位，予二人朝夕出入，以諸生禮詣位，趨揖然後退。不十年，事大異，各去不相聞也。而鉅夫為達官，位於朝。予為農夫耕於野林，君亦歸隱於市。

元世祖至元五年　宋度宗咸淳四年戊辰（1268）　二十歲

【時事】

六月，宋罷浙西諸州公田莊，募民自耕，減租十分之三。十一月，行義役法。

七月，忽必烈接受張雄飛立御使臺「為天子耳目」建議，詔諭設御使臺糾察百官善惡，諫言政治得失，拘刷撿括、追理財賦。並敕令中書省，樞密院凡有事與御使臺官同奏。御使臺最高長官為御史大夫，其下為御史中丞、侍御史、治書侍御史。十一月，蒙古議定朝儀。

〔註32〕《雪樓集》卷15。
〔註33〕吳澄《吳文正集》卷15，清文淵閣四庫全書本。

【事蹟】

於臨汝書院讀書。

本年，程若庸、張伯淳中進士。

洪焱祖《程山長若庸傳》〔註34〕：程山長若庸，字達原，宋端明殿學士珌之從姪。咸淳四年，陳文龍榜進士。

《徽州府志》〔註35〕：程若庸，字達原，休寧人。淳祐中，為安定、臨汝兩書院山長。咸淳戊辰，登進士第，主武夷書院。學者徽菴先生。

按：張伯淳中進士的年代，程鉅夫撰墓誌銘及《元史》本傳未見記載。今據其自撰《桐廬縣重建學記》〔註36〕，有「會余戊辰同年進士孫君潼」云云，可知在咸淳四年。

元世祖至元六年　宋度宗咸淳五年己巳（1269）　二十一歲

【時事】

正月，宋以李庭芝任兩淮制置大使兼知揚州。四月，賞張世傑戰功。八月，詔郡縣收民田租，毋巧記取贏。十一月，少傅文德乞致仕，詔授少師，進封魏國公，依所請致仕。

五月，蒙古史天澤軍築長圍以困襄陽，宋將張世傑、夏貴、范文虎相繼進兵援襄陽，均敗。正月，蒙古立四道按察司。二月，蒙古詔以八思巴新制蒙古字頒行天下。立國子學和諸路蒙古字學。五月，詔禁戍邊軍士牧踐屯田禾稼。七月，立諸路蒙古字學，招收生徒學習。八月，蒙古助高麗王復位。十月，定朝儀服色。廣平路旱。十一月，蒙古築新城於漢江西。

【事蹟】

於臨汝書院讀書。

在臨汝書院學習時，與臨川艾氏多有交往。四十餘年後，有當時同舍生艾氏後人艾庭梧造訪程鉅夫，程氏為作《送艾庭梧序》。

《送艾庭梧序》〔註37〕：臨川艾氏多聞人，或以詩鳴，或以文高，或以明經顯。予少學臨川，多與之遊。去年秋，有客候於予，謁入，曰臨川艾庭梧敬候先生。亟見之，則吾同舍生

〔註34〕程敏政《新安文獻志》卷70，清文淵閣四庫全書本。
〔註35〕〔清〕朱彝尊《經義考》卷71，清文淵閣四庫全書本。
〔註36〕張伯淳《養蒙文集》卷3，清文淵閣四庫全書本。
〔註37〕《雪樓集》卷15。

從子也，問其字，曰伯蒼。問其年，則予去臨川時，猶未生也。問其所從學，則皆良友碩師。出其詩若文，及與之談經，則兼昔人諸長而有之。予甚驚，亦不意去臨川四十餘年，復有斯人也。

信州貴溪程月岊時為學長，程鉅夫得其教誨頗多。其子程植娶妻王氏，五年而歿，王氏不嫁，侍奉舅姑。皇慶元年，程鉅夫去臨川已近四十年，聞王氏孝節事，為程月岊之孫作《王氏孝節序》，尚念及程月岊親炙之情。

《王氏孝節序》〔註38〕：予學於臨汝書院時，信之貴溪月岊先生為之長。先生與予同宗，其學渾渾而弘，其行侃侃而和，其言恂恂而善誘。其子植甚賢，娶五年而歿。植之室餘干王氏又甚賢。宋咸淳壬申，年十九，歸於植。植死，終喪，誓不改嫁。事舅姑，生死無違禮。……予自去先生，驅馳王事，出入中外幾四十年，幸無大過。每思臨汝親炙時，如一日。

元世祖至元七年　宋度宗咸淳六年庚午（1270）　二十二歲

【時事】

五月，宋以高達知鄂州。九月，蘭溪人金履祥請從海道攻燕薊，所敘海道情形，均合於實況。

正月，忽必烈罷制國用使司，設尚書省，六部及天下行省皆歸隸之。

本年，蒙古重建國子學，許衡任國子祭酒，近侍子弟十一人入學。設諸路蒙古字學教授。蒙古遣趙良弼出使日本。

【事蹟】

赴湖北參加省試。歸途中經白狐嶺拜見獅泉李珏。所作策論皆為欲成大事之文，李珏以為其非常人。有司始終未敢錄用。

《程譜》：公年二十二歲，赴湖北省試。及歸，道經壽昌過白狐嶺謁獅泉李先生珏。見公所答策文，驚曰：「三篇皆欲為國家措置大事，他日必非常人。」有司迄不敢取。

元世祖至元八年　宋度宗咸淳七年辛未（1271）　二十三歲

【時事】

十二月，宋賈似道令御史陳伯大奏請設置士籍。

正月，元廷在京城建立蒙古國子學，培養高級蒙古語翻譯人才，包括將入儒經翻譯成蒙古語。三月，元設國子學，增置司業、博士、助教各一員，選隨朝百官近侍蒙古、漢人子孫及俊秀者入國子學。十一月，忽必烈採納劉秉忠、

〔註38〕《雪樓集》卷15。

王鶚等儒臣的建議，根據《易經》「乾元」之義，正式建國號曰大元，並頒布《建國號詔》。十二月辛卯朔，詔天下興起國子學。

【事蹟】

在家中。

元世祖至元九年　宋度宗咸淳八年壬申（1272）　二十四歲

【時事】

宋李庭芝命民兵部轄張順、張貴溯漢水緩襄陽，突破元軍封鎖，張順戰死，張貴入襄陽，中途力戰被俘，死。四川安撫使昝萬壽遣兵攻元成都，毀其大城。

二月，元並尚書省入中書省。改中都為大都。三月，蒙古都元帥阿術、漢軍都元帥劉整、阿里海牙督本軍破宋樊城外郭。冬十月癸卯，初立會同館。

本年，趙良弼出使日本，歷時一年還，作《日本紀行詩》，是早期域外紀行的代表作品。

【事蹟】

與臨川徐氏結婚，入贅於岳父徐霆發家。

《程譜》：咸淳八年壬申，公年二十四歲，初贅於臨川嘉祿徐氏廣胖居士霆發女也。

元世祖至元十年　宋度宗咸淳九年癸酉（1273）　二十五歲

【時事】

一月，元軍阿里海牙等破樊城，守將呂文煥請降。以國字書宣令。以翰林院纂修國史，敕採錄累朝事實以備編集。二月，宋呂文煥以襄陽降元。四月，元分兵鎮守襄陽、正陽。閏六月，以翰林院纂修國史，敕採錄累朝事實以備編集。元世祖即將攻宋，驛召徒單公履、姚燧、許衡等問計。

【事蹟】

在家，丁憂。

按：從得知喪事的那一天起，必須回到祖籍守制二十五個月，可知接下來的至少一年，程鉅夫在家丁祖父憂。

何中《程公行狀》：「（淳熙）九年癸酉，簡懿公卒。」

本年，叔父程飛卿在江西新淦縣為政，以黃榦為效法對象，捐資修築高峰書院。

　　《高峰書院記》〔註39〕：咸淳癸酉，先叔父西渠公寔來為政，一以勉齋為法，致其尊慕，以示風厲。於是，捐俸錢三百緡，市曾氏宅一區，為高峰書院。

　　《續文獻通考》〔註40〕：高峰書院在臨江府新淦縣治東，宋縣令黃榦建。

　　《江西通志》〔註41〕：高峰書院在新淦縣治東，宋縣令黃勉齋建。明嘉靖元年，知縣田邦傑重修，知府徐問有記。隆慶三年，知縣李樂改建於儒學，內題曰：「勉齋祠」。明末廢。國朝康熙四年，知縣胡之琳移建。

　　《大清一統志》〔註42〕：高峰書院在新淦縣治東，宋建。明隆慶中改建儒學，內為勉齋祠。本朝康熙四年移建。

元世祖至元十一年　宋度宗咸淳十年甲戌（1274）　二十六歲

【時事】

　　七月，宋度宗去世，太皇太后謝氏臨朝聽政。九月，江浙大雨，天目山崩，安吉、臨安、餘杭民溺死者眾。十二月，鄂州降。伯顏、阿術將大軍水陸東下，賈似道督諸路軍馬備戰，以孫虎臣總統諸君。本年，南宋詔天下勤王。

　　正月，廷議南征宋朝的方略。六月，命伯顏為帥，率兵伐宋。七月，宋度宗卒，年三十五。恭帝即位，時年四歲，太皇太后謝氏臨朝稱詔。十月，伯顏軍攻鄂州，守將張世傑力戰禦之。十二月，鄂州降。伯顏、阿術將大軍水陸東下，賈似道督諸路軍馬備戰，以孫虎臣總統諸君。本年，省臣復啟行科舉，準蒙古進士科及漢人進士科，參酌時宜，事未施行。

【事蹟】

　　在家，丁憂。

　　何中《程公行狀》：「（淳熙）九年癸酉，簡懿公卒。」

　　本年，揭傒斯（1274～1344）生。

　　《元史揭傒斯傳》〔註43〕：至正三年，年七十，致其事而去，詔遣使追及於潦南。

　　程鉅夫為其作《揭曼碩詩引》〔註44〕與《跋揭曼碩文稿》〔註45〕。教導揭

〔註39〕　《雪樓集》卷11。

〔註40〕　〔明〕王圻《續文獻通考》卷61，明萬曆三十年松江府刻本。

〔註41〕　〔清〕謝旻《江西通志》卷21，清文淵閣四庫全書本。

〔註42〕　〔清〕穆彰阿《大清一統志》卷324，四部叢刊續編景舊鈔本。

〔註43〕　《元史》卷181《揭傒斯傳》，第4185頁。

〔註44〕　《雪樓集》卷14。

〔註45〕　《雪樓集》卷24。

俟斯，學習需要專心致志。

《揭曼碩詩引》〔註46〕：臨川以二謝故，為詩鄉。往或為余言東溪甘君者善鳴。豐城壤與撫接，多師甘君。予識其言久，今年坐暑黃鵠山，有示予詩一編，曰：「豐城揭曼碩作也。」予聞為豐城人，因憶前語，為停筆。讀數解，清風與俱，喜曰：「人言蓋不妄。」夫一技一能雖甚鄙且賤，亦皆有所本，亦必疲精力涉歲月乃能精。而況古者列六經之文乎？未可以一技一能小之。然或專志於是而忘其身，或務以驕人，至喪心自敗，則又一技一能之不若。揭君其慎之哉！非予喜，弗及此言。其戒之哉！或曰：「揭，故廣昌徙也。」予又喜。

《跋揭曼碩文稿》：余識揭曼碩不四三年。初識，出其詩文，知於茲事必收汗馬之功。自時厥後，屢見屢期，若王良、造父之御，駸駸然益遠而益未止。何曼碩之敏且巧若此乎！柳子有言：「吾之俯也，滋甚。」

元世祖至元十二年　宋恭宗德祐元年乙亥（1275）　二十七歲

【時事】

一月，文天祥糾募兵民五萬人勤王。劉辰翁賦《減字木蘭花·乙亥上元》詞，不勝今昔之慨。二月，賈似道與元軍戰於蕪湖西南魯港，大敗，逃奔揚州，江淮之地盡歸大元。其被罷官、貶逐。劉辰翁聞，憤而賦《六州歌頭》。宋廷遣郝經等歸，已十六年後。三月，元軍攻陷建康。臨安官員紛紛外逃。七月，元軍兵臨寧海城下，舒岳祥寫《漁夫》詩。張世傑率舟師與元軍戰於鎮江焦山下，大敗。九月，賈似道被監押官殺於赴循州貶所途中。十一月，召文天祥赴闕入衛。

本年冬，周密遊會稽，與王沂孫相會一月。

【事蹟】

叔父程飛卿於洪州（今江西南昌）任制置司參事，程鉅夫跟從並講學於東湖。後程飛卿被宋廷拜官建昌郡守，程鉅夫侍奉祖母及叔父就養於建昌。十二月，元軍南下，建昌降附。

何中《程公行狀》：「德祐元年乙亥，公侍叔父西渠先生官於洪，講學東湖之上。」

《行狀》：歲己亥，季父飛卿攝建昌守，公侍孝肅公，奉楚郡李夫人就養。……未幾，天兵南下，建昌內附。

《神道碑》：未數日，我師至城下，建昌內附。

〔註46〕《雪樓集》卷14。

《程譜》：是年，侍讀公參制置司事於洪，公從之居，講學東湖之上。侍讀公尋拜郡建昌，公侍諸父，奉太夫人就養。冬十二月，天兵南下，建昌內附。

制置司參事：制置司官署名。為制置使之官署，亦稱制置使司，制置使，負責經營謀劃邊防軍務。宋初不常置。宋南渡後因對金作戰，設置漸多，多以安撫大使兼任，得以便宜節制軍事，資望特高的稱制置大使。制置使往往兼轄數路軍務。

元世祖至元十三年　德祐二年丙子（四月前）／宋端宗景炎元年 丙子（四月後）（1276）　二十八歲

【時事】

一月一日，伯顏部將阿里海涯攻陷潭州（今湖南長沙），守將李芾死，湖南各城多降。十八日，伯顏大軍駐紮臨安郊外皋亭山，宋遣監察御史楊應奎上傳國玉璽請降。二十日，文天祥以資政殿學士出使元軍，被扣留。二月四日，南宋向元廷奉上降表。三月，元丞相伯顏入臨安，虜宋恭帝及皇太后全氏等北去。汪元量隨宋室被押往大都。元留諸將平定南方。文天祥至真州，議糾合兩淮圖謀復興。閏三月，陸秀夫、張世傑等於溫州奉益王為天下兵馬都元帥，廣王副之。春，劉辰翁賦《蘭陵王·丙子送春》詞。

【事蹟】

由樞之更名文海，字鉅夫。春，跟從叔父程飛卿入覲元世祖，元世祖授其宣武將軍銀牌管軍千戶。

《行狀》：明年，至元十三年也，隨季父入覲，遂留宿衛，授宣武將軍、管軍千戶。

《神道碑》：未數日，我師至城下，建昌內附。至元十三年，從季父朝於開平，遂留宿衛，授以宣武將軍、管軍千戶。

何中《程公行狀》：（德祐）二年丙子，公侍叔父通判建昌軍，權知建昌軍事。以城附，公贊畫居多，是為至元十三年夏五月。得旨，降銀牌，授宣武將軍、管軍千戶。

《程譜》：大元十三年丙子，公年二十八歲，始更名文海，字鉅夫。是年春，公從侍讀公入覲世祖皇帝於上京，授公宣武將軍銀牌管軍千戶。

於翰林院拜見時任翰林承旨的王磐，得王磐頗多汲引。

《跋商季顯所藏王鹿菴先生詩》〔註47〕：至元丙子，余至京師，拜承旨鹿菴王公於玉堂

〔註47〕《雪樓集》卷24。

之署。蒼然而古雅，凝然而敦厖，望之肅如也。既而獲近清光，蒙聖眷，實維公獎進汲引之
力。

季父程飛卿到大都後，以郡守身份拜見姚樞，姚樞曾贈以詩，程飛卿遂刻
詩於石。若干年後，程鉅夫於黃氏家睹詩帖墨蹟，感念姚樞侄姚燧有「抆淚」
之語，因同為叔侄關係而感慨不已，作《跋雪齋墨蹟》。

《跋雪齋墨蹟》〔註48〕：余季父西渠公初以中二千石見雪齋先生，先生贈以詩，遂刻於
石。余每一摩挲，感念疇昔，於邑者久之。觀此帖後牧菴「抆淚」之語，則猶子之情蓋一也。
雪齋名跡不下古人，字畫亦非後來所及，黃氏其永寶之。

徐琰任陝西行省左司員外郎。

虞集《奉元路重脩先聖廟學記》〔註49〕：時東平徐公琰方為行省左司員外郎，實記而刻
諸石，則至元十三年丙子之歲也。

元世祖至元十四年　宋端宗景炎二年丁丑（1277）　二十九歲

【時事】

一月，文天祥移軍漳州。元賜嗣漢天師張宗演演道靈應沖和真人，領江南
諸路道教。二月，宋廣東諸郡降元。元詔以僧亢吉祥、憐真加加瓦並為江南總
攝，掌釋教。七月，元置行中書省於江西。十一月，元平江南，以吏部尚書別
都魯丁參知政事。十二月，南宋內府原藏經籍圖書、書畫等運往大都秘書監。
元軍渡錢塘江下浙東，追殲殘宋勢力。

本年，國子生不忽木與同舍生上疏，請於滅宋之後，應遍立學校，尤須選
蒙古子弟入學，使通習漢法。

【事蹟】

宣武將軍銀牌管軍千戶任上。

六月，長子程大年出生。

《程譜》：大元十四年丁丑，夏六月，子大年生。

本年，於揚州建行御史臺。白樸弟白恪到江南任職，出任揚州南臺掾史。

袁桷《朝列大夫同僉太常禮儀院事白公神道碑銘》〔註50〕：至元十四年，江南建行臺。
御史大夫相威公慎簡所屬，署君為掾史，即條不便事凡二十。

〔註48〕《雪樓集》卷25。
〔註49〕虞集《道園學古錄》卷35，四部叢刊景明景泰翻元小字本。
〔註50〕袁桷《清容居士集》卷27，四部叢刊景元本。

元世祖至元十五年　宋景炎二年宋帝昺祥興元年戊寅（1278）三十歲

【時事】

　　一月，元兵張德潤大敗宋涪州兵。二月，元將唆都攻破潮州，置太史院。改華亭縣為松江府。四月，雲南行省招降分地城寨一百多所。以許衡言，遣使到杭州等處取在官書籍版刻至京師。立行中書省於建康。改北京行省為宣慰司。六月，全州瑤蠻二十所內附。元軍張弘範海道討伐宋餘眾。

【事蹟】

　　攜全家入備宿衛。

　　十一月九日，忽必烈召其至香殿。問賈似道何許人，程鉅夫歷陳詳細經過，述賈似道邪佞狀。世祖大悅，命其書寫文辭。陳述皆合元世祖心意，元世祖特命其任職翰林院。

　　《行狀》：十五年十一月九日，世祖皇帝召見香殿而諭之曰：「卿在江南，知賈似道何如人？」公對曰：「當其為邊臣，是一似道也；及為相，又一似道也。」上說，命給筆劄，書其辭。遂就上前銀盆磨墨，書二十餘幅以進。旨問：「今何官？」以千戶對。上曰：「卿儒者，授非所宜。」特命改直翰林，從諸老遊。因諭近臣曰：「朕觀此人相貌應貴，及聽其言，誠聰明有識人也。」又諭公曰：「自今國家政事得失，朝臣孰邪孰正，卿為朕悉言毋隱。」公頓首謝曰：「臣以疏遠儒生蒙被聖天子知遇，出入禁闥，敢不竭駑鈍以報！」

　　《神道碑》：十五年十一月九日，召見香殿。世祖問：「宋何以亡？」對曰：「孟子有言：『三代之得失天下也，以仁、不仁。』宋非不仁，權臣賈似道誤之也。」問：「似道何如人？」對曰：「當其為邊臣，是一似道也；及為相，又一似道也。」天顏甚悅。命給筆劄，書其辭。即御前以銀盆漬墨，書二十餘幅以進，深稱上旨。問：「今何官？」且諭近臣曰：「斯人相貌應貴，聽其言，聰明有識人也。」諭公曰：「國政得失，朝臣邪正，卿為朕悉言之。」公頓首謝曰：「臣疏遠儒生，蒙被知遇，敢不竭駑鈍以報？」

　　何中《程公行狀》：十一月九日，賜見。上曰：「卿在江南，知賈似道為何如？公條對似道始終所以忠邪狀甚悉，上大悅，嘉其有識，仍面試文字一通。公顧出入禁闥，力效忠藎。有旨署翰林院，與諸老遊。

　　《程譜》：大元十五年，公年三十歲。是年春，公挈家入備宿衛。冬十一月九日，上召見香殿。問卿在江南知賈似道為何如人。公條對似道始終所以忠邪狀，上大說。給紙札，命悉書其詞。敷奏稱旨，特命改直翰林，俾從諸老遊。

本年，胡祗遹出任荊湖北道宣慰副使。

《元史胡祗遹傳》〔註51〕：宋平，為荊州湖北道宣慰副使。

本年，王構充任翰林文字。

袁桷《翰林承旨王公請諡事狀》載，至元十四年，令王構充應奉翰林文字，王構不願授職，「公辭曰：『少嘗授學於李先生謙，今先生猶教授東平，實不敢先。』遂以官召李」，明年始受該職。〔註52〕

元世祖至元十六年　宋帝昺祥興二年己卯（1279）　三十一歲

【時事】

一月，宋合州安撫使王立以城降，川蜀以平，分川蜀為四道。張弘範將兵敗宋張世傑軍，廣王趙昺率眾赴海死。二月，元帝命知太史院事郭守敬訪求精天文曆數者。六月，宋張世傑所部來降。元敕造戰船征日本，以高麗材用所出，即其地造之。十二月，建聖壽萬安寺於京城。

【事蹟】

六月，授其官職應奉翰林文字、朝列大夫。

《行狀》：授應奉翰林文字、朝列大夫。

《神道碑》：授應奉翰林文字、朝列大夫。

何中《程公行狀》：十六年己卯六月，除應奉翰林文字、朝列大夫。

《程譜》：大元十六年己卯 1279，夏六月，授應奉翰林文字、朝列大夫。

元世祖至元十七年庚辰（1280）　三十二歲

【時事】

正月，立遷轉官法，定諸路差稅課程。置行中書省於福州。三月，元軍詔討羅氏鬼國。六月，召范文虎議征日本。改泗州隸淮安路。七月，立行省於京兆。八月，征日本。十一月，詔頒《授時曆》。十二月，高麗國王領兵出征日本。

【事蹟】

十一月，官任翰林修撰，朝列大夫的散官如舊。本月，又遷中順大夫、秘

〔註51〕《元史》卷 170《胡祗遹傳》，第 3992 頁。
〔註52〕袁桷《清容居士集》卷 32，四部叢刊景元本。

書少監。

何中《程公行狀》：十七年庚辰，改翰林修撰，散官如故。十一月，遷中順大夫、秘書少監。

《程譜》：大元十七年庚辰，冬十一月，進翰林修撰。

十二月，姚樞（1203～1280）卒。

《元史姚樞傳》〔註53〕：（至元）十七年，卒，年七十八，謚文憲。

元世祖至元十八年辛巳（1281）　三十三歲

【時事】

二月，改維吾斷事官為北庭都護府。八月，詔徵日本軍回，所在官為給糧。十月，籍西川戶。十一月，高麗國、金州等處置鎮邊萬戶府，以控制日本。元廷召法師劉道真，問祠太乙法。

【事蹟】

二月，陞任集賢院直學士、中議大夫、兼秘書少監。

按：《程譜》記載陞任官職時間為本年正月，何中則記載本年二月。因何中寫作《程公行狀》年代距離程鉅夫生活年代比《程譜》的寫作年代近，故本譜從何中說。

何中《程公行狀》：十八年辛巳二月，陞集賢院直學士、中議大夫、兼秘書少監。

《程譜》：大元十八年辛巳，公年三十三歲。春正月，陞中順大夫、秘書少監。

十二月，官遷集賢直學士、中議大夫兼秘書少監。

《程譜》：冬十二月，遷集賢直學士、中議大夫兼秘書少監。

三月三日，許衡卒，年七十三。

許衡首明理學，被世祖尊為儒師，提舉陝右學校，文風大行。西臺侍御史趙世延請依他郡先賢過化之地，為立書院，因故皇帝諭立魯齋書院。敕令程鉅夫作《諭立魯齋書院》。

《諭立魯齋書院》〔註54〕：諭陝西行省、行臺大小諸衙門官吏人等：中書省奏：「御史臺言：『故中書左丞許衡首明理學，尊為儒師。世祖皇帝在潛邸，嘗以禮徵至六盤山，提舉陝右學校，文風大行。西臺侍御史趙世延請依他郡先賢過化之地，為立書院，前怯憐口總管王某獻地宅以成之。延請前國子司業某同主領，教生徒。乞降旨撥田養士，將王某量加旌勸。』」准奏。

〔註53〕宋濂《元史》卷158《姚樞傳》，第3713頁。

〔註54〕《雪樓集》卷1。

可賜額曰魯齋書院，仰所在官司量撥係官田土入學，奉朔望、春秋之祀。

歐陽玄《元中書左丞集賢大學士國子祭酒贈正學垂憲佐理功臣大傳開府儀同三司上柱國追封魏國公諡文正許先生神道碑》〔註55〕：先生既沒之三十三年為皇慶二年，仁宗皇帝詔暨宋九儒從祀宣聖廟庭，明斯道之所自傳矣。又二十三年為元統三年，今上皇帝勑賜臣玄文其神道之碑，以賜其子師敬，使刻之。……（至元）十八年三月戊戌，薨於私第之正寢，易簀不變，年七十三。……皇慶、延祐之設科，子師敬參預大政，以通經學古之制一洗隋唐以來聲律之陋，致海內之士非程朱之書不讀，又豈非其家學之效見諸已試者歟？……先生諱衡，字仲平，其先河內人。……師敬，封魏國太夫人賀氏子。

元世祖至元十九年壬午（1282）　三十四歲

【時事】

二月，立鐵冶總管府，罷提舉司。分軍戍守江南，自歸州以及江陰至三海口，凡二十八所。三月烏蒙民叛，蒙軍討之。王著與高和尚合謀殺死阿合馬。四月，議阿合馬所管財賦，先行封籍府庫。滕安上作《至元德音詩》，時為真定路中山府儒學教授。六月，鉤考萬億庫及南京宣慰司。九月，賑真定饑民。從御史中丞崔彧言，選用臺察官宜漢人、蒙人相參巡行。十二月九日，文天祥被殺於大都，年四十七。

本年，梁進之本年前為大興府判。路府置儒學教授。詔徵劉因。

【事蹟】

六月，向朝廷建議實行「吏治五事」，包括：取會江南仕籍、通南北之選、置考功歷、置貪贓籍、給江南官吏俸祿。元廷皆採行。

《取會江南仕籍》〔註56〕：昨者，欽奉聖旨，許令江南曾有官人齎告敕，赴省換授。此最良法。姦臣賣弄，遂至顛倒。求仕者憑外省之諮，而外省貪饕尤其可畏。有錢者無告敕，可以得諮。無錢者有告敕，卻不得諮。求仕之人有賣家喪業，而卒不沾一命者。亦有全無根腳，大錢計會，白身而一旦受宣命者。亦有外省等官將空頭諮示旋來內省，尋趁有錢人員書填姓名。亦有內省官吏通同作計，公行添插人員。又有一等潑皮歹人，置局京師，計會保官，誣寫根腳，保明而得官者。吏治之弊，至此已極。今省府欲行考究，似覺費力。今有捷法，可以永除病根。欲乞選清強通曉官員，無論南北，每省差兩員前去，同本道按察司取會江南州縣城郭、鄉村鄰甲，保明詣實元在亡宋有官人員姓名，一槩置籍，明書本人鄉貫、三代及入仕根腳，齎擎前來

〔註55〕《全元文》第34冊，第635～642頁。
〔註56〕《雪樓集》卷10。

省部，以憑照勘。遇有求仕人員，一閱而知真偽，極為便當。仍與申飭外省，遇有求仕者，合與行下本郡，令鄉都鄰甲保明本人是何出身，即量輕重諮來，不許邀阻。其有外省官吏遷調人，難許令求仕人赴御史行臺及按察司論訴，庶幾公私兩得便當。籍成之後，卻與商略白身人求仕格式，行下江南。

《通南北之選》：聖主混一車書，兼愛南北，故北南之人皆得入仕。惜乎北方之賢者間有視江南為孤遠，而有不屑就之意。故仕於南者，除行省、宣慰、按察諸大衙門出自聖斷選擇，而使其餘郡縣官屬指缺，願去者半為販繒屠狗之流、貪污狼藉之輩。南方之賢者列姓名於新附。而冒不識體例之譏，故北方州縣並無南方人。士且南方歸附已七八年，是何體例難識如此。欲乞令省部刷具北、南府、州、司、縣官員腳色參對。今後北、南選房流轉定奪，若以南人為未識體例，則乞於北方州郡，每處且與參用一二人。一任回日，卻與通行定奪。其北人注南缺而不赴者重與罪過。庶幾吏稱民安，可以上副聖主兼愛南、北之意。

《置考功歷》：國朝建御史臺，雖有考課之目而未得其要，莫可致詰。欲乞照前朝體例，應諸道、府、州、司、縣，下至曹掾等，各給出身印紙歷子一卷，書本人姓名、出身於其，前俾各處長吏聯銜，結罪保明，書其歷任月日、在任功過於後。秩滿，有司詳視而差其殿最，則人之賢否一覽而知。考核得實，庶無僥倖。

《置貪贓籍》：國朝內有御史臺，外有行臺、按察司，其所以關防貪官污吏者，可謂嚴矣。而貪污狼藉者往往而是，何也？蓋其弊在於以徵贓為急務，於按劾則具文。故今日斥罷於東，明日擢用於西，隨僕隨起，此棄彼用，多方計置，反得美官，相師成風，愈無忌憚。欲乞省臺一體，應內外諸路官員有以貪贓罷者，置籍稽考，未許收用。其吏人犯贓者重置於法，永不敘用。內外一體照應，庶幾官吏知所警戒。

《給江南官吏俸錢》：仕者有祿，古今定法。無祿而欲責之以廉，難矣。江南州縣官吏自至元十七年以來並不曾支給俸錢，真是明白放令喫人肚皮，椎剝百姓。欲乞自今，並與支給各官合得俸錢。其有貪贓者，重罪不恕，人自無辭。

《程譜》：大元十九年壬午，夏六月，公建言吏治五事。一曰：取會江南仕籍。二曰：通南北之選。三曰：置考功歷。四曰：置貪贓籍。五曰：給江南官吏俸祿。朝廷皆採行之。

《行狀》：又明年，陞中順大夫、秘書少監，尋遷集賢直學士、中議大夫、兼秘書少監。條陳五事：一曰取會江南士籍。二曰通南北之選。三曰置考功歷。四曰置貪贓籍。五曰給江南官吏俸祿。皆採行之。

《神道碑》：「又明年，進修撰。又明年，陞中順大夫、秘書少監，尋遷集賢直學士、中議大夫、兼秘書少監。」上意見五條「條陳五事：一曰取會江南士籍，二曰通南北之選，三曰置考功歷，四曰置貪贓籍，五曰給江南官吏俸祿，皆採行之。」

《元史本傳》：至元十九年，奏陳五事：一曰取會江南仕籍，二曰通南北之選，三曰立考功歷，四曰置貪贓籍，五曰給江南官吏俸。

賜大都安貞門灞河之西樂道里地十畝，為其築居室之用。

《程譜》：是年有旨，賜地十畝於安貞門灞河之西樂道里，俾築居室。

《元史本傳》：賜地京師安貞門，以築居室。

【編年文】

吏治五事（六月）〔註57〕：《取會江南士籍》、《通南北之選》、《置考功歷》、《置貪贓籍》、《給江南官吏俸祿》

元世祖至元二十年癸未（1283）　　三十五歲

【時事】

一月，元廷發五衛軍征日本。三月，增置蒙古監察御史六員。六月，增官吏俸祿。九月，廣東盜起，遣兵萬人討之。十二月，雲南施州興兵為亂，元遣兵討之。

本年，元政府規定各類學田收入。李衎在江浙行省任職，舉薦白珽為太平路學正。

【事蹟】

三月，加官職翰林集賢直學士，同領會同館事，其餘官職如故。

《行狀》：二十年，加翰林直學士，同領會同舘事。

何中《程公行狀》：二十年癸未三月，除翰林集賢直學士，同領會同館事，餘如故。

《程譜》：大元二十年癸未，公年三十五歲。春三月，加翰林集賢直學士，同領會同館事。

《神道碑》：二十年，加翰林直學士，同領會同館事。

《元史本傳》：二十年，加翰林集賢［直］學士，同領會同館事。

元世祖至元二十一年甲申（1284）　　三十六歲

【時事】

正月，建都王、烏蒙及金齒一十二處俱降。立江淮、荊湖、江西、四川行樞密院，治建康、鄂州、撫州、成都。四月，立大都路總管府。立西川、延安、鳳翔、興元宣課司。賜歸附洞蠻官十八人衣，遣還。八月，雲南定擬軍官格例，

〔註57〕以下編年文、編年詞、編年詩皆出自《雪樓集》。

以河西、回回、畏吾兒等依各官品充萬戶府達魯花赤，同蒙古人；女直、契丹，同漢人。九月，丞相火魯火孫與留夢炎建議實行貢舉法，範圍擴大至蒙古之士及儒吏、陰陽、醫術，皆令試舉，事未及行。

本年，楊璉真迦在權臣桑哥支持下，發掘了南宋諸帝的陵墓，對文人影響頗大。江淮行省治所自揚州遷往杭州，改稱江浙行省。尚仲賢、馬致遠、戴善夫均嘗官江浙行省務官。

【事蹟】

十一月四日，夫人徐氏卒，時年三十七歲，後追封為楚國夫人。

《程譜》：冬十一月四日，夫人徐氏卒，年三十七，後追封楚國夫人。

元世祖至元二十二年乙酉（1285）　三十七歲

【時事】

一月，元兵破安南戰船千餘艘。二月，元詔改江淮、江西元帥招討司為上中下三萬戶府，蒙古、漢人、新附諸軍相參，作三十七翼。平江西盜黎德等餘黨。七月，敕秘書監修《地理志》。十一月，以禿魯歡為參知政事。盧世榮伏誅。

【事蹟】

娶俞氏為夫人。俞夫人是故宋昭孝太妃的妹妹。

《程譜》：大元二十二年乙酉，是年，夫人俞氏來歸。宋昭孝太妃女弟也。

元世祖至元二十三年丙戌（1286）　三十八歲

【時事】

正月，世祖以日本孤遠島夷，重困民力，罷征日本。二月，立按察司巡行郡縣法，除使二員留司，副使以下每歲二月分涖按治，十月還司。征交趾。三月五日，周密、王沂孫、戴表元、仇遠、白珽等集於杭州周密寓所楊氏池塘，賦詩唱和。七月，銓定省、院、臺、部官。八月，婺州民反，被平。十月十五日，吳渭於浦陽結月泉吟社，以《春日田園雜興為題》徵詩。

【事蹟】

一月，元廷改其官職為集賢直學士，進階少中大夫。

《行狀》：二十三年，改集賢直學士，進階少中大夫。

《神道碑》：二十三年，改集賢直學士，進階少中大夫。

何中《程公行狀》：二十三年丙戌正月，改集賢直學士、少中大夫。

《程譜》：大元二十三年丙戌，公年三十八歲。春正月，改集賢直學士，進階少中大夫。

三月，向世祖建言：興建國學、搜訪江南遺逸、御史臺按察司宜並參用南士。世祖旋即命建國子監，程鉅夫官職不變，並拜其為嘉議大夫、侍御史行御史臺事，帶著漢字詔書，求賢江南。

《行狀》：入見，首請興建國學。又上疏曰：「臣聞治天下必用天下之才。故曰『旁招俊乂』，故曰『立賢無方』。若限以方，所徵以技藝，雖用人，猶無人也。國家既已混一南北，南北人才視同一體。若有所偏主，有所遐棄，此羣臣之故計，非陛下至公之心也。臣屢聞明詔，一則曰求賢，二則曰求賢。而能以賢才致之陛下者幾人？夫所謂賢才者，大而可以用於時，細而可以用於事。而凡出使者止以卜相、符藥、工技為賢才。此何謂也？且使遠方有識之士，得以淺窺朝廷。臣竊恥之。臣雖愚陋，不足以備賢才之數，然世無賢才則已；有則臣必識之。江南百餘州之廣袤，數百年之涵養，豈無一二表表當世，不負陛下任使者？臣奉命以往，庶機遇之。如得其人，則望先試以一職，使之自卑而高，自難而易。小有益則小進之，大有功則大用之。磨以歲月，則賢否自見。且陛下如用若人，不但愚臣得舉所知而已。它時出使者皆知陛下德意，將見異人輩出，得賢之盛，視古無愧，惟陛下留意焉。」未幾，復上疏曰：「臣竊為國家自平江南以來，內而省、院與監，外而行省、行院、宣慰司、路府、州縣並皆參用南人，惟御史臺、按察司，獨不參用。臣不知其說也。夫南北人情風俗不同，若欲諳悉各處利害，須是參用各處之人。況江南歸附已十餘年，而偏遠險惡之處，盜賊時時竊發。雖由官吏貪殘所激，亦由臺憲按問失職致然。每年按察司官名為巡察，其實未嘗遍歷，止於安靜之地遷延翱翔，聞有小警，即行退避。至於偏遠之處，曠數年未嘗一到。其間，小民被官吏苛虐，無所告愬，激而為盜，官吏反欲並緣虜掠。興兵之際，良民被害，何可勝言？竊為朝廷為江南設立行臺、按察司，正欲察訪利病。果得其人，何至如此？欲望特降睿旨，御史行臺自中丞以下，各道按察司察使以下併合公選。南方耆德倚望之人與北方官員講論區畫，庶幾諳悉江南事體，周知遠人情偽。內臺中丞至監察御史等官，宜合參用南官，以備採訪。不勝生民之幸。惟陛下裁之。」事下中書集議，大臣咸請如公所言。遂以本官特拜嘉議大夫、侍御史行御史臺事，仍詔搜賢江南。

《神道碑》：入見，首請興建國學。又上疏曰：「臣聞治天下必用天下之才。故曰『旁招俊乂』，又曰『立賢無方』。若限以方，所徵以技藝，雖曰用人，猶無人也。國家既已混一南北，南北人才視同一體，若有所偏主，有所遐棄，此羣臣之故計，非陛下至公之心也。明詔屢下，一則曰求賢，二則曰求賢，而能以賢才致之陛下者幾人？出使者止以卜相、符藥、工技為賢才，此何謂也？且使有識之士，得以淺窺朝廷，臣竊恥之。」未幾復上疏曰：「國家自平江南，內外

百司，皆參用南人。惟御史臺、按察司，獨不參用。臣不知其說也。南北人情風俗不同，若欲諳悉各處利害，須參用各處之人。況江南歸附已十餘年，而偏遠險惡之處，盜賊時時竊發。雖由官吏貪殘所激，亦由臺憲按問失職致然。按察司官名為巡察，其實未嘗遍歷，止於安靜之地遷延翱翔。至於偏遠之處，曠數年未嘗一到。小民被官吏苛虐，無所控訴，激而為盜，官吏反欲並緣虜掠。民之被害，何可勝言？行臺、按察司之設，正欲察訪利病。中丞、察使以下並宜公選。南方耆德清望之人，與北方官員講論區畫，庶幾諳悉江南事體，周知遠人情偽。內臺中丞至監察御史，亦宜參用南官，以備採訪。」事下中書集議，集賢大學士阿魯溫撒里等，請如程文海所言。遂拜嘉議大夫、侍御史行御史臺事，仍詔求賢江南。

初，詔令皆用國字，至是，特命以漢字書之。世祖素聞趙孟頫、葉李名，密諭必致此二人。又薦趙孟頫、萬一鶚、余恁、張伯淳、凌時中、胡夢魁、包鑄、曾衝子、孔洙等二十餘人，皆立登清要之職。還都，宮門已閉，叩闥暮見。世祖聞之喜甚，不覺起立曰：「程秀才來矣！」陳民間利病五事，超授集賢學士，仍居行臺。（老師上次批註：問我出自什麼文獻？本段和上段一樣，都出自《神道碑》。）

何中《程公行狀》：三月，公入奏：「御史臺不用南人，廉能者多，未見其不可用也。」上以為然，即命公為嘉議大夫、侍御史，行御史臺事，餘如故。南人入臺，自公始。時上思治，求賢如渴，而奉命者以方士塞詔旨，深忤聖意。公因奏：「江南耆儒碩德，能通知治道，隱於山林者不少，宜加徵聘」上悅，即詔諭各處行中書省、行御史臺、宣慰司、按察司等：「令命程文海前往江南諸道，訪求賢俊，如得至誠無偽、以公滅私、明達治體、可勝大任者，仰行省差官館伴赴闕。」於是萬一鶚、余恁、趙孟頫等用焉。

《程譜》：三月，公入見，陳乞興建國學、遣使江南搜訪遺逸、御史臺按察司並宜參用南士。上即命建國子監，詔公仍本官，拜嘉議大夫、侍御史行御史臺事，賫漢字詔書，乘驛求賢江南。夏四月，公至行臺視事，承詔禮遣葉李、趙孟頫赴闕。公遂遍歷諸郡，廣求賢俊。

《元史本傳》：二十三年，見帝，首陳：「興建國學，乞遣使江南搜訪遺逸；御史臺、按察司並宜參用南北之人。」帝嘉納之。……二月戊午，集賢直學士程文海言：「省院諸司皆以南人參用，惟御史臺按察司無之。江南風俗，南人所諳，宜參用之，便。」……三月己巳，御史臺臣言：「近奉旨按察司參用南人，非臣等所知，宜令侍御史、行御史臺（等）程文海與行臺官，博採公潔知名之士，具以名聞。」帝命賫詔以往。

《續資治通鑑》〔註58〕：至元二十三年丙戌三月己巳，詔程文海仍集賢直學士，拜侍御史行御史臺事，往江南尋訪知名之士。

初，帝欲以文海為中丞，臺臣言文海南人，不可用，且年少。帝大怒曰：「汝未用南人，

〔註58〕〔清〕畢沅《續資治通鑑》卷187，清嘉慶六年遞刻本。

何以知南人不可用。自今省部臺院，必參用南人。」遂拜文海是職，奉詔求賢於江南。詔令舊用蒙古字，及是，特命以漢字書之。帝素聞趙孟頫、葉李名，密諭文海必致此二人。

至元十五年二月二十一日，上奏議《公選》，建議行臺中丞和各司按察使以下，都應公選南方耆舊清望士人與北方官員一起討論謀劃，並且內臺侍御史至監察御史也應參用南方士人。為江南訪賢做了準備。

《公選》〔註59〕：臣某謹奏，臣於至元十五年十一月初九日，欽奉聖旨，節該您省得的勾當說者，官人每好的歹的說者。欽奉如此。臣竊惟國家自平江南以來，內而省部、密院等衙門，外而行省、行院、宣慰司、總管府、州、縣官，並皆參用南人，惟御史臺、行臺、按察司獨不用南人。臣不知其說也。夫南北人情、風俗、地里各各不同，若欲諳悉各處利害，須是參用各處人員。況江南自歸附以來，已十餘年，而偏遠險惡去處，盜賊時時竊發。雖官吏貪殘所致，亦緣行臺、按察諸司耳目不及。每年察司官名曰巡按，其實何曾徧歷，止於安靜地分遷延翱翔，聞有小警，即行退避。至於偏遠險惡去處，曠數年不敢一到。其間，小民被官吏苛虐，無所告訴，激而為盜。官吏反欲因此有所虜掠。每有一二人竊盜，便稱某郡某縣一同作歹。上司聞此，欣然出兵。子女玉帛，恣其所欲。真盜何嘗捕得，而無辜一切受禍。朝廷於江南設行臺、按察，正欲察訪利病。果得其人，何至如此。非惟官不得人，亦緣南北事體不同，所用皆北人而無南人，故不能諳悉各處利害。如舟車之於水陸，不能易地以為功也。臣愚，欲望聖慈特降睿旨，御史行臺自中丞以下，隨路按察司自察使以下，並合公選。方曉事耆舊及清望有風力人員，每路或一或二，不定員數，與北方官員同共講論區畫，庶幾諳悉江南事體，周知遠人情偽。內臺侍御史至監察御史等官，亦合參用一二南官。以備採訪。不勝生民之幸。謹錄奏聞，如蒙採擇，乞送中書省，召耆老大臣集議施行。伏取聖裁。

《元史世祖本紀》〔註60〕（至元二十三年二月戊午）集賢直學士程文海言：「省、院諸司皆以南人參用，惟御史臺、按察司無之。江南風俗，南人所諳，宜參用之，便。」帝以語玉速鐵木兒，對曰：「當擇賢者以聞。」帝曰：「汝漢人用事者豈皆賢邪？」

三月己巳，御史臺臣言：「近奉旨按察司參用南人，非臣等所知，宜令侍御史、行御史臺等事程文海與行臺官，博採公潔知名之士，具以名聞。」帝命齎詔以往。

冬，程鉅夫至撫州，欲徵吳澄出仕，澄以老母病辭；程鉅夫邀之作中原覽勝之遊，吳澄許之。

《臨川吳文正公年譜》〔註61〕：至元二十三年丙戌八月，釋服。程文憲公以江南行臺侍

〔註59〕《雪樓集》卷10。
〔註60〕《元史》卷14《本紀第十四》，第187頁。
〔註61〕危素《臨川吳文正公年譜》，清乾隆二年刻本。下簡稱《吳澄年譜》。

御史承詔訪求遺逸，有德行才藝者，即驛送入覲。冬，程公至撫州，命郡縣問勞迎至，強公出仕。力以老母辭。程公曰：「誠不肯為朝廷出，中原山川之勝可無一覽乎？」公諾之，歸，白遊夫人許行。十一月，如建昌路。

過撫州金溪，顧瞻青田書院遺址，閔然興懷，諭有司宜加修飾。金溪縣因無人主理此事，僅具文書而已。

《青田書院記》〔註62〕「謹按，陸氏居青田，至象山文安公時，已十世不異爨。先代復其賦，表其閭，文安公兄弟又以道德師表當世，而青田陸氏聞天下。中更寇燬，星分瓦解，陸氏先祠亦不能屋矣。至元二十三年，廣平程某以侍御史將旨江南，過金溪，顧瞻遺址，閔然興懷。鄉之耆舊咸請復其家，且建三陸先生祠。遂以語郡。郡下之縣，縣無其人，文書苟具。」

按：葉李（1242～1292）宋末補太學生，於賈似道當權之際，孤危斥其奸，彈劾賈似道，元世祖聞此，特囑程鉅夫江南訪賢徵召之。

《葉李》〔註63〕：（葉李）字太白，號亦愚，杭州人。至元十四年，舉授浙西道儒學提舉，官至尚書右丞，諡文簡。

張伯淳《送葉亦愚》〔註64〕：天生奇才為世用，奇才間出如星鳳。……古今福禍況無形，有心避就非知勇。……公當甲子斥權奸，情甚洛陽年少痛。……君門萬里無陛通，忽報鶴書來赴隴。

方回《送葉亦愚序》〔註65〕：景定、淳祐，以軍功岡上則賈似道。題期訖錄，竟鼎覆於斯人之手。……賈氏擅國十有六年，澤火之革又十二年。……彗星之出京庠，一疏詆責稍過，刑禍亦慘，無辜而遠行者，布衣葉公亦愚李也。……吾亦愚，歸然一影，乘駟北翔，鶴鳴聲聞，茅拔彙徵，其必有說，以進乎平城之間也。……今日而欲筆削近代之是非，與諸先儒之論撰，淮漢以南文士之可選者如毛髮未易算，亦愚而能推轂，吾尚能一二枚舉之。

魏初《送葉亦愚》〔註66〕：向在諸生列，孤危斥老奸。今逢太平日，咫尺拜天顏。盡已都俞際，無心用舍間。錢塘八九月，秋色滿吳山。

趙孟頫（1254～1322），元書畫家、文學家。字子昂，號松雪道人、水晶宮道人，湖州（治今浙江湖州）人。宋太祖趙匡胤十一世孫。至元二十三年（1286），程鉅夫奉詔往江南搜訪遺逸，趙孟頫被引薦於忽必烈，漸見親近，官至集賢直學士。延祐間，官至翰林院學士承旨。所畫山水、木石、花竹、人

〔註62〕《雪樓集》卷12。
〔註63〕〔清〕陳衍《元詩紀事》卷3，清光緒本。
〔註64〕張伯淳《養蒙集》卷7，清文淵閣四庫全書本。
〔註65〕方回《桐江續集》卷32，清文淵閣四庫全書本。
〔註66〕魏初《青崖集》卷1，清文淵閣四庫全書本。

馬，十分精緻，山水師法董源、巨然，人馬學李公麟，並用抒發技巧寫木石、花竹，傳世作品有《重江疊嶂》、《東洞湖》、《秋郊飲馬》等；能篆、籀、分、隸、真、行草書，尤精正、行書和小楷，圓轉遒麗，有「趙體」之稱，今存碑石、拓片及真蹟較多；詩文清邃奇逸，有《松雪齋集》。卒，追封魏國公，諡文敏。

袁洪拒程鉅夫入仕之請，且始終未接受元朝職務。

袁桷《先大夫行述》〔註67〕：至元丙戌歲，侍御史程公奉詔徵士，首寄聲起公。公遜謝不敢當。大德二年，改授處州路同知，命下而公已捐舘，實是歲二月十有八日，享年五十有四。

元世祖至元二十四年丁亥（1287）　三十九歲

【時事】

閏二月，元世祖召麥術丁、鐵木兒、楊居寬等與集賢大學士阿魯渾撒里及葉李、程鉅夫、趙孟頫論鈔法。設江南各道儒學提舉司。閏二月，設國子監，任命耶律有尚為國子祭酒。至元初年，曾任命許衡為祭酒。許衡去職後，耶律有尚屢次奏請，重設國子監。三月，元廷造至元寶鈔頒行天下。四月，諸王乃顏反。六月，徵乃顏。十一月，葉李上言漳州軍官嗜利與賊通，帝下詔討伐懲處。

本年，設置江南各路儒學提舉司。鉤考審核江南學田上交羨余，鼓勵有才能之士。

【事蹟】

閏二月，元世祖召麥術丁、鐵木兒、楊居寬等與集賢大學士阿魯渾撒里及葉李、程鉅夫、趙孟頫論鈔法。程鉅夫參與論鈔法。

宋濂《元史》〔註68〕：閏二月，召麥術丁、鐵木兒、楊居寬等與集賢大學士阿魯渾撒里及葉李、程文海、趙孟頫論鈔法。

春，舉薦趙孟頫、凌時中、胡夢魁、曾衝子、孔洙、何夢桂、曾晞顏、方逢振、楊必大、萬一鶚、余恁、包鑄、楊應奎、吳澄等二十三人赴闕覆命。所舉薦謝枋得、袁洪、白珽、王泰來等人，固辭未赴。蔣松魁因病而卒，未能成行。本欲舉薦李淦、吳定翁、周從周，李、吳固辭不見，周亦以年老辭〔註69〕。

〔註67〕袁桷《清容居士集》卷33，四部叢刊景元本。
〔註68〕《元史》卷3《本紀第三》，第47頁。
〔註69〕參見陳得芝《程鉅夫奉旨求賢江南考》，《蒙元史研究叢稿》第540～570頁，2005年。

此次舉薦還有趙若恢、孫潼發、謝國光、曾子良，均未應舉〔註70〕。元世祖對赴京南士皆擢以文學風憲清要之職，但吳澄未接受官職。

《程譜》：大元二十四年丁亥，春，公率所薦趙孟頫、張伯淳等二十餘人赴闕覆命，上皆擢以文學風憲清要之職。

《元史本傳》：二十四年，立尚書省，語以為參知政事，鉅夫固辭。遂以鉅夫仍為集賢直學士，拜侍御史，行御史臺事，奉詔求賢於江南。初，書詔令皆用蒙古字，及是，帝特命以漢字書之。帝素聞趙孟蘋、葉李名，鉅夫臨當行，帝密諭必致此二人；鉅夫又薦趙孟頫、余恁、萬一鶚、張伯淳、胡夢魁、曾晞顏、孔洙、曾衝子、凌時中、包鑄等二十餘人，帝皆擢置臺憲及文學之職。還朝，陳民間利病五事，拜集賢學士，仍還行臺。

《續資治通鑒》〔註71〕：文海復薦趙孟頫、余恁、萬一鶚、張伯淳、胡夢魁、曾晞顏、孔洙、曾衝子、凌時中、包鑄等。

按：凌時中：（1254～？年），字德庸，號石巖，湖州安吉縣人。在元軍南下時即已歸降。後授建昌路（今江西南城）司獄。性格緘默，言語不多；卻又能為儒者政，正直敢言，平反冤獄。大約在至元末年調為江東道肅政廉訪司知事。仁宗時遷都水監丞，不畏權貴，為民爭利。後官至秘書少監。

趙孟頫《送凌德庸赴淮東憲府序》〔註72〕：（凌時中）與余同邦，生同年。……司獄建昌，因有冤皆為平反之，與其上官抗，略無少假借，府史固不論，甚者與察司往復折難，無詭隨依附聲。

《萬姓統譜》〔註73〕卷五六：（伯顏統兵取杭州，曾命他詔諭安吉、武康、德清三縣）民賴保全。

吳澄《凌德庸字說》〔註74〕：「以儒術吏事為世用」，「為旴郡（建昌）獄掾，辨疑讞於府，反覆數四不置，囚籍是得緩死」。此蓋儒者為政，能得法外意，非法吏拘於例而不知權者可比。據此知凌時中本亦儒士。他在建昌司獄任上，地位雖卑而敢於為蒙冤者與上司力爭，因而名聲大著，這大概是程鉅夫推薦他的主要原因。〔註75〕

〔註70〕 參見王樹林《程鉅夫江南求賢與南北文風融合》，《金元詩文與文獻研究》第13～33頁，中華書局，2008年。

〔註71〕 〔清〕畢沅《續資治通鑒》卷187，清嘉慶六年遞刻本。

〔註72〕 趙孟頫《松雪齋集》卷6，四部叢刊景元本。

〔註73〕 〔明〕凌廸知編《萬姓統譜》卷56，清文淵閣四庫全書本。

〔註74〕 吳澄《吳文正集》卷57，清文淵閣四庫全書本。

〔註75〕 詳見陳得芝《程鉅夫奉旨求賢江南考》，《蒙元史研究叢稿》，2005年，第540～570頁。

戴表元《瓶城齋銘‧序》〔註76〕：吳興凌德庸規寢旁小軒為習讀修身之所，而摘先賢法言「守口如瓶，防意如城」云者，名之「瓶城」。即所謂「與其違時而傷義，寧且默而無語也」。

孔齊《先君教諭》〔註77〕條記其父於至元三十一年薦為儒人吏書，「往宣城時安吉凌時中為憲幕賓。」宣城即江東廉訪司治所。

《萬姓統譜》〔註78〕卷五六：「時河南王堰誰轉磨，民患之，愬於朝，命臺省按治，皆畏不敢言，時中獨命毀之。大長公主南遊，乘豪民巨舫，鉦鼓而行，時中以為非法，請更承驛，歡服。」（按河南王當即河南省丞相卜憐吉帶，延祐元年封。）

胡夢魁：（1234～1307），字景明，號澗泉，建昌新城縣（今江西黎川）人，程鉅夫三子程大本岳父。南宋進士，曾任澧州戶曹、丹徒縣尉、浙西制置司參議官。程鉅夫江南求賢，舉薦於元朝。至元二十四年，授嶺南廣西道提刑按察司僉事。任上四年，決黜甚眾，特別是敢於彈劾當時無人敢惹的海南宣慰使。至元二十八年，辭官告歸。〔註79〕

《僉廣西提刑按察司事胡公墓碣》〔註80〕：建昌新城人。……未冠，以明經貢於鄉。既長，復為首薦，遂登進士第。調澧州戶曹，改丹徒尉，累遷浙西制置司參議官。歸國朝，奉母還里，江西宣慰使檄攝本郡判官者二年。旅覲，得旨予秩。方俟命，適余將旨旁求，遂薦於上，擢僉廣西憲事。……海南宣慰使最貪毒，皆不敢問。公條其宿惡，劾罷之，眾大驩快。居四年，所決黜甚眾。民為建祠刻歌謠山谷間，譽流中臺。會更憲號，公亦久瘴癘地，倦且病而歸矣。自是，杜門卻掃，甫及掛冠即致其事。

曾衝子：（1228～1305），字聖和，北宋名臣曾鞏之裔，撫州金溪縣（今江西金溪）人。父鈺、兄鴻子、淵子皆中進士，仕於宋。〔註81〕曾衝子初以父任補官，應闢佐吉州（治今江西吉安）節制司三年，奉命攝理太和縣（今江西泰和）及幹辦其他公事皆見成效；歷轉數州佐官，改知仁和縣（臨安府附郭），置獄有顯績，遷臨安府主簿兼刑部郎中，出守安南軍（今江西大余），未幾罷

〔註76〕戴表元《瓶城齋銘‧序》，《剡源集》卷6，四部叢刊景明本。
〔註77〕孔齊《先君教諭》，《至正直記》卷四，清毛氏鈔本。
〔註78〕〔明〕凌迪知編《萬姓統譜》卷56，清文淵閣四庫全書本。
〔註79〕從程鉅夫所作《墓碣》看，其倦歸因「久瘴癘地」，恐不僅如此。陳得芝懷疑他彈劾的是朱國寶。據文獻猜測，胡夢魁的彈劾並沒有扳倒這個貪暴的北人大官，也許這正是他對時政失望而提前告退的一個原因。詳見陳得芝《程鉅夫奉旨求賢江南考》，《蒙元史研究叢稿》，2005年，第540～570頁。
〔註80〕《雪樓集》卷22。
〔註81〕曾淵子於咸淳間任臨安府尹兼浙西制置使，後貶雷州；廣王、益王逃奔廣東時，起為廣西宣慰使兼知雷州，厓山敗亡後逃到安南，元軍攻安南時歸降元朝。

歸。至元二十四年程鉅夫薦於朝，授福建閩海道提刑按察司僉事。曾衝子道人後，發文警抑奸吏，同時採取招諭手段平息判民，頗見成效。至元二十七年以老致仕，仕元四年。

《僉福建提刑按察司事曾公墓誌銘》〔註82〕：其先徙居撫州金溪。謙之，宋贈少保；貫道，宋贈少傅；鈺，宋舉進士，官至朝議大夫，贈少師，為公曾祖、祖、父。母黃氏，臨川郡夫人。夫人三男子，鴻子，吏部左曹郎官。淵子，參知政事。伯仲皆進士甲科。衝子，字聖和，公也。少以父任補官，主潭州瀏陽縣簿。趙丞相葵宣撫江東西，辟佐吉州節制司。居三年，州守移溫，又辟以自助。府罷，調臨江錄事參軍。丁少師憂，服除，連應杭、升二府辟，改官，知仁和縣。歲中，提轄左藏封椿，奉使督運。未還，除司諸軍審計。遷太府主簿，兼刑部郎中。出守南安軍，積階承議郎。未幾，罷郡，歸。其先徙居撫州金溪。謙之，宋贈少保；貫道，宋贈少傅；鈺，宋舉進士，官至朝議大夫，贈少師，為公曾祖、祖、父。母黃氏，臨川郡夫人。夫人三男子，鴻子，吏部左曹郎官。淵子，參知政事。伯仲皆進士甲科。衝子，字聖和，公也。少以父任補官，主潭州瀏陽縣簿。趙丞相葵宣撫江東西，辟佐吉州節制司。居三年，州守移溫，又辟以自助。府罷，調臨江錄事參軍。丁少師憂，服除，連應杭、升二府辟，改官，知仁和縣。歲中，提轄左藏封椿，奉使督運。未還，除司諸軍審計。遷太府主簿，兼刑部郎中。出守南安軍，積階承議郎。未幾，罷郡，歸。……大德九年五月某日，以疾終，得年七十有八。……或以公為言者曰：「生民休戚，惟湛浮閭里者知之，亦必能吏而後能知吏治得失。雖今、故殊時，然若斯人，昔者之敏明又將之清慎而勤力，其可。」余曰：「然。」

孔洙：字思魯，一字景清，號存齋，衢州人，孔子五十三代孫，襲封衍聖公。其五世祖衍聖公孔端友與子玠避靖康之亂南徙，寓居衢州；紹興二年（1132）端友死，宋高宗詔以玠襲封衍聖公，後復賜衢州官田以奉先聖祠祀；傳至孔洙，皆世代襲封，主祀事。〔註83〕金朝取中原後，亦以留在曲阜的孔璠（端友弟端操之子）、璠子拯、拯弟惚（手）、子元措相繼襲封衍聖公；蒙古攻取汴京，窩闊台也頒詔以元措襲封。〔註84〕元世祖滅宋後，有人進言南徙喬寓衢州的孔聖後裔才是嫡長系統，乃於至元十九年詔召孔洙來京，太子真金為此還責備詹事臣張九思「學聖人之道，不知有聖人之後。」〔註85〕

何夢桂：（1228～？年），字巖叟，號潛齋，嚴州淳安縣（今屬浙江）人，

〔註82〕《雪樓集》卷17。
〔註83〕參閱《宋史》卷119《禮志》；卷6《高宗本紀》；《建炎以來繫年要錄》卷53。至元十三年元軍攻兩浙，衢州孔廟毀於戰亂。見《弘治衢州府志》卷8。
〔註84〕《元史》卷2《本紀第二》，第33頁。
〔註85〕《元史》卷12《本紀第十二》，第237頁。

家在縣之安樂鄉富昌村。咸淳元年（1265）進士第一甲第三名。初授台州軍事判官，改太學錄（尋遷博士），吉州通判，除太常博士，轉監察御史。德祐元年（1257）賈似道兵敗丁家洲，上疏請遷都海上，何夢桂反對。〔註86〕程鉅夫江南訪賢，何夢桂被薦，元廷授其為江西儒學提舉，無意仕進取富貴，因疾辭。〔註87〕

《雪樓程御史次方山房韻見寄用韻答賦》三首（其三）〔註88〕：思君隔山陂，矢心誓白水。夔蚿各自憐，人生貴適意。馬頭黃金羈，不易牛背睡。白髮難再玄，百子空自許。南山或可移，愚公有孫子。堪輿浩無窮，俯仰一窸寐。

曾晞顏：字達聖，號車軒，江西吉州永豐縣人，巽申父。宋景定三年進士，德祐初累官御史，論不合即去。入元，薦授湖南儒學提舉。受程鉅夫推薦後，曾晞顏被授為湖南儒學提舉，階承務郎。

劉將孫《曾御史文集序》〔註89〕：兩佐春官，德祐初，以論不合，即去職。

虞集《曾巽初墓誌銘》〔註90〕：仕宋為御史，為兵部侍郎，為江西安撫。〔註91〕……以子德裕貴，贈某官，追封武城郡伯。

方逢振：字君玉，號可齋，淳安人，宋尚書逢辰弟，人稱山房先生。景定三年（1262）進士，歷官國史實錄檢閱文字，遷太府寺簿。宋亡歸家，因程鉅夫薦，起為淮西憲僉，不赴。聚徒講學於石峽書院，學者稱山房先生。

方逢辰《至元廿四年十一月二十日得宣命詣朝可菴有詩不敢當次韻以謝》〔註92〕：老嫗久已乞骸去，瘦骨應難入畫來。當年自是渠無分，明主何曾棄不才。不學晉人反招隱，頗知陶令欲歸來。〔註93〕

楊必大：（1227～1294）字伯起，台州臨海縣人。太學生出身，歷州、京教官，升至太學錄、兩學博士，宋末官知台州，德祐二年以城降元，蒙元授其為台州安撫使，謝病歸。至元十九年，楊必大平定衢州、婺州反元起義，甄別

〔註86〕何夢桂《潛齋集》附錄《家傳》，《宋季忠義錄》，清文淵閣四庫全書本。
〔註87〕《宋季遺民錄》卷一三《何夢桂傳》：「以疾辭不赴，築室小有源，不復與世接，著書自娛。」
〔註88〕何夢桂《潛齋集》卷1，清文淵閣四庫全書本。
〔註89〕劉將孫《養吾齋集》卷10，清文淵閣四庫全書本。
〔註90〕虞集《道園學古錄》19，四部叢刊景明景泰翻元小字本。
〔註91〕陳得芝《程鉅夫奉旨求賢江南考》考證，監察御史（分察）是曾晞顏在宋最後的官職。
〔註92〕〔宋〕方逢辰《蛟峰集》附，清順治刻本，卷八。
〔註93〕方逢振事蹟見〔明〕凌迪知《萬姓統譜》卷49，清文淵閣四庫全書本。

並釋放無辜民眾與俘囚數萬，起為浙東宣慰副使。程鉅夫江南訪賢到浙江檢閱官吏爵里，知其太學生出身，遂薦上，仍任原職。二十六年改寧國路同知，三十一年卒，年六十八。

《故同知寧國路總管府事楊君墓誌銘》〔註94〕：余自為諸生時，見前太學楊君必大所為文。……君少孤，能自力於學，由鄉貢入上庠，試藝，輒冠群，遂釋褐。教授南劍，會長貳缺，因攝其州。以辨治聞，擢教京庠。丁林夫人憂，服除，為戶部掌故。升錄國子、連進，為兩學博士。又丁家難，起，知台州，積階朝散大夫，官兵部郎中。至元十三年，以州歸國，城邑賴以安全。就加本州安撫使，以病謝事。十九年，入朝，授中順大夫、浙東道宣慰副使。屬衢、婺有寇，行省命往治。軍至，則別淑慝以釋繫囚，獲免者餘數萬。二十六，年同知寧國路總管府事。

范晞文：字景文，號藥莊，錢塘人。宋太學生，咸淳二年，以忤賈似道竄瓊州，後釋歸。元初人遷揚州路提學、江浙儒學提舉，轉長興縣丞，致仕居無錫，著有《對床夜語》五卷，詞約理勝，深得說詩之旨。程鉅夫江南訪賢後，其作為被訪得士人，被授浙東道按察知事。〔註95〕

程鉅夫《送范晉教授江陵序》〔註96〕：至元丁亥，余以侍御史奉詔求賢，馳驛至杭。眾言范君晞文之賢，余因薦於朝。時范君諸子侍父旦暮來遊，麟角鳳毛，雖雖詵詵，皆不失家法。余既入奏，范君由是連佐憲府。自爾契闊，不四三年而聞范君沒，雖雖詵詵者未知何如也。……蓋范君起家儒業，博睿好修，好交四方名士，又能束諸子以詩禮。故身雖沒而猶存。

萬一鶚、包鑄、楊應奎四人身份事蹟不詳。〔註97〕

吳澄（1249～1333）元代著名理學家。十四歲，隨祖父從故鄉崇仁縣到撫州城，從學於臨汝書院之教之朱子傳人程若庸，與其族孫程鉅夫結為同門學友。咸淳六年（1270）應鄉貢中選，次年省試下第，還鄉授徒。程鉅夫江南訪賢，他受邀北上，以覽北地風物，但拒不受薦。後名單仍在被薦之人中，但以母老辭。

〔註94〕《雪樓集》卷17。
〔註95〕陳得芝《程鉅夫奉旨求賢江南考》考證范晞文在入元後，初任杭州路學提學三年，行臺依制上其名，轉授湖州路長興縣丞。張伯淳《送范藥莊序》，《養蒙集》卷二；方回《送范景文長興丞》，《桐江續集》卷一二。據程鉅夫語判斷，范晞文出任路學（提鄉郡學事）及長興丞的年代應在程鉅夫推薦之前。
〔註96〕《雪樓集》卷14。
〔註97〕陳得芝《程鉅夫奉旨求賢江南考》言，筆者於文集、方志翻檢未遍，僅知余恁後來官至湖南道肅政廉訪使（當在至元末），則應為受薦舉出仕者（見危素《黃順翁行狀》，《危太僕續集》卷7：「湖南廉訪使余恁公」云云。）

《壽吳幼清母夫人》（十一月廿五日）〔註98〕：清時富貴亦易得，吳子甘心臥草廬。慈
母自能安菽水，高年忍使倚門閭。此時為壽奉卮酒，豈必閒居要板輿。卻笑毛家兒子俗，區區
喜色動除書

謝枋得（1226～1289），字君直，號疊山，信州弋陽縣人。寶祐四年（1256）
舉中進士，因對策中極言丞相董槐、宦官董宋臣姦佞，被抑為第二甲，除撫州
參軍，棄歸。開慶元年（1259），蒙古軍攻入宋境，江東西宣撫使辟其為屬，
奉命募集義兵保衛饒、信之境。景定五年（1264）江東鄉試，為主考，在冊文
中揭露賈似道誤國弊政，以謗訕罪謫居興國軍（治今湖北陽新）。咸淳三年
（1267）赦歸，在家講學。德祐元年（1275），宋廷授其為江東提刑、江西詔
諭使、知信州，總兵守土。次年，抗擊元軍，兵敗，信州失守，妻女弟侄皆被
俘，乃更姓名易服走匿福建建寧山中。程鉅夫江南訪賢，謝枋得致信程鉅夫，
以居母之喪堅辭。

謝枋得《上程雪樓御史書》〔註99〕：宋室孤臣，只欠一死……某不能為忠臣，猶願為孝
子。……執事豈不聞某為江南一愚直人乎？人無所不至，惟天不可欺。

袁洪（1245～1298）字季源，慶元府鄞縣人，袁桷父，出身顯宦之家。年
十七即以祖父遺澤補官，宋淳熙九年累官通判建康，德祐元年建康失守，微服
詣行在，授沿江制置司參議，不拜而歸。至元十五年，以宋故官入朝，授邵武
路同知，因疾辭。至元二十年，改授溫州路同知，疾作辭。因其家藏書豐富，
又好延請各地碩儒故官教授弟子，故王應麟、胡三省、戴表元及僧園等都館於
其家。〔註100〕程鉅夫訪賢聞其名欲薦舉，被其推辭。

《故同知處州路總管府事袁府君神道碑銘》〔註101〕：世祖即位二十有七年，某被旨求
賢江南。時四明袁君以永嘉之命居里，以應詔，不起。後數年，與君之子桷同與史事，相知，
狀君平生，請為墓道碑文。……至元十五年，入覲，召見，授朝列大夫、同知邵武路總管府事；
二十年，改溫州，並以疾辭。大德二年，改處州、命下而卒，二月十有八日也，年五十四，葬
鄞縣桃源鄉慈谿之原。君早從王鑰先生學，戒以躬行，守而弗失。父事兄賓州濬，一物不私有。
嚴州遺澤二以讓兄子。

〔註98〕《雪樓集》卷26。
〔註99〕〔宋〕謝枋得《疊山集》卷四，四部叢刊續編景明本。
〔註100〕陳得芝《程鉅夫奉旨求賢江南考》說他本人並無多大學識，只是憑財力結交、
　　　　資助了許多名士，在詩人中頗有聲望，又是宋故官，因此其名亦在程鉅夫推
　　　　薦之人中，被其推辭。
〔註101〕《雪樓集》卷20。

白珽：（1284～1328），字廷玉，號湛淵，錢塘人。本四明儒舒少度遺腹子，白氏收養為嗣。曾授經太學，詩文書法俱佳，為當時名士。後蒙元徵其為安豐縣丞，辭。館於杭州北關外富實藏書家為塾師。他是「月泉吟社」成員之一。程鉅夫與劉宣〔註102〕舉薦入朝，以疾辭。

張伯淳《送白珽玉赴常州教授序》〔註103〕：至元壬辰歲，余赴闕廷。時近侍之臣亦嘗以君姓名進，不果行。

宋濂《元故湛淵先生白公墓銘》：一十七年，程文憲公鉅夫、劉中丞伯宣前後交薦之，復以疾辭。中歲嘗出遊梁、鄭、齊、魯，歷覽河山之勝，登臨弔古、訊人物風土。慨然有尚友千載之意。及至燕王公貴入見，輒賓禮，或欲舉為東宮官者，先生復引義固辭。

蔣松魁（1235～1286）：字仲方，嚴州壽昌（今屬浙江）人。宋太學生，元初官建昌路儒學教授。是時，程鉅夫隨叔父建昌通判程飛卿居此，與蔣松魁相識。〔註104〕後程鉅夫江南訪賢，擬攜他入朝，未行而病故，程鉅夫為其撰寫《故建昌路儒學教授蔣君墓誌銘》。

《故建昌路儒學教授蔣君墓誌銘》〔註105〕：至元二十有三年，余以集賢學士、行臺侍御史將旨江南，搜羅遺逸，得二十四人焉。既覆命，朝廷分其半，掌憲諸道，余悉授任有差。時龍山蔣君松魁長才奧學，為眾所推。余將以君入見，未行而君病，病而卒，余為悼之深也。又十有五年，其猶子宗道敘君行事，來乞銘。余為之喟然以歎，曰：「銘吾故人，而弗忍辭。」君世家嚴陵壽昌。曾大父敬之。大父震亨。父焱。母某氏。君早負文聲，學於太學者七年。甲戌，授初官，典教盱洑。以恩，轉修職郎。次年，又以江西制置黃公萬石之辟，授國史校勘、江西提舉司主管機宜文字。未赴，而盱城歸附天朝，君復掌教事。時余季父西渠公守盱，酬酢紛糾。君雍容風議，佽助為多。余時初識君也，凡在洑七年，雖中更多故，教育不廢，有力於庠序為多。至元辛巳，西渠公以郡事再入奏，因薦於朝。眾謂命下矣，而中格。最後，余起君於丘園，而君竟弗得生。

王泰來：（1236～1308）字復元，自號月友處士，嘉興華亭縣（松江）人。宋末放浪江湖間，所至人爭延致之。元初家居，至元十五年，浙西宣慰使游顯薦於元，以疾辭；次年，崔彧奉召下江南求醫卜之人，因王泰來生於卜筮之家而徵之，又辭。至元二十三年程鉅夫江南求賢，與葉李同徵入朝，館於集賢院，

〔註102〕劉宣於至元二十五年出任南行臺御史中丞時。
〔註103〕張伯淳《養蒙文集》卷7，清文淵閣四庫全書本。
〔註104〕據陳得芝《程鉅夫奉旨求賢江南考》考證：程飛卿以建昌降元，仍守其地，至元十八年入覲奏事，舉薦蔣松魁，被沮格。
〔註105〕《雪樓集》卷16。

未授官即乞歸，遷居錢塘，自號月友處士。至大元年卒，年七十三。大德四年，以其術被聘北上，辭官不拜而歸。

趙孟頫《有元故徵士王公墓誌銘》〔註106〕：公諱泰來，字復元，姓王氏。其先大名人，宋三槐文正公之後。……雖時日小數，學必精詣，始習舉子業，由鄉舉貢太學，既而曰：「是不足為。」棄去，放浪江湖間，跂足甚高，神襘其辭，所至人爭遮致之。尚書陳公存、參政文公及翁、太常馮公去非，皆為布衣交。中書盧公鉞出帥江西，延致幕下，師事之。未幾，又棄去，歸故里，閉門絕不與人事。至元十五年冬，世祖皇帝遣使中外，廣延茂士，於是浙西宣慰使遊公首薦公，公以疾辭。明年春，上再命御史中丞崔公趣徵上道，又辭不起。二十三年春，侍御史程公鉅夫、中書通事舍人帖木兒不花奉旨顯召兩人，其一人儒學提舉葉李，遂與偕見，上驩甚，舍於集賢院。

李淦：字性學，建昌南城人。程鉅夫舊相識時為提刑按察使推薦李淦，稱道其學問文章，因此程鉅夫將其列於江南訪賢名錄之中，使者拜見多次，李淦不予相見。程鉅夫在文章中表達出未見到李淦的遺憾之意。後程鉅夫與其論議，李淦博通經史。元帝力徵其為國資助教，時人信服、名重一時。至元中任明道書院山長，上書御史臺，言桑哥誤國，桑哥敗，徵為國子助教，未幾卒。一生清貧，無以治喪。皇慶二年夏，江浙等處行中書省左丞吳君某畏死者日益遠，知者日益寡，李淦之名湮沒無聞，特請程鉅夫為李淦撰寫墓誌銘。程鉅夫為其作《故國子助教李性學墓碑》。

《故國子助教李性學墓碑》〔註107〕：至元二十三年，余以侍御史行御史臺事被旨求賢江南。過揚州，會故人為提刑按察使曰：「郡庠，有李性學先生。識之乎？」曰：「未也。」極道其問學文章，余固願見。使三往，不見。連騎詣之，終不遇。自是性學之名，職職胸懷間。遂歷兩浙、江東、西，得士二十三人，獻之天子，天子盡用之。布諸中外，愈恨不得李性學先生還臺。性學適長明道書院，得與論議窮，日夜談經、博達精粹、超詣獨見，易、詩數百家可坐析立辨也。為文閎密深厚，類永嘉葉適。又博通星官，歷翁浮屠道士百家之言，私獨念曰：「苟入侍，必與俱。」一日忽持一卷書詣臺，言：「桑哥必誤國。」累數千言，眾大驚以。聞未幾，桑哥果敗。天子立徵性學，至則以為國子助。教學者數百人，凡經指授，莫不充充然相慶以為得師。公卿貴人皆折節願與交，名動京師。已而，竟以疾卒。子弟親戚以治喪，無贏錢財以給喪。今江浙等處行中書省左丞吳君某與三數知己以禮葬京城西南三十里，盧溝橋之南吳君某園中。皇慶二年夏，吳君自江南還，憮然謂余曰：「嗟夫！性學不幸，客死，今若干年矣。吾

〔註106〕趙孟頫《松雪齋集》，松雪齋文集卷8，四部叢刊景元本。
〔註107〕《雪樓集》卷20。

雖去京師，往來余懷也。吾懼死者日益遠，知者日益寡，不有識焉！盧溝之丘且夷矣。知性學莫若君，君其為文，吾將礱石刻諸墓。性學庶幾不朽矣。盧溝南北，使客之衝，千載之下，豈無賢者？哀而酹之也。」

吳定翁（1263～1339）字仲谷，臨川金溪縣人，出詩書之家。從曾子良遊，宋亡後，隱居獎勵講學授徒，其學與陸九淵頗有淵源。因講授鄉里，薦辟相望，終身不為之動。程鉅夫仰其名，列於江南訪賢名單中，卻未得見其人，仍不應薦辟。後至元五年卒，年七十七。

虞集《故臨川處士吳仲谷甫墓誌銘》〔註108〕：臨川有隱君子吳仲谷先生者，生故宋景定癸亥，七十七年而卒，則國家仍改至元之五年己卯之十二月也。……世為儒家，而隱德不耀。淳熙中，金谿有大儒先生陸文安公，以卓絕之學尚友聖賢，與新安朱子同時並起，以其學教學者，天下師尊之。而文安公實娶於吳，則諱漸府君識文安於齠齔，以其女歸之。……先生當我國家混一之盛，野無遺賢，而端居講授鄉里，自江右之伯帥、牧守、御史、部使者、與文學之吏，薦辟相望，終身不為之動。先生無妄交，而學士大夫過郡，無不求見焉。故楚國程文憲公，見知於世祖皇帝，凡所薦引，起家臺閣風憲者數十人，而嘗貽書於先生曰：「臨川士友，及門者踵相接也，獨相望足下，耿耿如玉人而不可得見。」程公好賢聞天下，而先生待之猶如此，則其為人可知已。……不以官，不以字，蓋其士風之美者乎。先生諱定翁，字仲谷。……宋亡時，有故淳安令平山曾子良，退居其鄉，先生從之遊，其要以為求聖賢樂處。……先生從之學詩，尤得其音節氣岸，久而造於沖雅，則其自得也。故翰林學士同郡吳公，以為有盛唐之風。而今學士豫章揭公曼碩，引以比諸涿郡盧公摯。以為盧公位顯而氣，完不若先生之幽茂疏澹。皆確論也。

周從周（1227～1298）字文郁，南城人。十七歲從貴溪象山書山院長工部尚書湯文清遊學，以詞賦擅名。淳祐六年舉於鄉，入翁合幕，又館於曾淵子。蚤學詩於南昌縣曾原一、大宗正丞趙棠嶙，得其精微。宋亡，歸隱山中。後程蜚卿與程鉅夫皆有意薦引，周從周以老辭。儒學提舉黃謙亨薦其為為旴江書院山長，不就。常與淳安令曾子良倡酬問答。大德二年卒，年七十二。

危素《宋鄉貢進士周先生墓碣名》〔註109〕：先生諱從周，字文郁，姓周氏。……先生，何出也。生於宋寶慶三年十一月，蚤嬰家事，未遑學問。年十有七，乃刻志師鄉先生張某、宗人著作郎方。工部尚書湯文清公為貴溪象山書山院長，先生從之遊。湯公手批古文數百篇以授，卒以詞賦擅名。淳祐六年，舉於鄉。建昌守翁公合務作新文體，獨喜得先生為益友。尋提點江

〔註108〕虞集《道園學古錄》卷43，四部叢刊景明景泰翻元小字本。
〔註109〕危素《危學士全集》卷12，清乾隆二十三年刻本。

西刑獄，招先生偕行。提刑司私試，命幕賓分較，湯公皆不可，因委先生第其高下。得數篇於廢卷中，置首選，翁公大喜。參知政事曾公淵子在朝，館留者八年，尤相知先生好左邱明、司馬遷、韓愈、蘇軾氏之書，為文典雅溫潤，紆徐盡態，不為鉤章棘句，而神奇、臭腐，精彩自見。蚤學詩於知南昌縣曾公原一、大宗正丞趙公棠嶠、而得其精微。先生稟氣剛正，德量寬宏，無宿怨，無蓄怒。嘗有德於人，尋亦忘之。負己者不以為憾，陵己者不以為迕，久而其人愧恨無所容。……宋亡，歸隱山中。翰林侍讀學士程公蜚卿及其弟學士承旨鉅夫皆有意薦引，先生以老辭。儒學提舉黃公謙亨首署為旴江書院山長，不就。所居與淳安令曾公子良甚邇，倡酬問答伐盧日。……大德二年正月某日以疾卒於家，至是得年七十有二。

　　孫潼發（1243～1310），字帝錫，一字君文，別號盤峰，為桐廬隱士。年少力學、工於文辭。因劉克莊賞識，名動州邑。咸淳四年，登進士第。在宋官衢州軍事判官、階文林郎，後辟御前軍器所幹辦公事。古貌野服、高談雄辨，並喜汲引後進。空閒時常研究性理之學，後學從中得到啟示。宋亡後，孫潼發避地萬山中。程鉅夫江南訪賢，薦孫潼發於朝，孫氏固辭。後官吏部尚書，向朝廷推薦前進士七人，所薦王龍澤任行臺監察御史。後辭官布衣終老。孫氏所著述多散逸，惟《桐君山集》流傳。

　　黃溍《盤峰先生墓表》〔註110〕：睦之桐廬，有隱君子曰盤峰先生，以至大三年正月八日卒，年六十有七……昔在宋季，先生之外舅、將作少監朱公傑，與溍之曾大父戶部府君任同朝，居同里，先生於溍為大父行。溍年十六七，即參陪於杖履之末。先生古貌野服，高談雄辨，四座盡傾。每語當世事，及前代故實，亹亹不倦。然喜汲引後進，有如溍之無所肖似，猶不以凡子見遇，每折行輩以相傾下。……先生少力學，工於文辭。嘗攜所業贄見內翰劉公克莊，大奇之，由是名動州邑。弱冠遊太學，登咸淳四年甲科，賜進士及第。調衢州軍事判官，用龍飛恩，階文林郎。居官有廉能聲。……蜀名卿史公繩祖僑寓是邦，先生暇日輒相與研究先儒性理之學，為士者往往聞其緒言而有所開悟。故相留公夢炎，郡人也，愛先生才且賢，欲以女歸之，先生不可，乃已。秩滿，辟御前軍器所幹辦公事。未幾國破，而家亦燬，先生避地萬山中。草樓露宿，若與世隔，久之乃歸，而稍復其故宇，為終焉之計。程公鉅夫以侍御史將使指南來，求遺逸之士，得先生以應詔。先生固辭，弗能強也。留公入覲，後為吏部尚書，所薦前進士七人，獨王公龍澤起為行臺監察御史，而先生甘老於布衣。桐君，古隱者，廬於東峰，指桐為姓，縣以得名。先生居東峰之下，西望漢嚴子陵釣臺、唐方玄英白雲原僅數十里。山崿川流，儀刑如在。先生徘徊其間，慨然以古人之風節自期。……先生姓孫氏，諱潼發，字帝錫，一字君文，盤峰其別號也。……先生所著述，散見於學者之家，子死孫幼，久未克裒集彙次以行。孫氏所

〔註110〕《全元文》，第30冊，第105頁。

著述多散逸，惟《桐君山集》流傳。惟手編前賢紀詠桐君事，曰《桐君山集》者，人多傳之。

余恁，史無傳。《新元史黃順翁傳》中提到其姓名，時任湖南廉訪副使，並為黃順翁生祠題名「種竹堂」。〔註111〕咸淳三年（1267），程鉅夫遊學於撫，始聞余恁名，並得以閱讀余恁於景定甲子（1264）所校程文。後南北程平，余恁得北方宿學賈文備器重。至元二十三年江南訪賢之際，余恁勇往不辭，朝廷授其監察御史的官職，往湖南赴任。

《祭余秋山廉使文》〔註112〕：始吾遊學於撫，得公景定甲子所校程文讀之，一時預選皆名流，次年悉登上第。吾時尚少，於是始聞公名而未能詳也。國家平一土宇，公官於鄂。參政鹿泉賈公，北方宿學，涖政荊湖，於人少所許可；於公獨加器重。吾時留京，於是益聞公名而未及識也。歲丙戌，搜賢來南，公適在旴，首以應詔，公亦勇往不辭。入覲清光，大稱上意。起家風憲，往貳湖南。

趙若恢，宋宗室，字文叔，東陽人。二十歲時，登咸淳乙丑（咸淳元年1265）進士。宋亡，避地新昌山，遇族子孟頮，相處甚歡。後元代招賢士，趙若恢隱匿不出。程鉅夫訪賢，稱疾不應詔。未被逼迫，程鉅夫還以茶贈趙氏。〔註113〕

《浙江通志》〔註114〕：字文叔，生而秀異。甫成童，能默誦五經，為文數千年立就。嘗應詔言事，悉時政所急。弱冠登咸淳乙丑進士。宋亡，避地新昌山，遇族子孟頮，與居相得甚。時元主方求索趙氏之賢者，子昂轉入天台，依楊氏，為元所獲，若恢以間地脫。程鉅夫之使江南也，有司強起之，稱疾。且曰：「堯舜在上，下有巢由，今孟頮、貫已為薇、箕，頗容某為巢由也。」鉅夫感其義，釋之。於是避處城東北隅，杜門不出。深衣大帶，摩莏古柏間。

謝國光，字觀夫，號節齋，華亭人。宋咸淳九年（1273）領鄉薦，第二年入試，有司因畏賈似道，不敢錄取他，按例補太學生。宋亡，不仕。或稱程鉅夫江南訪賢，向元廷推薦謝國光，以病辭，以經史自娛。去世後，遺命題其墓曰「安節」，以表其志。

《宋史翼》〔註115〕：宋咸淳九年領鄉薦，明年上春官，以所對策剴切，主司畏賈似道，不敢取，例補太學生。宋亡，遂不仕。元治書侍御史程鉅夫奉詔搜賢，或以國光薦，輒杜門稱疾，以經史自娛。卒，遺命題其墓曰「安節」，以表其志。

〔註111〕 〔民國〕柯劭忞《新元史》卷229《列傳第一百二十六》，民國九年天津退耕堂刻本：新寧人即（黃）順翁種竹之處立生祠。湖南廉訪副使余恁題曰「種竹堂」，以文記之。

〔註112〕 《雪樓集》卷23。

〔註113〕 《宋詩紀事補遺》卷九三有趙若恢《謝程鉅夫惠茶》詩。

〔註114〕 〔清〕嵇曾筠《浙江通志》卷1，清文淵閣四庫全書本。

〔註115〕 〔清〕陸心源《宋史翼》，卷34，清光緒刻潛園總集本。

曾子良，金谿人，擅性理之學，登咸淳第，仕至縣令。晚年隱居講授，臨川饒宗魯每日授其《易》，後將所記憶。輯成《周易輯說》，吳澄為之作序。

《浙江通志》〔註116〕：入元，程鉅夫以遺逸薦，不赴。匾「節居」二字於堂以示志，學者稱平山先生。……曾子良，臨川人。咸淳末知淳安縣，清慎自守。時邊事已急，多方保障民賴以安。

《周易輯說序》〔註117〕：金谿曾先生，諱子良。在宋兩貢於鄉，擢進士科，仕至縣令。晚節隱居講授，以通經學古、能詩能文為後進師。臨川饒宗魯遊其門，每日授《易》，所聞皆能記憶。師既卒，乃祖述其意，撰著新辭，文口談之質俚，如傳注之純雅，名曰《周易輯說》。

春，程鉅夫覆奏陳民間利病五事。

《民間利病》：《江南買賣微細宜許用銅錢或多置零鈔》〔註118〕：竊惟江南小民多，而用錢細。初歸附時，許用銅錢。當時每鈔一貫，準銅錢四貫。自銅錢不用，每鈔一貫，所直對象比歸附時不及十分之二。在前，上司指揮官收銅錢，有私藏者坐以重罪，其拘收到官者必多。或民間尚有窖藏，亦難盡知。計江南銅錢比故宋時雖或鎔廢，其到官者寧無十分之五？在民者寧無十分之一？若盡發在官之錢，使民間以鈔一貫就官買錢若干，添貼使用，其有民間窖藏未入官者，立限出首，納官免罪。如限外不首，私自發掘行用，許鄰右主首。諸色人捕告驗實，坐以元罪。有誣告者，亦反坐之。試行一二年，如公私果便，永遠行用；如其不便，然後再禁，公私亦無所損。如不復用銅錢，更宜增造小鈔。比來物貴，正緣小鈔稀少。謂如初時直三五分物，遂增為一錢。一物長價，百物隨例。省府雖有小鈔發下，而州郡庫官不以便民為心，往往憚小勞而不領取，提調官亦置不問。於是，小經紀者盡廢，民日困而鈔日虛。宜令增造小鈔數倍，常年分降江南州郡，特便細民博易，亦利民重鈔之一端也。

《軍人作過甚者責其主將仍重各路達魯花赤之權》〔註119〕各路管民官與管軍官不相統一，軍卒肆凶，小民受害。管軍官不肯問，而管民官不敢問。又甚，則如臨江之兵揮刃以擬總府，吉州之兵奮拳以毆府官。此風何可浸長！國家置達魯花赤，本令兼管軍民。江南諸路達魯花赤固多失職，亦緣地遠軍驕，故不能制。宜特降旨，今後，諸處經過、屯戍軍兵敢於民間剽奪姦污者，本路達魯花赤即將犯人準法處斷。如漏失本人姓名，具管軍官姓名呈省，自其牌子頭至百戶，定罪有差。若十人以上同罪，罪其主將。事體重者，奏裁。似望每翼頭目各務鈐束其下，不致生事。軍民相安，遠方幸甚。

〔註116〕〔清〕嵇曾筠《浙江通志》卷1，清文淵閣四庫全書本。
〔註117〕吳澄《吳文正集》卷20，清文淵閣四庫全書本。
〔註118〕《雪樓集》卷10。
〔註119〕《雪樓集》卷10。

　　《百姓藏軍器者死而劫盜止杖百單七故盜日滋宜與藏軍器同罪》〔註 120〕：盜之害民，劫盜為甚。劫盜不已，羣盜生焉。故自古立法，劫盜必死。江南比年殺人放火者，所在有之。被害之家纔行告發，巡尉吏卒名為體覆，而被害之家及其鄰右先已騷然。及付有司，則主吏又教以轉攤平民，坐展歲月。幸而成罪，又不過杖一百七。而枝蔓逮捕，平人之死獄中者乃十四五。況劫盜幸免，必圖報復，而告發之家無遺種矣。被賊劫者誰敢告發？盜勢日張，其禍何可勝言。夫諸藏兵器者處死，況以兵器行劫，而罪乃止於杖，此何理也？故盜無所畏，黨日以多。今後，強盜持軍器劫人財物，贓證明白，只以藏軍器論罪。郡府以便宜從事，並免待報，庶使凶人警畏，平民安帖。其於治勢，實非小補。

　　《江南和買對象及造作官船等事不問所出地面一切遍行合屬處處擾害合令揀出產地面行下》〔註121〕：凡物各有所出、所聚。處非其處而謾求，如緣木求魚，鑿冰求火，無益國家，徒擾百姓。如紵絲、邵緯、木棉、紅花、赤藤、桐油、鰾膠等物。非處處皆出，家家俱有者也。而行省每遇和買，不問出產在何地面，件件都是遍行合屬。其各道宣慰司承行省文字如此，亦遍行合屬總管府。總管府又遍行合屬司縣。遂使江南百姓因「遍行」二字處處受害。及申到和買諸物，又行移體覆。今日體覆，明日體覆，動輒半年一年。及上司放支價錢，官吏通同，不復給散於民，虛寫收管，黏入卷中，以備照刷。公私俱弊。欲令省家，先計必合，和買對象，某物出於何處，聚於何處，採之公論，置簿籍記。如在江東，止行下江東。在兩浙，則止行下兩浙。量遠近，立限期。仍令本處宣慰司止行下所出、所聚去處，委廉幹正官一員，依時給價，於係官錢內即行放支，結保申呈。如後經手官吏作弊事發，欽依至元十九年聖旨條畫盜官財物罪犯追斷。又造船一事，其弊與前略同。自至元十八至今，打造海船、糧船、哨船，行省文字並不問某處有板木；某處無板木。某處近河，採伐利便，又有船匠；某處在深山，採伐不便，又無船匠。但槼驗各道，戶計敷派船數，遍行合屬宣慰司。宣慰司仍前遍行合屬總管府。以江東一道言之，溧陽、廣德等路亦就建康打造。信州、鉛山等處亦就饒州打造。勾喚丁夫、遠者五六百里，近者三二百里，離家遠役，辛苦萬狀，凍死、病死不知其幾。又兼木植或在深山窮谷，去水甚遠，用人扛抬過三五十里山嶺，不能到河，官司又加箠楚。所以，至元二十一年，寧國路旌德縣民余社等因而作閧，亦可鑒也。又所用木植、鐵炭、麻灰、桐油等物，官司只是椿配民戶。民戶窘急，直一錢物，一兩買納。處處一例，不問有無。其造成船隻，並係倉卒應辦，元不牢固，隨手破壞，或致誤事。宜令今後凡是海船，止於沿海州郡如建德、富陽等處打造。糧船、哨船，止於江西、湖南、湖北等處打造。仍乞照故宋時打造官船體例，差官領錢，與河海船匠議價打造。每人願造若干船隻，領若干錢，寫立文書，須管十分堅牢。如有違約，

〔註120〕《雪樓集》卷 10。
〔註121〕《雪樓集》卷 10。

追罰價錢，依法治罪。所委官在彼，守待了畢，交領回還。則民戶無遠役之費，匠戶無差役之苦，官吏無催督之勞。或有欺盜發覺，照依盜官財物例追斷，公私兩便，而所造船隻亦可為長久之用。

《江南諸色課程多虛額妄增宜與闡減》〔註 122〕：江南茶、鹽、酒、醋等稅近來節次增添，比初歸附時十倍以上。今又逐季增添，正緣一等管課程官虛添課額，以詔上司，其實利則大槩入己，虛額則長掛欠籍。姑以酒課言之，自前日有司徒增酒課，每米一石收息鈔十兩，而江南糯米及所用麴糵等工本通僅七兩。以七兩工本，而官先收十兩和息，寧有此理。所以，杭州、建康城裏酒價不半月間，每瓶驟增起二伯文。其他可類推也。前來，欽奉聖旨，諸色課程從實恢辦。既許從實，豈可虛增。除節次累增課額實數及有續次虛增數目，特與查照，並行闡減。從實恢辦，庶將來不致陷失歲課，亦不致重困民力。

《建昌路分小於撫州而雜造段匹三倍撫州工役太不均宜只依撫州例諸處凡似此不均者比附施行》〔註 123〕：竊惟建昌雖名一路，而在宋時止稱為軍，宋初本是撫州屬縣，兩處民戶、物產大不相侔。況建昌四縣，近又割出管內南豐一縣以為州事，力小又弱甚矣。今江西卻令建昌路安機一百張，每年造生熟段匹二千二百五十段，而鄰近撫州路止安機二十五張。建昌何重，撫州何輕。撫、建甚近，土性亦同。非建昌獨宜織造也，緣建昌曾有一路官，刻下民，媚上司，妄添數額，遂不可減。作俑有自，流毒無窮，本郡不堪其憂。臣昔家此，實所備知。如令比附撫州體例，特與末減，似望公私易為趁辦，段匹又加精好，而本路之民少得一分之寬。然此特建昌一路與織造一事也，其他路分及工匠等事似此不均者，亦乞令各處有司比附上項事理施行，生民幸甚。

《程譜》：大元二十四年丁亥春，公覆奏陳民間利病五事。

四月，元廷授其職集賢學士、行臺事侍御史，其餘官職如故。

何中《程公行狀》：二十四年丁亥四月，除集賢學士、侍御史行御史臺事，餘如故。

《程譜》：大元二十四年丁亥夏四月，特拜集賢學士，仍還行臺。

在大都築室，命名「遠齋」，並作《遠齋記》以明志。吳澄、閻復等人為作題詠，附於記後。據吳澄記可知，程鉅夫是年為行臺侍御史，得旨南歸，吳澄曾應程鉅夫之邀觀光大都，此時南歸，與程鉅夫同行。

《遠齋記》〔註 124〕：余來京師十年，始築室。室之東偏敞一齋為遊息之所，名曰遠。客疑焉。解之曰：「餘生長東南，望燕山在天上。四海一家，得以薄技，出入周衛。違親數千里，

〔註 122〕《雪樓集》卷 10。
〔註 123〕《雪樓集》卷 10。
〔註 124〕《雪樓集》卷 11。

非遠乎？余之始至也，樓於南城之南，凡八遷而宅於茲。國中闤闠之地，余不得有，乃僻在城隅，距舊樓又一舍而贏，非遠乎？客何疑？」客曰：「子之言則然。大鵬九萬里一息，二城相望咫尺，日三數往復，腹猶果然。白雲捨雖數千里外，以志養志，如在膝下。子以為遠，未之思也。」客去，遂記於齋壁。至元二十四年夏五甲寅，廣平程某記。

諸公題詠附：

吳澄：集賢學士程公十年於朝，日近清光，而親舍乃數千里。今以行臺侍御史，得旨南還，庶幾便養；而回望闕廷，又二千里外。日以近者，人子之樂。日以遠者，人臣之憂。此遠齋所為作也。夫忠臣孝子之眷眷於君親也，一以朝夕左右為樂，然亦難乎兩全矣。子之愛親，不可解於心；臣之事君，無所逃於天地間，惟其所在而致其道，豈以遠近間哉？余既從公觀光於上國，又將從公而南。與公同其樂而不同其憂者，思有以紓公之憂焉，為是言也。或曰：「近多懼，遠多譽。人所樂而公憂之，何也？」之言也，讀《易》而未知《易》之所以《易》，何足以知公之心？吳澄書。

閻復《遠齋銘》（閻復子靜）：吾友鉅夫，自洪之燕。有宅一區，有田一廛。舉頭見日，尺五去天。以遠名齋，義或不然。彼美鉅夫，學為通儒。秉內相權，乘御史車。慶流千載，道濟八區。由是言之，不亦遠乎。

【編年文】

《遠齋記》、《民間利病》〔註 125〕（《江南買賣微細宜許用銅錢或多置零鈔》、《軍人作過甚者責其主將仍重各路達魯花赤之權》、《百姓藏軍器者死而劫盜止杖百單七故盜日滋宜與藏軍器同罪》、《江南和買對象及造作官船等事不問所出地面一切遍行合屬處處擾害合令揀出產地面行下》、《江南諸色課程多虛額妄增宜與蠲減》、《建昌路分小於撫州而雜造段匹三倍撫州工役太不均宜只依撫州例諸處凡似此不均者比附施行》）

元世祖至元二十五年戊子（1288）　四十歲

【時事】

正月，海都犯邊，元廷發兵北征。二月，改江西茶運司為都轉運使司，並增收酒醋稅。胡長孺以徵至京師，授揚州路儒學教授。三月，寇入漳浦、泉州、龍溪，元廷討伐之。十月二日，王惲自序所撰《玉堂嘉話》。十一月，元廷改釋教總制院為宣政院。十二月，張治囝擄掠泉州。

〔註 125〕《雪樓集》卷 10。

本年，劉因作《敘學》，申明學術與文學的傳承。

【事蹟】

四月，次子程大光出生。

《程譜》：大元二十五年戊子，夏四月，子大光生。

本年，程鉅夫請以吳澄所校考《易》等經書入國子監。

《吳澄年譜》：秋，還家，朝命求校訂《易》《書》《詩》《春秋》《儀禮》《大戴記》《小戴記》，程文憲公請於朝曰：「吳澄不願仕，而所考《易》《書》《詩》《春秋》《儀禮》《大戴記》《小戴記》，俱有成書，於世有益，宜取置國子監，令諸生肄習，次第傳之天下。」朝廷從之。遂移行省，遣官詣門，謄寫進呈，仍令有司常加優禮。

元世祖至元二十六年己丑（1289）四十一歲

【時事】

正月，元軍討伐盜賊於江西。張守智、李天英出使高麗，監督征日本糧。二月，元廷詔籍江南戶口，凡北方諸色人寓居者亦為江南戶口。四月一日，謝枋得到達大都，絕食，五日死。年六十四。五月二十一日，蒙元置回回國子監。七月，海都兵犯邊，元世祖親征。八月，設置回回國子學。九月，元廷置高麗國儒學提舉司，從五品。秋，王惲除福建道提刑按察使，明年秋去官北歸。十一月，尚書省發倉賑大都饑民。同年，詔天下梵寺所貯藏經，元廷給寺院費用，成為歲例。

【事蹟】

四月，三子程大本出生。

《程譜》：大元二十六年己丑，公年四十一歲。夏四月，子大本生。

其時宰相桑哥當政，法令嚴苛，民亂四方。程鉅夫入朝，奏議彈劾桑哥。桑哥怒，前後六次奏請世祖，欲加害程鉅夫，為世祖不允。其後，程鉅夫因此事撰寫《論時相》。

《論時相》〔註126〕：臣聞天子之職莫大於擇相。宰相之職莫大於進賢。苟不知以進賢為急，而惟以殖貨為心，非為上為德，為下為民之意也。昔漢文帝以決獄錢穀問之，丞相周勃不能對。陳平對曰：「陛下問決獄，責廷尉。問錢穀，責治粟內史。宰相上佐天子理陰陽，下遂萬物之宜，外鎮撫四夷，內親附百姓。」觀其所言，可謂知宰相之職矣。今權奸用事，立尚書

─────────────

〔註126〕《雪樓集》卷10。

省，以鉤考錢穀、剝割生民為務，所委任者率皆貪饕徵利之徒。四方盜賊竊發，良以此也。臣竊以為，清尚書之政，損行省之權，罷言利之官，行恤民之典。於國為便。謹冒昧以聞，伏取聖旨。

《行狀》：二十六年，公乘傳入朝，奏疏曰：「臣聞天子之職莫大於擇相；宰相之職，莫大於進賢。苟不以進賢為急，而惟以殖貨為心，非為上為德，為下為民之意也。昔漢文帝以決獄、錢穀問丞相陳平，對曰：『陛下問決獄，責廷尉；問錢穀，責治粟內史。宰相上佐天子理陰陽，下遂萬物之宜；外鎮撫四夷，內親附百姓。』觀其所言，可謂知宰相之職矣。今尚書省惟以鉤考錢穀，剝害生民為務。所委任者率皆貪饕徵利之徒。四方盜賊竊發，良以此也。臣竊以為，清尚書之政，損行省之權，罷言利之官，行恤民之典，於國為便。」相怒，羈留京師不遣，凡六請加害。賴上察其忠誠，不允，相謀益舉。明年春，有旨，還公行臺。

《神道碑》：時宰相桑哥顓政，中外岌岌。二十六年，公復入朝奏疏彈劾桑哥。桑哥怒，羈留京師不遣。凡六請加害，世祖察其忠誠，不允。已而桑哥敗，世咸服公之敢言。公還行臺。

何中《程公行狀》：時桑歌專權，公發其奸，六請害公，人皆危之，賴上仁明得免，而公論執政不可奪。未幾果敗，上益知其忠。

《元史本傳》：二十六年，時相桑哥專政，法令苛急，四方騷動。鉅夫入朝，上疏彈劾桑哥，桑哥大怒，羈留京師不遣，奏請殺之，凡六奏，帝皆不許。鉅夫既還行臺，二十九年又召鉅夫與胡祗遹、姚燧、王惲、雷膺、陳天祥、楊恭懿、高凝、陳儼、趙居信等十人，赴闕賜對。

《程譜》：時首相僧格（桑哥）專政，法令苛急。四方騷動，公乘傳入朝，奏疏劾之。僧格怒，凡六奏請害公，上皆不允。

本年，吳澄進呈《易》等經書，令藏國子監崇文閣。

《吳澄年譜》：又，二十六年己丑，進呈諸經，令藏國子監崇文閣，見《書目》。按，元代國子監《崇文閣書目》，今不存。

【編年文】

《論時相》〔註 127〕

【編年詩】

《己丑送趙縣丞世賞入官之任（父號肯堂）》〔註 128〕、《己丑除夜留遠齋十絕》〔註 129〕

〔註 127〕《雪樓集》卷 10。
〔註 128〕《雪樓集》卷 26。
〔註 129〕《雪樓集》卷 26。

元世祖至元二十七年庚寅（1290）　四十二歲

【時事】

正月，詔立興文署。元朝對南宋舊境戶口進行全面的重新抄籍。根據此次調查所得的儒戶戶籍被定為儒戶，此後江南儒戶便沒有什麼變動。正月，敕令臣子如國子監學習。三月，元廷將福、泉二州人匠提舉司並為一，仍放無役者為民。陞御史臺侍御史正四品，治書侍御史正五品，增蒙古經歷一員，從五品。五月，江西行院討伐反寇，反寇降。六月，元朝徵召人員繕寫金字藏經，一批江南士人北上。十一月，廣濟府大水，免租。

本年，建立興文署，負責保管圖書經籍和江南學田的錢糧。

【事蹟】

春，因元廷有旨，還職於江南行臺。大臣彈劾桑哥，第二年桑哥伏誅。

《程譜》：大元二十七年庚寅春，有旨還公行臺。未幾，大臣交劾桑哥，如公所言。明年桑哥伏誅。

本年，曾經到過武昌路的觀音閣。

《武昌路觀音閣記》〔註130〕：至元二十七年，長民者以父老之言，搆重屋於市中，祀白衣大士而禜焉。某頃嘗詢諏於斯，當其為患，徼庇或無虛夕，而救至輒息。父老語予曰：「此大士之力也。」至大二年秋，復以使事來，則屋加崇而又廣，望之崢嶸粲絢，勢如中天之臺。予留數月，融風罕作。

元世祖至元二十八年辛卯（1291）　四十三歲

【時事】

正月，上書省臣，桑哥等因罪被罷免。二月，元廷改提刑按察司為肅政廉訪司。如民事、錢穀、官吏奸弊，一切委之。三月，真定、河間、保定、平灤饑荒，平陽、太原尤甚。四月，元世祖增置欽察衛經歷一員，用漢人。五月，桑哥敗，伏誅。九月，元廷立行宣政院，治杭州。十二月，大都饑，官員糶米二十萬石賑之。改江淮行省為江浙等處行中書省，治杭州。

【事蹟】

在江南行御史臺任上。

〔註130〕《雪樓集》卷13。

五月，第四子程大來出生。

《程譜》：大元二十八年辛卯，夏五月，子大來生。

七月十五日，為宋端明殿學士程珌曾孫程景山作《送程梅亭序》。

按：程珌（1164～1242），字懷古，號洺水遺民，休寧（今屬安徽）人。官至端明殿學士。程若庸的族叔。與程若庸各有擅長，一長於文章，一精於性理。程珌文集早佚，其曾孫程景山勉力搜輯為若干卷，為之刊刻。本年春，程景山自通州來謁見。臨別，程鉅夫作序勉之。

《送程梅亭序》〔註131〕：徽程氏本忠壯公後，自予王父鬷徽徙郢、徙洪，余叔父徙旴。粵若稽古譜諜，則徽程氏也。余幼逮聞王父言，初碣來郢時，吾家洺水事寧宗為翰林學士，院移文郢州曰：「是程內翰戶。」以故家郢若干歲，無力役之征。……長，讀書臨汝，侍洺水猶子徽菴先生，道洺水尤詳。蓋余家古多奇士，近世能以文字行天下者，薦紳曰洺水，韋布曰徽菴。然洺水宗歐、蘇，其學長於文章。徽菴宗程、朱，其學源於性理。二人自不能以相一。……余雖不逮事洺水，而見徽菴且尊其文，知洺水他日必尊徽菴之性理無疑也。然徽菴《太極圖所說》、《近思錄》、《字訓》、《講義》等作，余諸父暨余髫童而習之，獨洺水文集不多見。徽菴每教余「作大文字，盍歸求之洺水」，及余索余藁，徽菴亦茫然無從得，歎曰：「既鏤而幽之矣。」時口授數十首，余把筆識之，終宋季不及見其全。至元十有五年，余待罪翰苑，每有撰著，腸枯血指，瑟縮不敢書。余徐悟徽菴疇昔令余學洺水，類前知者。一日盡得洺水集若干卷，讀之，渾厚悠長，明白正大。蓋其曾孫景山收拾殘文斷墨於名山大川，摹刻與天下士共之有日矣。今年春，坐行御史臺，有通州教授程君入謁。問其鄉，曰新安。問其族，曰內翰曾孫，嘗編注其文集者。於乎！余違臨汝十年，而始得見洺水之曾孫。使來見也，無所挾，余將張之，況文與理不失其世守，年少而志銳。惜乎，余於洺水無能為役，而其言不足見信於世也。為書平日所睹聞於先祖、於徽菴叔祖者以勉之。至元二十八年龍集辛卯七月望日，族人集賢學士、嘉議大夫、侍御史、行江南諸道御史臺事文海敬書。

九月，從行臺侍御史職位卸任還江西。十四日離真州，時任泰州教授的胡自明送別，是日乃胡自明生日。此前一年有程鉅夫彈劾桑哥之事，其卸任或可能與此有關。

《辛卯九月行臺解組西歸十四日泰州教授適齋胡先生送別真州是日乃先生初度》〔註132〕：滿江風雨太多情，送了重陽送我行。祖帳遠來慚弟子，壽觴初度喜先生。功名千古文章

〔註131〕《雪樓集》中未收，見《全元文》16 冊 163 頁，注明出自明弘治四年本《休寧縣志》卷 32。

〔註132〕《雪樓集》卷 26。

印，師友平生父子盟。遮莫蕞鱸堪久戀，雞豚只合社吳城。

　　按：離真州後，《雪樓集》中有十四首詩作於沿長江西歸途中，依其順序可知程氏行程和所經地點：九月二十一日過建康（今江蘇南京），二十四日登蛾眉亭（位於安徽當塗牛渚山），其後過天門山，食嘉魚，十月四日過大、小孤山，繼之過湖口（今屬江西九江）、經廬山，六日到達吳城山，十日在吳城山下遇汪郎中惠詩一卷，其後到洪州（今江西南昌），與王構、徐琰等人詩酒唱和，最遲於十一月中旬回到家鄉。

　　《廿一日過建康送朱埜翁教授當塗》：男兒自合致青雲，天上何須問故人。選部四年無力挽，除書萬里待身親。司文鄭校官寧冷，迎侍潘輿地卻鄰。去去新篇定驚我，採江月夜有詩神。

　　《廿四日偕包鼎新吳岩翁登蛾眉亭》：牛渚幾頭看落暉，亭荒檻折怕憑危。江山欲暮涵元氣，舟檝無風玩小兒。百怪可堪重出世，雙蛾安得暫開眉。酒澆不到青山土，應笑新詩有許悲。

　　《天門山》：萬里瀰漫地，天門據要衝。乾坤大開闢，江漢此朝宗。往事空多壘，千年只二峰。舟人亦癡絕，遙認兩眉濃。

　　《連日飽飫嘉魚示包吳二君及陳孟實志道》：江行日日侶漁郎，風味中含翰墨香。巨口細鱗蘇赤壁，槎頭縮項孟襄陽。杯盤喜具雙魚美，詩賦慙無一字長。賴得此身逃吏責，素餐只是欠文章。

　　《十月四日過兩孤山》：兩山相望幾曾孤，應是高峰不可梯。千載何人廟雙姥，我評只合祀夷齊。

　　《過湖口》：瞬息風帆湖口縣，山川便自帶鄉情。孤峰蒼翠嬋娟老，二水青紅蠕蜒明。江自西來尤可愛，波隨東下直能清。吳城見說明朝到，山下青青是祖塋。

　　《風帆迅甚今夜徑宿楮溪渡有孤鼎新遊匡廬清興詩以解之》：清遊有約到廬山，到得廬山風作難。三老狡謀捎楮渡，雙帆盡意度揚瀾。紫煙斜日空相照，白鹿他年許再看。世事心容輒相左，請君方寸與君安。

　　《六日到吳城山》：過家上冢一留連，風景依依故可憐。自歎蒼顏如此樹，偶逢老父使之年。趙灘綠是幾時長，廬阜青還萬古鮮。卻恐錢郎笑寒乞，只將詩句裹山川。

　　《贈汪郎中》：此老今年八十三，江濱獨擅漢衣冠。文書銜袖龍蛇字，鬚髮如霜熊豹顏。耆舊於今足塵土，典刑留此重家山。禮牢略具高年禮，萬一神丹乞九還。

　　余解官歸省，舟過吳城山下，耆舊彫落，有嘅其歎。忽老人尨眉皓髮，衣冠偉然，惠詩一卷。使之年，曰：「八十三矣。」復遺瓜三枚，不一語而去。余意其異人也。坐有潘俊卿，謂余曰：「此盧潭老人汪郎中也。」屬余西泝，未暇細論，令人餽之羊、酒，將以此詩。至元二十八年龍集辛卯十月十日。

《至洪王肯堂治書見示芙蓉詩次韻二首》：春風歌桃李，秋雨深苺苔。蕭然公舘間，得此奇種栽。九天清露零，一道紅雲開。勾牽綠衣隊，酣宴瑤池杯。穠妝月鑒懸，麗服霜刀裁。瑞蓮湧平地，妙色分五臺。暨陪飛仙遊，偏稱幽人懷。終疑閬苑去，嘉會何時諧。此日眼雙明，臨風漫低回。長當歌楚騷，招得花神來。

幽居有佳人，頳顏暈紅玉。飽承仙掌露，晞沐薑髮曲。一望西風塵，倚竹翠袖拂。閒臨清水照，靜對遠山畫。向來涉江人，見謂江成陸。楚楚靈均裳，貯麗為誰鬻？惟應妙手畫，掛壁薄夫肅。後皇植眾芳，艷艷列金屋。詎知漆室憂，不在春睡足。結言遺吾相，高舉郢書燭。

《徐容齋參政王安野治書更倡迭和飲酒止酒各極其趣次韻二首》：推篷誦公詩，窺豹乍披霧。信知醉鄉後，一一克自樹。向來胸塊磊，澆灌不停駐。至今傳衣記，燈燈續前炷。時因太和湯，繰出繭絲句。從教馬為牛，而況作與羿。至人全於天，此是酒中趣。吾家伊川翁，言行極稽慮。當時半醺意，所得各有處。欲辨言已忘，公眠我姑去。右飲酒為安野公賦。渾家醉眠時，孤城黯酸霧。十年江左恨，遺曲傳玉樹。從公淮海上，弔古馬遙駐。夜歸證前史，繞幾黃雲炷。竭來高士州，止酒誦佳句。方此尋歸途，短褐困駊騀。諸公羅俎豆，排日得深趣。覷余乏剛制，肆口弛防慮。三復童殺章，放心有歸處。秫田亦何須，淵明故山去。右止酒為容齋公賦。

按：王構（1245～1310），字肯堂，號安野，東平（今山東東平）人，王士熙父。至元十一年授翰林編修。宋亡，被旨至杭取圖籍儀仗。累陞治書侍御史，改翰林侍講。成宗即位，參議中書省事，以疾歸。起為濟南路總管。武宗立，拜翰林學士承旨，至大三年卒，年六十六。謚文肅。編有《修辭鑒衡》二卷。袁桷為撰《翰林學士承旨贈大司徒魯國王文肅公墓誌銘》〔註133〕。

本年一月，桑哥被罷官，五月死。其後，時任治書侍御史的王構，奉朝命於江西銓選官吏，則此時正在江西。

《元史》〔註134〕：（二十八年五月）桑哥敗，懼誅自殺。

《元史王構傳》〔註135〕：會桑哥死，乃免。有旨出銓選江西。

按：徐琰字子方，號容齋，又號養齋、汶叟。亦東平人。至元初以薦為陝西行省郎中，歷中書左司郎中，二十三年拜湖南按察使，二十五年改南臺中丞，二十八年除江西行省參政，不久轉官江浙，三十一年遷浙西廉訪使，大德二年入為翰林學士承旨，五年去世。謚文獻（一作文貞）。

〔註133〕；《全元文》23冊，629頁。
〔註134〕《元史》卷16《本紀第十六》，第347頁。
〔註135〕《元史》卷164《王構傳》，第3855頁。

王構在江西銓選官吏時，徐琰正官江西行省參政。

《元史熊朋來傳》〔註 136〕：會朝廷遣治書侍御史王構銓外選於江西，於是參政徐琰、李世安，列薦朋來為閩海提舉儒學官。

十月，與治書侍御史王構相會於洪州，臨別出《九方皋相馬圖》相示，並題詩。此圖為本年秋天杭州張師道寄放於程鉅夫處。

《題九方皋相馬圖後並序》〔註 137〕：至元辛卯秋，杭張師道寄余此卷。是歲十月，會安野侍御於洪，臨岐出此，以當贈策，就題廿字。萬里出市駿，九京誰作歎。多因毛色似，誤殺眼明人。

按：約在十一月，程鉅夫回到家鄉。《家園見梅有懷疇昔同僚諸君子因成廿六韻奉寄徐容齋王肯堂趙元讓黃文瑞諸公》一詩中云「歸來適仲冬」可證。

《家園見梅有懷疇昔同僚諸君子因成廿六韻奉寄徐容齋王肯堂趙元讓黃文瑞諸公》：往時姑射仙，夜墮江南村。江南富嘉植，梅花眾中尊。九地閟玄凝，先天占春暄。的皪冰雪姿，不受風塵昏。孤清愜幽意，臘馥醒吟魂。愛之玩不斁，冥契終無言。羅浮本幻境，前夢覺已譌。蹇蹄滯京華，倦翼棲淮垣。後先青雲士，表裏白玉溫。我形自覺穢，交道久逾敦。貞節保松柏，芳心共蘭蓀。信知歲寒友，何異連枝昆。獨賢天所矜，家山問雞豚。歸來適仲冬，平旦窺荒園。依依故人面，竟日對傾罇。清池疏藥影，淡月新梢痕。冷然絕埃壒，恍若遊崑崙。忽憶如花人，高談霏露繁。眼中不可見，思蠢風翩翻。頗慙標緻似，遠近殊託根。洪鈞轉嚴令，青皇畀新恩。坐看佳實長，適口塞眾喧。遍遺實中生，仁意彌乾坤。平生識賞心，皎潔明朝暾。凌寒折一枝，殷勤寄王孫。又恐遠莫致，作詩當重論。

十一月二十五日，寫詩為吳澄母親祝壽。

《壽吳幼清母夫人十一月廿五日》：清時富貴亦易得，吳子甘心臥草廬。慈母自能安菽水，高年忍使倚門閭。此時為壽奉巵酒，豈必閒居要板輿。卻笑毛家兒子俗，區區喜色動除書。

正月，江南諸路學及各縣學內設立小學。

【編年詩】

《辛卯九月行臺解組西歸十四日泰州教授適齋胡先生送別真州是日乃先生初度》（九月十四日）、《廿一日過建康送朱埜翁教授當塗》（九月二十一日）、《廿四日偕包鼎新吳岩翁登峨眉亭》（九月二十四日）、《天門山》、《連日飽飫嘉魚示包吳二君及陳孟實志道》、《過湖口》、《風帆迅甚今夜徑宿楮溪渡有孤鼎新遊匡廬清興詩以解之》、《十月四日過兩孤山》（十月四日）、《六日到吳城山》

〔註136〕 《元史》卷 190《熊朋來傳》，第 4335 頁。
〔註137〕 《雪樓集》卷 26。

（十月六日）、《贈汪郎中》（十月十日）、《至洪王肯堂治書見示芙蓉詩次韻二首》、《徐容齋參政王安野治書更倡迭和飲酒止酒各極其趣次韻二首》、《家園見梅有懷疇昔同僚諸君子因成廿六韻奉寄徐容齋王肯堂趙元讓黃文瑞諸公》、《壽吳幼清母夫人十一月廿五日》（十一月廿五日）

【編年文】

　　《送程梅亭序》（七月十五日）〔註138〕

元世祖至元二十九年壬辰（1292）　四十四歲

【時事】

　　一月，元廷命太史令郭守敬兼領都水監軍。四月，元廷設雲南諸路學校，其教官以蜀士充任。十月，詔福建廉訪司知事張師道赴闕。

　　本年，徐琰拜江南浙西道肅政廉訪使，張之翰由翰林侍講學士出為松江知府，洪焱祖為平江路儒學錄。

【事蹟】

　　二月，余恁靈柩自長沙運回。余恁，號秋山。程鉅夫早年曾遊學於江西撫州，得余秋山所校諸生程文讀之，次年諸生皆登上第。後留京，益聞余秋山名而未及識。至元二十三年南下訪賢，程鉅夫所薦南士有餘恁。余恁官至江西廉訪副使、奉議大夫。程鉅夫甫終母親喪事，余氏柩適至，程氏作《祭余秋山廉使文》寄託哀思。

　　《祭余秋山廉使文》〔註139〕：維至元二十有九年，歲在壬辰春二月丙戌，故江西廉訪副使、奉議大夫秋山先生余公之柩至自長沙，次於旴江郭南門之外。此公之所以為公，而吾之所以深敬愛也。嗚呼！今其死矣！……始吾遊學於撫，得公景定甲子所校程文讀之，一時預選皆名流，次年悉登上第。吾時尚少，於是始聞公名而未能詳也。……吾時留京，於是益聞公名而未及識也。歲丙戌，搜賢來南，公適在旴，首以應詔，公亦勇往不辭。……吾官滿還家，甫終慈母喪事，而公柩適至。想公音容，思與款款共談當世事而不可得矣！潔觴敬祭，以寄一哀。

　　春，程鉅夫將奉母喪歸於江西撫州，時積雨泥潦，大懼不能葬。往叩禱祝於王文卿，不久大霽。程氏有感於此，又為主簿桂孫所請，於四月十六日作《沖虛通妙先生王君祠堂記》。

〔註138〕　《雪樓集》中未收，《全元文》卷16，第163頁，注明出自明弘治四年本《休寧縣志》卷32。末署：「至元二十八年龍集辛卯七月望日」。

〔註139〕　《雪樓集》卷23。

按：王文卿（1087～1153），一名俊，字予道，號沖和子，又被稱為「王侍宸」。建昌南豐（今江西南豐）人。北宋末南宋初著名道士，神霄派創始人。

《沖虛通妙先生王君祠堂記》〔註 140〕：至元壬辰春，將奉母喪歸於兆，薙草穿壙，畚土辇石。事嚴，積雨泥潦，大懼弗克葬，遍走山川。家君曰：「此邦有王侍宸，人謂司陰晴，柄冰潤。鄧主簿寔嗣其法，有禱輒應。盍求諸？」二月甲子朔，往叩。畚猶陰晦，雨垂垂欲下。已而雲破日漏，午大霽。自是，再旬不雨。至甲申，掩壙已，乃雨，竟月餘。歎曰：「異哉！」一日，主簿君來，謂余曰：「侍宸道法，能呼吸為風雨，在宋嘗被遇徽、高二朝，沒而邦人事之如生。歲己丑旱，禱而雨。辛卯，旱，又禱而雨。祠在天慶觀廡下，卑褻弗稱。今即其昔所寓地於觀之左而改祠焉，所以報也。」徵余文為記。余寓旴末二十年，客外之日十九，不能悉旴故實。獨識君久，知君為侍從家賢子弟，又因君知侍宸為此邦人所嚴事，且於余之有禱也，其應如響。是可記也。侍宸事蹟具實錄。主簿君名桂孫，字芳遠，自號冰澗道人。至元壬辰四月既望，程某記。

五月，丁母楚國夫人憂，元廷召程鉅夫與胡祗遹、姚燧、王惲、雷膺、陳天祥、楊恭懿、高凝、陳儼、趙居信十人赴闕賜對。

《行狀》：二十九年，召公與胡祗遹、姚燧、王惲、雷膺、陳天祥等十老赴闕，賜封便殿，勞問甚悉。

《神道碑》：二十九年，召公與胡祗遹、姚燧、王惲、雷膺、陳天祥、楊恭懿、高凝、陳儼、趙居信十人赴闕賜對。

何中《程公行狀》：某年，丁母楚國夫人憂，召公與十老俱入朝。

《元史》〔註 141〕三月壬寅，御史大夫月兒魯等奏：「比監察御史商琥舉昔任詞垣風憲，時望所屬而在外者，如胡祗遹、姚燧、王惲、雷膺、陳天祥、楊恭懿、高凝、程文海、陳儼、趙居信十人宜召置翰林，備顧問。」帝曰：「朕未深知，俟召至以聞。」

《程譜》：夏五月，召公及姚燧、陳天祥等十老臣赴闕，賜對，勞問甚悉。

程鉅夫少從豫章胡自明先生學，知其為人、學問尤深。胡自明，字誠叟，名其居室便坐之所曰「適」。本年五月，程氏為作《適齋說》，以旌胡自明無所往而不適。

《適齋說》〔註 142〕：豫章胡先生誠叟名其居室便坐之所曰「適」。先生方布衣時，以明經史、通詩賦進士業講授鄉里，其氣浩然，其容澤然。其議論軒昂震盪，聞者竦立，無一毫憔

〔註 140〕　《雪樓集》卷 11。
〔註 141〕　《元史》卷 17，《本紀第十七》，第 361 頁。
〔註 142〕　《雪樓集》卷 23。

悴不自得之態。既而位郡博士，同時行輩衰衰臺省矣。或以先生名聞，始授朝命。又屈為海陵教官。先生不以居卑為羞，處約為怨，單車之任，其志氣猶布衣時，真能適者也。余謂適者無所往而不適；不適者無所往而適。富貴而適，可能也；貧賤而適，難能也。能其所難能，豈不能其所可能哉？先生今日之適如此，他日之適從可知也。……余少從先生學，知之尤深，故為著其說。至元二十九年夏五學生程某敬書。

本年，九月十日，宴集士人，張伯淳為參與宴集的士人之一，張伯淳作詩《壬辰九月十日謝程雪樓宴集》。

張伯淳《壬辰九月十日謝程雪樓宴集》〔註143〕：醉裏不知身客鄉，笑談猶作少年狂。祇今寂寞他離落，黃菊還如昨日香。

趙千里所畫圖卷源於杜甫詩作《義鶻行》，虞汲（字子及）家寶藏此卷。程鉅夫如京師，虞汲遠餞，袖以見示此圖，程氏為作《跋虞子及家藏趙千里義鶻行圖》。

《跋虞子及家藏趙千里義鶻行圖》〔註144〕：義鶻事，子美得之樵夫。傳至今，以子美詩故。使不遇子美，一時且泯沒無聞，況可垂千年乎？然則未可薄待世之人，以為不鶻若也。有如此鶻而名湮滅者蓋亦多矣，悲夫！事固繫乎其所遇也。夷、齊，亙古今義人也，遇夫子而名始彰。雖然，夷、齊豈求名於後世哉？

虞子及家寶藏此卷，蓋趙千里所畫。至元壬辰夏五，余如京師，子及遠餞，袖以見示，與鄧聞詩、吳幼清同觀於吳城山之舍。三復嘉禾葉侯跋語，簡而有味，無庸復贅辭，以子及之請也，聊署紙尾而歸之。時月離于畢，程某識。

《義鶻》〔註145〕陰崖有蒼鷹，養子黑柏顛。白蛇登其巢，吞噬恣朝餐。雄飛遠求食，雌者鳴辛酸。力強不可制，黃口無半存。其父從西歸，翻身入長煙。斯須領健鶻，痛憤寄所宣。斗上捩孤影，嗷哮來九天。修鱗脫遠枝。巨顙拆老拳。高空得蹭蹬，短草辭蜿蜒。折尾能一掉，飽腸皆已穿。生雖滅眾雛，死亦垂千年。物情有報復，快意貴目前。茲實鷙鳥最，急難心炯然。功成失所往，用捨何其賢。近經潏水湄，此事樵夫傳。飄蕭覺素髮，凜欲衝儒冠。人生許與分，只在顧盼間。聊為義鶻行，用激壯士肝。

【編年文】

《祭余秋山廉使文》（二月）、《沖虛通妙先生王君祠堂記》（四月十六日）、《跋虞子及家藏趙千里義鶻行圖》（五月）、《適齋說》

〔註143〕張伯淳《養蒙文集》卷8，清文淵閣四庫全書本。
〔註144〕《雪樓集》卷24。
〔註145〕〔唐〕杜甫《杜工部集》卷2，續古逸叢書景宋本配毛氏汲古閣本。

元世祖至元三十年癸巳（1293）　四十五歲

【時事】

　　二月，元廷從阿老瓦丁、燕公楠之請，以楊璉真加子宣政院使暗普為江浙行省左丞。征西番。三月，元廷立大司農司。六月，大興縣蝗災，易州冰雨雹，大如鵝卵。七月，元廷征交趾。賜新開漕河名曰通惠。

【事蹟】

　　五月上旬，程鉅夫作《送陳笠峯·並序》。

　　按：陳笠峯任紹興教授秩滿聲明為世人所賞，謁選時卻僅得舒州教授。士人為其鳴不平，而他自己怡然自得，將行之際張伯淳以序送之，陳述其品德如此。程鉅夫作詩送別。

　　據《送陳笠峯·並序》，「將行，養蒙送之以序，盡之矣。廣平程某故永歌之」，推知程氏此詩作於張伯淳《送陳笠峯赴安慶教授序》〔註146〕稍後，卻不會晚太久。張氏文末著名寫作時間「至元三十年五月十一日，嘉興張伯淳書於大都驛舍」。可知，程氏此詩為本年五月上旬所作。

　　《送陳笠峯·並序》〔註147〕：（笠峯陳君教授紹興有聲，秩滿謁選，僅得舒州教授以歸。士論稱屈，笠峯怡然曰：「是豈不可為哉？」將行，養蒙送之以序，盡之矣。廣平程某故永歌之。）笠峯前在會稽時，教授堪為教授師。弦誦幾曾一朝慶，宦情頓起百年衰。丈夫得志是行已，廉士居官不厭卑。去去舒州寧久滯，玉堂學士印心知。

　　七月，授正議大夫、福建閩海道肅政廉訪使。

　　《行狀》：三十年，授正議大夫、福建閩海道肅政廉訪使。

　　《神道碑》：三十年，授正議大夫、福建閩海道肅政廉訪使。

　　何中《程公行狀》：三十年癸巳，除正議大夫、福建閩海道肅政廉訪使。

　　《程譜》：秋七月，拜正議大夫、福建閩海道肅政廉訪使。

　　十月十二日，作《跋靜恭楊文安公庭傑遺事》。

　　按：昔程鉅夫季父程飛卿，對同僚見山楊靜恭之文愛賞不已。本年，程氏自京師歸，吳澄攜楊靜恭之子楊焱翁所述楊氏遺事之文。程氏感歎「未見世德如此而有不昌者」，於十月十二日作《跋靜恭楊文安公庭傑遺事》。

　　《跋靜恭楊文安公庭傑遺事》〔註148〕：昔余季父西渠翁縣淮南幕府歸省，嘗手文一篇，

〔註146〕張伯淳《養蒙文集》卷2，清文淵閣四庫全書本。
〔註147〕《雪樓集》卷26。
〔註148〕《雪樓集》卷24。

愛賞不置，曰此同僚見山楊公之作。時余尚少，未能省也。及余與蜀人唐靜卿同直翰苑，言眉山楊氏經學文章之盛為詳。蓋靜卿，楊所自出。獨余以生晚，不逮前輩風流為恨。則思識其子孫焉。今年歸自京師，幼清來，相勞苦。視其篋，有見山公之子焱翁所述文安公遺事。與王文公遺妾事大類，然一出真實，無毫髮矯亢意，或又過之。《詩》曰：「相在爾室，尚不愧于屋漏。」此君子慎獨之學也。楊氏之世宦，宜哉。見山距文安六世，位亦通顯矣，而無緡錢、鍾粟遺其子。其所以遺之者，蓋有以也。焱翁字揆卿，初以父澤授法曹，復以進士貢禮部。今隱不仕，貧甚而守益堅。余未見世德如此而有不昌者也，揆卿俟之。至元癸巳陽月下弦，廣平程某識其末。

程鉅夫與盱之士陳櫟曾聚於金陵、廣陵四年，本年又留陳氏於其家。陳櫟性格純實，自名書齋為「實」。本年十一月初八，程氏為之作《實齋說》。

《實齋說》〔註149〕：盱之士陳櫟孟實以實名其讀書之齋。初，余未識，人皆稱其賢，謂其言也信，謂其行也果，純乎一實者也。及既識，則誠有如人所稱者焉。嗚呼！古今偽言偽行以欺世盜名者多矣，能讓千乘者或不能不慍見於簞食，蓋能勉強於其暫者，未必能掩覆於其久也。孟實與余相周旋於金陵、廣陵凡四載，今年歸自京。而孟實留吾家，考其行，如其言，而終始如一日也。則孟實之為實也，不既實矣乎？為之作《實齋說》。至元癸巳暢月上弦，廣平程某書。

十二月，至福建處理政務、嚴於吏治、嚴懲貪官污吏，興學明教，吏民甚畏愛之。

《行狀》：（帝）諭之曰：「治人之道，由自治始。若等能不並緣為奸，貪污將自戢矣。有違吾言，必懲無恕。」皆凜凜不敢欺。每持牘至前，必望其顏色溫厲，以為進退，上下為之肅然。至於正風俗，恤民隱，表廉勤，察貪殘，尤加之意，然不肯以微罪廢人終身。人咸服其公平，感其忠厚，相率改過為善者甚眾。

《神道碑》：三十年，悉召諸吏諭之曰：「治人之道，由自治始。若等能不並緣為奸，則貪污將自戢矣。有違吾言，必懲無恕。」上下為之肅然。刺舉屬吏，尤加之意，不以微罪棄人，於是相率改過為善。

《程譜》：冬十二月，至福州視事，興學明教，吏民甚畏愛之。

《元史本傳》：三十年，出為閩海道肅政廉訪使，興學明教，吏民畏愛之。

本年冬，寧德縣教諭崔駪重修縣學，程鉅夫作記予以表彰。

《寧德縣重脩學記》〔註150〕：（至元）三十年冬，提學者命駪掌教事。學無廩，養士之

〔註149〕《雪樓集》卷23。
〔註150〕《雪樓集》卷11。

粟歲貯於私家，非便。首營搆之，而縣大夫議大修完。乃捐俸以倡，諸生亦各出力以助。縣主簿董其役，鳩工度材，成先聖殿，視昔加崇。朵室迴廊，靡不更理。繚以宮墻二百八十堵有奇。從祀金鄉侯以下舊圖於殿壁，兗公、鄒公、沂公配饗，西面坐，而三公之父立於後，於禮為未協。迺遵彝式，分繪於左右廡。

本年，張伯淳作《題程雪樓雅嘯圖》。

《題程雪樓雅嘯圖》〔註 151〕：梅亭聲價以文傳，題識猶存癸巳年。後六十季誰展卷，西園景物只依然。

【編年文】

《送陳笠峯·並序》（五月上旬）、《跋靜恭楊文安公庭傑遺事》（十月十二日）、《實齋說》（十一月初八）、《寧德縣重脩學記》（冬）

元世祖至元三十一年甲午（1294）　四十六歲

【時事】

一月二十二日，元世祖忽必烈逝世。在位三十五年，年八十。四月，皇孫、真金第三子成宗鐵穆耳即位於上都，是為元成宗。六月家鉉翁自河中府歸江南，時年八十。十一月，詔改明年為元貞元年。十二月，伯顏卒，年五十九。

【事蹟】

在福建閩海道肅政廉訪使任上。

一月，吳澄至福州，程鉅夫迎之。十一月，吳澄還家。

《吳澄年譜》：三十一年正月，（吳澄）如福州。程文憲公為福建閩海道肅政廉訪使，迎至焉。

程鉅夫少時遊臨川，覽郡志慕宜黃鄒公為人。至元三十年（1293）冬，程氏與鄒公七世孫鄒次陳偕入閩。知鄒公後人以名登於禮部、吏部不斷。鄒次陳示程氏「黃公提刑告身」及「初任太和主簿告身」，程氏有感於此，三月初，作《書鄒次陳所藏先世告身後》。

《書鄒次陳所藏先世告身後》〔註 152〕：余少遊臨川，覽郡志，慕宜黃鄒公之為人。公諱極，登治平四年進士第，元祐初提點江西刑獄事，官滿丐祠，未幾，遽致仕，時年猶未五十。日與方外異人逍遙煙霞泉石間，固急流勇退，仙風道骨中人也。然自昔賢人君子可大用而不及

〔註151〕張伯淳《養蒙文集》卷 8，清文淵閣四庫全書本。
〔註152〕《雪樓集》卷 24。

究者，其後常有人，而不知公之子孫為何如。癸巳冬，入閩，獲與公之七世孫次陳偕。叩其家世，乃知公之後以名登於禮部、吏部者累累有之。且出公提刑告身及初任太和主簿告身示余，余於是重有感也。嗚呼！世之為人子孫而不能保其先世所有者多矣，何獨告身也哉！次陳字周弼，少年掇世科，文學器識亦既光於前矣。而所藏先世告身又能至於今不失，以為世世子孫傳家之寶，則公之後豈不為常有人矣乎？涪翁嘗與往還，集中有曰《松滋令》者，公伯子雲。至元三十一年暮春之初，遠齋程某識。

徐浮光臨行縣省從事佐望邑前夕，姚端夫有贈言以期其甚深。近徐浮光新建堂曰「相山」，姚端夫贈言至而徵大字於程鉅夫。程氏深覺同為「樂道人之善」，三月下旬，作《題姚抑齋送徐丞之崇仁序後》。

《題姚抑齋送徐丞之崇仁序後》〔註153〕：夫子曰：「吾之於人也，誰毀誰譽？如有所譽者，其有所試矣。」浮光徐君縣省從事佐望邑，其行也，抑齋姚端夫有贈言焉。端夫，正人，慎許可，而所以與徐君者甚厚，期徐君者甚深也，豈徒為是褒美而已哉？君治邑未朞年，而賢士大夫多稱之。新一堂於公署之北，名之曰「相山」，以端夫贈言至而徵大字於余。相山直邑之南，高聳特起，自昔以祠欒巴。巴，漢良吏也，所至有功德於民，與杜喬、周舉諸君子並受朝命，為使者，行部郡縣。君日坐是堂，對是山，追想古人之遺風而尚友之，以為世良吏，則其名其堂，當與是山相為不朽，余之字又何足為輕重乎？而端夫所與、所期真為不虛譽矣。夫樂道人之善，余與端夫同是心也，既為書三大字，而復識端夫贈言之末如此。徐君勗哉！至元三十一年歲在甲午春分，遠齋程某書。

程鉅夫觀玄雲翁畫及洪平齋跋語，驚所畫精緻絕倫，感此畫以虛就實，三月末，為作《西嶽降獵圖》。

《西嶽降獵圖》〔註154〕：玄雲薈蔚中，車一乘，南轅。駕牛三，策而挽者二人。前有二女子騎，後有輦昇，而可見者四人。女子騎而從者八。前馬及執器物者十一人，執仗導以北車之前。儀衛繽紛而南者，其隊八。二人手弓箙矢而趨騎，二韔弓而持矛。三女子騎。一臂隼，驅犬於馬前。執琴，執器，臂隼者，男子五。少前，女子騎者十有四。其一以孺子載，其不騎而從者亦五。二騎最先啟行，並張弓挾矢而馳。緤犬，臂鷹隼而隨者各一。其次，一貴人騎。從者十有三，壺矢彈，麾竿杖，各有執也。鷹四、隼二、犬一。擾龍者一人。旗六，繼之。以蛇戲者一人。騎四，又繼之。首騎秉角以吹。怪獸如狻猊者二。從者如騎之數，而加其三。有介者，有矛者，有蓋者，有雲中半隱半見者，不能了也。嗚呼！此豈屈子《騷經》《遠遊》之所賦者乎？及觀平齋洪公跋語，則曰《西嶽降獵圖》也。嗚呼，異哉！評畫者率謂狗馬難，鬼神

〔註153〕《雪樓集》卷24。
〔註154〕《雪樓集》卷25。

易，以其茫昧不可致詰故。此固茫昧不可致詰之事也，而所畫狗馬、鷹隼、器服、人物，一一皆世間所有，精緻絕倫，有目者類能辨之。非名家，其孰能馳騁筆意如此？嗚呼！屈子以所有而託之於所無，此畫以所無而實之以所有。無有、有無，一道也，世有誑而不信者乎？嗚呼！盲者固無以與乎詭詭之觀也。至元三十一年歲在甲午，暮春之初，遠齋程某書於三山繡彩堂。

　　翰林侍講學士王構，字肯堂，自號曰安野。買宅於京師，榜之曰「遂慵」。程鉅夫嘗為賦詩曰「安野標慵豈必慵」，而王構以程氏為不喻其意。程氏竊惑之，四月八日，作《王肯堂遂慵軒說》以釋「遂慵」之意：王構能慵於其所可慵，則必能不慵於其所不可慵。

　　《王肯堂遂慵軒說》〔註155〕：翰林侍講學士王君名構，字肯堂，自號曰安野矣。買宅於京師，又榜之曰「遂慵」。僕竊惑之。夫安野君以文學被眷遇，有列於朝，正眴勉從事，不敢告勞之時也。去年留京師，嘗為賦詩曰「安野標慵豈必慵」，所以諷也。而君意殊不樂，似以僕為不喻其意者。僕之惑也滋甚，會出使閩海，已受命，不敢宿留，亟就道，故未暇為君竟其說。夫人生而父命之，冠而友字之。名與字固未必有所取義，而亦有取義者。觀昔人所以名君、字君之義，豈不望君以作室之事歟？天下猶大廈也，垣墉塗塈非一日所能完，棟樑榱桷非一木所能任。臣之於君，猶子之於父。肯堂而後可以構，必乾乾，必蹇蹇，必夙夜匪懈，庶幾乎晝宮於堵而續於成也。君有列於朝而欲安於野乎？未可也。安於野猶未可，而可以遂慵乎哉？人固有身在朝廷而志山林者矣。大槩野者，君子之所不得已，而非其所安也。伊尹之耕野，未遇則然，終身所安不在是也。裨諶之適野，有謀則然，平時所安不在是也。晉公之綠野，安矣。君欲傚之，不亦太早計耶？吾故曰：君有列於朝而欲安於野乎？未可也。安於野猶未可，而可以遂慵乎哉？僕之惑殆不可解，而君之意誠有所未喻也。客有喻君之意者曰：「慵，一也，而有二焉。有可慵者，有不可慵者。子於父之事、臣於君之事，不可慵者也。世之人、世之人飲羽於市門之下，血刃於風波之上，終身役役，以至於疲薾行盡，如馳而莫之或止，此可慵者也。而慵於此者，幾何人哉？君之所慵在是爾。吁！人有其非而遂其非，遂之不善者也。君有所慵而遂其慵，遂之善者也。而子何訾焉？」僕於是釋然曰：「客言當矣。」為人臣者公爾忘私，國爾忘家。夫一心於公事、國事，雖私事、家事有不暇顧，而況乎聲色勢利之所以奉身者，而暇勤勤乎哉？君之慵是也，僕之惑非也。君能慵於其所可慵，則必能不慵於其所不可慵。不慵於其所不可慵，則必能如韓子所言之匠氏，如柳子所言之梓人，以經營於斯世，而天下皆將在廣廈軒豁之中矣。他日功成名遂而安於野，僕當勞君曰：「吾今而後知大矣哉，遂慵之功！」敢書此以寄。至元甲午四月八日，廣平程某書於三山憲司之繡彩堂。

　　禮部王寅夫酷嗜東坡詩。至元三十年冬，王寅夫被命南下，履越千里，所

〔註155〕　《雪樓集》卷23。

經所見即成詩。本年還，有好事者欲將詩集刻梓，閩人邵光大請程鉅夫為之作序，四月初，程氏作《王寅夫詩序》，以示「以詩歌觀風俗，知禮樂」的詩文觀。

《王寅夫詩序》〔註156〕：詩所以觀民風。凡五方、九州、十二野，如《禹貢》、《職方》、司馬遷《貨殖》、班固《地理》之所載，其風不一也，而一於詩見之。古者至於是邦也，必觀其詩。觀其詩，則是邦之與土物、習俗可知已，故曰：「詩可以觀」。當時所謂詩，蓋民間所作也。陳靈以後無《風》，則民間不復詩矣。民不復詩，而欲知四方之風者，其何觀？《風》再變而為《騷》。《騷》固楚大夫之作而非民間詩也。然《九歌》可以觀楚俗之鬼，《天問》可以觀楚祀之淫。芳草嘉植楚產之名於《山海經》、《草木疏》者，觀之《騷》，十而七八也。則夫民間不復有詩之後，士大夫之詩雖欲不作，可乎哉？繼《風》、《騷》而詩者，莫昌於子美秦蜀紀行等篇。山川風景，一一如畫，逮今猶可想見。他詩所詠亦無非一時事物之實，謂之詩史，信然。後之才氣、筆力可以追蹤子美，馳騁躪藉而不困憊，在宋惟子瞻一人。其平生遊覽經行及海南諸詩，使讀之者真能知當時土風之為何如。詩之可以觀，未有過於二公者也。今禮部王君寅夫酷嗜坡詩，噫！甚似而幾矣。去年冬，被命，縶京師渡江而南，履越之絕徼，走數千里，足之所經、目之所見，滂沛衍溢，而為詩不能自禁也。天時地氣、民俗物宜靡不曲盡，未數月而成帙。好事者將以刻之梓，閩人邵光大以予嘗與寅夫相倡和也，請為之序引。予方觀風於閩，閩之土物習俗，惟懼夫知之有未悉得。寅夫詩則雖未適閩，亦可知其概也。喜而為之書。抑古者，六詩九夏，幽雅幽頌，凡詩皆掌於禮官之屬，民間詩無復可採也久矣。寅夫歸，以其所自作藏諸禮官之府。他日陳而觀之，其亦可以補閩風之闕。至元甲午立夏，廣平程某序。

邵炳炎倦遊南北，時士人多有贈言。王博文書《歸去來辭》《歸盤谷序》、徐琰書《簡齋送張仲宗歸閩中詩》以贈。程氏羨于邵炳炎之倦遊，四月末，作《書王西溪中丞徐容齋參政贈邵炳炎手墨後》。

《書王西溪中丞徐容齋參政贈邵炳炎手墨後》〔註157〕：天下初一，閩士邵君炳炎詣闕上書，天子下其議。踰年，有命，貳會府，兼領一道學事。未期年，去官，再詣闕上書。有命，參議行省，為上介使海外，不至而復。於是，君倦遊矣，自北而南，走諸公間以歸，一時多贈言焉。及升，中丞西溪王公書《歸去來辭》《歸盤谷序》以贈，及參政容齋徐公書《簡齋送張仲宗歸閩中詩》以贈。烏乎！二公之心豈特以華君之歸而已哉？是誠有羨於君之歸也。昔之君子之出而仕也，役於人，以優人之憂者也。伊尹、傅說辭耕築而起，若不得已。然未三聘，未旁求，二子將終身樂其所樂而已。則夫後之君子之既出而遄歸也，能不役於人，以優人之憂，而

〔註156〕《雪樓集》卷14。
〔註157〕《雪樓集》卷24。

得以自樂其樂，非天下之至樂歟？余是以知二公之誠有羨於君也。余備位南臺時，事二公為長，故知二公為深。王官將滿告歸，未及遂而逝。徐之心猶王之心也，至今縻於浙，欲歸而未可。豈特二公有羨於君而已哉？余亦誠有羨於君也。夫以君之得以如張、如李、如陶而歸也；余之未得以如君，而得見二公之所書也，不有似越流人之見其所知乎？如之何其不喜而贊也。雖然，張之歸閩，致其仕也。君之歸，陶之倦而還耳。其遂無心以出乎哉？余未去，將又為君書昌黎《送石處士序》。「凡去就、出處何常？惟義之歸」昌黎語也，余於君亦云。至元甲午四月晦廣平程某書於閩海憲司之繡彩堂。

程鉅夫至福建為官，借宅於人，且於西軒外植竹，復借王徽之（字子猷）與竹之典故所以號竹者名軒，五月五日，作《此君軒記》，以比德於竹，效竹之德心虛而神清，貫四時而不改。

《此君軒記》〔註158〕：古之爵五等，而有土、有民者曰君。非有土、有民而蒙是號，必其德有可尚者也。人而能是，亦希矣。竹，物也，而何以得此稱於子猷哉？竹之德固可尚，心虛而神清，貫四時而不改也。晉人尚雅趣，頗以不事事為清虛。吁！比德於竹者，如斯而已乎？吾至官，借宅於人，而植竹於西軒之外，復借子猷所以號竹者名吾軒。吁！吾軒借人也，軒之名借於人也，皆非吾所自有也，獨所以如竹者非可借於人，而意子猷或未之知。然則子猷之君此君，亦借耳。借歟？非歟？是未可知也，吾將問之此君至。至元三十一年五月五日記。

八月十五日，遂良出示《通鑑綱目稿》於程鉅夫。手稿出自朱熹之筆，程氏以為朱子之為人、綱目之為書，皆有可寶之處，為作《跋朱文公通鑑綱目稿》。

《跋朱文公通鑑綱目稿》〔註159〕：遂良出示《通鑑綱目稿》一幅，書建武二十六年、七年事，曰：「朱子之筆。」維昔道學諸儒於字畫蓋不數數然也，獨朱子少嘗學書，而其字畫奇偉卓絕，片紙流落，人之好之寶之也殊尤。雖然，朱子之為人、綱目之為書，其所以可好可寶者，夫豈以其字哉？覽者詳焉。至元甲午中秋，廣平程某識。

楊必大為程鉅夫江南訪賢所薦士人，程氏為學生時，即見楊必大為文。程氏為楊必大撰寫墓誌銘，旌其篤行君子，並表示哀悼。

《故同知寧國路總管府事楊君墓誌銘》〔註160〕：余自為諸生時，見前太學楊君，必大所為文。……君少孤，能自力於學，由鄉貢入上庠，試藝，輒冠群，遂釋褐。教授南劍，會長貳缺，因攝其州。以辨治聞，擢教京庠。丁林夫人憂，服除，為戶部掌故。升錄國子、連進，為兩學博士。又丁家難，起，知台州，積階朝散大夫，官兵部郎中。至元十三年，以州歸國，

〔註158〕《雪樓集》卷11。
〔註159〕《雪樓集》卷24。
〔註160〕《雪樓集》卷17。

城邑賴以安全。就加本州安撫使，以病謝事。十九年，入朝，授中順大夫、浙東道宣慰副使。屬衢、婺有寇，行省命往治。軍至，則別淑慝以釋纍囚，獲免者餘數萬。二十六年，同知寧國路總管府事。……以余舊所聞君之行事具諸人者多不著，然其清介敦樸，不為赫赫以諧俗取寵，益信其為篤行君子也，是宜銘。

【編年文】

《書鄒次陳所藏先世告身後》（三月）、《題姚抑齋送徐丞之崇仁序後》（三月下旬）、《西嶽降獵圖》（三月末）、《王肯堂遂慵軒說》（四月八日）、《王寅夫詩序》（四月初）、《書王西溪中丞徐容齋參政贈邵炳炎手墨後》（四月末）、《此君軒記》（五月五日）、《通鑒綱目稿》（八月十五日）、《故同知寧國路總管府事楊君墓誌銘》

元成宗元貞元年乙未（1295） 四十七歲

【時事】

一月，姚燧為翰林學士。二月，翰林學士承旨留夢炎告老。六月，翰林學士董文用等進《世祖實錄》。三月，增設蒙古學政，由肅政廉訪使兼任。七月，詔易江南諸路天慶觀，毀所奉宋太祖神主；舉儒吏兼通者，錄為官員。十二月，集賢學士閻復上疏，言京師宜首建宣聖廟學。

【事蹟】

在福建閩海道肅政廉訪任上。

一月三十日，作《跋陳了翁海上家書》。

按：宋人陳了翁居諫省，因首論《裕陵實錄》不應僅以王安石《日錄》為據，因而遭貶於合浦。其又著《尊堯錄》深闢誣妄，以明君臣之義。時人謂此書為陳了翁絕筆。程鉅夫在太平荊山禪師處覩其海上家書，認為下此判斷者，蓋為臨終訣別等語所迷惑。陳了翁謫合浦後，宣和六年卒於山陽，未有修訂可能。故作此文，希寶藏此卷的荊山師有以訂正。

《跋陳了翁海上家書》〔註161〕：紹聖史官修《裕陵實錄》，專以荊公《日錄》為據。忠肅陳公居諫省，首論其事，坐貶合浦。復著《尊堯錄》深闢誣妄，以明君臣之義，大抵以增加之罪歸於蔡卞。公之意，以為荊公既沒，宗其說以植私黨者，卞其首也。救時革弊，當以去卞為先。此書在合浦時，寄其弟，謂詆誣譏玩之語皆小蔡偽增，非荊公親錄，又謂詆譏輕慢至深

〔註161〕《雪樓集》卷24。

至切，非臣子所忍言，又謂自分必死，無生還之理。至其末，超然洞究《內典》之旨，死生一致，寃親平等，益以見公平日存養之驗。卒之，流移竄逐，顛頓道途無寧歲。蔡薿之拑之脅，瀕死者數，而浩然剛大之氣不少挫沮。觀此書，蘗見矣。樓攻媿嘗跋公帖，謂：「人之立於世，忘溝壑者不足以為志士，忘喪元者不足以為勇士。士大夫小不如意輒不自聊，讀之可以興起。」余於此書亦云。太平荊山師寶藏此卷，豈以其斷恚忍辱，脫離苦樂故耶？書後之題，果誠齋否？謂此書為公絕筆，蓋為臨終訣別等語所眩。公謫合浦後，轉徙欽州，宣和六年卒於山陽。盍訂之？元貞乙未正月晦書。

因莆屬郡教授率前進士黃仲元、余明等所請，正月，程鉅夫為作《興化路重修夫子廟碑》。

《興化路重修夫子廟碑》〔註162〕元貞初元阰月九日戒事，某月某日告成。麗牲有碑，不可無刻。教授以莆屬郡，率前進士黃仲元、余明等馳書謁文。

四月一日，作《漳州路重建學記》。

按：宋慶曆二年（1042），漳州路學始建。至元二十八年，重建禮殿。二十九年夏，郡博士郭廷煒建言有司復學。經過三年時間，在郭廷煒的努力下，不僅建成漳州路學，漳浦、長泰、龍巖縣學亦依次傚仿。其後漳之士以廟學圖及創修始末求程鉅夫作記，程氏為作此文。

《漳州路重建學記》〔註163〕：異時，東南之學行天下，漳為文公過化之地，學官禮樂，他郡則之。按宋慶曆二年，始建學於州治之東南。政和間，移置治左。紹興九年，復慶曆舊基。中燬於兵。至元二十有八年，重建禮殿，孑然於草莽瓦礫中，卑庳苟且，過者不知其為夫子之宮也。聖上龍飛，首詔各道肅政廉訪司勉勵學校，雷行風動，其曷敢不共僉事。趙君弘道分司南還，亟稱漳學興復一出郡博士郭廷煒之力。廷煒以二十九年夏五月寔來。時廟之東西各有隙地，有司據之以聽訟，以畜馬。廷煒喟然曰：「此而不復，不可以為學。」白於公，歸侵疆。乃鳩工度材，首崇殿宇，像四公十哲。明年，儀門成。又明年，學門泊東西廡成。又明年，講堂成，脩高廣深，翼翼嚴嚴。廊塾垣墉，內外有截。几席炊爨，百須具備。郡人士又言屬縣廟學廢，未復。廷煒造漳浦，班荊以祭，觀者感泣。是營是度，捐俸為倡，而漳浦廟學亦成。長泰、龍巖放焉。余聞而異之。既而，漳之士以圖及創修顛末來，求余記，於是弘道之言益信。……郭君，莆人，紹興旌表孝子之孫。少擢進士第，文行皆可書。元貞元年四月朔記。

十月七日，作《題譚提學山水小軸》。

按：程鉅夫認為譚提學山水小軸用筆精甚，欲向梅屋主人求證，為作此文。

〔註162〕《雪樓集》卷16。
〔註163〕《雪樓集》卷11。

《題譚提學山水小軸》〔註 164〕：此幅不究其為何人手跡，而用筆精甚，毫芒杪忽了然可辨，殊非草草者。余意用工如此，可以言畫矣。而前輩評論固有取於跡簡而意淡者，何也？余雅不識畫，持以問之梅屋主人。元貞元年良月七日。

十一月二十三日，作《題興化路學修造疏後》。

按：興化路學為宋咸平間著作郎方儀所建，後郡冷掾欲興之於艱難之際，程鉅夫捐官俸並作文以嘉其行。

《題興化路學修造疏後》〔註 165〕：按莆廟學，宋咸平間方著作儀所建。迄今三百餘年，屋老可想矣。往時士大夫談所學，必曰自孔氏；然稽之志載，儀創始後，未聞有出一語及改作事。三百年如天覆燾之澤，一畝之宮，輒憚其難若此，而郡冷掾欲以區區之志，起廢於一旦，談何容易！余於是且壯其志而嘉其來請也，因捐鶴俸，復書其後，為方今士大夫學孔氏者之勸云。元貞元年十一月二十三日，廣平程某書於三山繡彩堂。

本年，胡祗遹去世。程鉅夫作《胡紫山挽詞》三首悼念。

《胡紫山挽詞》（三首）〔註 166〕：一尊淮海話相逢，抵掌揚眉四海空。落日遠山依舊紫，眼前回首但霜風。

召節曾趨供奉班，許教孤鶴綴鵷鸞。鵷鸞不肯尋常出，孤鶴無端自往還。

太息何人似此公，未輸天下頌中庸。何時絜酒平生足，蒿里三章一夢通。

《元詩選》〔註 167〕：三十年卒，年六十七。贈禮部尚書，諡文靖。

本年，丁父程翔卿憂。

何中《程公行狀》：元貞元年，丁孝肅公憂。

【編年文】

《跋陳了翁海上家書》（一月三十日）、《興化路重修夫子廟碑》（正月）、《漳州路重建學記》（四月一日）、《題譚提學山水小軸》（十月七日）、《題興化路學修造疏後》（十一月二十三日）、《胡紫山挽詞》

元成宗元貞二年丙申（1296）　四十八歲

【時事】

三月，元廷任用中書平章政事不忽木為昭文館大學士，平章軍國事。四月

〔註 164〕《雪樓集》卷 24。
〔註 165〕《雪樓集》卷 24。
〔註 166〕《雪樓集》卷 28。
〔註 167〕〔清〕顧嗣立編《元詩選》癸集，北京：中華書局，2001 年，第 179 頁。

十六日，唐良瑞序金履祥《濂洛風雅》。六月，王應麟卒，年七十四。七月，元廷命行臺監察御史鉤校隨省理問所案牘。十一月，兀都帶等進所譯太宗、憲宗、世祖《實錄》。

本年，盲人文學家侯克中活動在江南。張之翰卒，年五十四。

【事蹟】

在福建閩海道肅政廉訪任上。

閩縣學，始創建於宋慶曆。至元戊寅，燬棄。元貞二年春，教諭韓挺以興復為己任，謀於程鉅夫。程氏感「讀書窮理，必思聖人所謂教者何事」，為作《閩縣學記》。

《閩縣學記》〔註168〕：閩為縣，自隋始。縣有學，自宋慶曆始。學在九仙山之麓，粥民地為之。廟成於熙寧方尹叔，宅修於崇寧莊尹誼。至元戊寅，燬焉。越五年，創禮殿。又五年，創西齋，苟完，不旋踵而敝。門逕欲蕪，士非無志，往往畫於力不足。元貞二年春，教諭韓君挺特寔來，以興復為己任，謀於予。乃諭縣官，勸學子協力圖之。鳩工度材，脩廢補闕，繚以重簷，護以闌楯。新像設，繪從祀，而廟始嚴。會講有堂，易桷與瓦。置二齋，設小學，而學始備。以至門垣階序、墍墍漆丹悉如式。於是故老來觀，謹謂前所無有。諸生詣予徵記。董子曰：「設庠序，以化於邑。」然則邑學，古庠序也，所以明人倫也。人而不倫，則物矣。科目興，月書季考，姑設利祿，歐驪使從。豈道德果盡信哉？故明倫之說為書生，常談其於化民成俗之意戾甚。閩為福附庸，非深山窮谷比，士風之盛，五百年於此矣。科舉廢，後生無所事，聰明日以放恣。詩書而刀筆，衣冠而皁隸。小有材者溺愈深，居近利者壞愈速，不能不蹈先儒之憂。天朝嘉惠學校，隸名者復其身，德行文學必繇此選。是學校重矣，況邑於民尤近哉！今堂宇新，士習盍與之俱新？讀書窮理，必思聖人所謂教者何事。充而仁義禮知之性，盡而君臣、父子、兄弟、夫婦、朋友之職，求無愧於為人。由一邑之善士，為一國、天下之善，士庶幾庠序不徒設，道德可盡信，且以解先儒溺深壞速之憂。是惟明時崇儒重學之意，而亦司教化之責者所望於斯邑之士也。尚勉旃哉！韓君，故孝廉孔惠公之子，家學有淵源，故於斯文篤意如此。

【編年文】

《閩縣學記》

元成宗大德元年丁酉（1297）　四十九歲

【時事】

〔註168〕《雪樓集》卷11。

二月，改元大德。元廷詔改元赦天災。免上都、大都、隆興差稅三年。三月，完澤等奏定銓調選法。張炎客寧海，舒岳祥為題其詞。王惲、閻復、雷膺等五人有清香詩會。五月，安南國遣使來朝元廷。九月十九日，高克恭為仇遠繪《山村圖》，一時名士題詠幾遍。六洞蠻皆來降元廷，並以蠻夷官授之。劉辰翁（1232～1297）卒於十月初二之前，年六十六。十月二十六日，陳著卒，年八十四。

本年，盧摯拜集賢學士，年五十餘。吳萊（1297～1340）生。

【事蹟】

二月，第五子程大觀出生。

《程譜》：大德元年丁酉，公年四十九歲，春二月，子大觀生。

冬天，程鉅夫結束了福建閩海道肅政廉訪使的職務，返回大都。

《程譜》：冬，閩海代歸。

四月二十日，作《跋山穀草書徐禧送靈源上人二詩》。

《跋山穀草書徐禧送靈源上人二詩》〔註169〕：涪翁書徐德占贈靈源二詩，豈亦喜其清新耶？德占永樂之舉，欲因薰腐之餘以立功名。此豈足以語方外之學者。想其抒漬揚壺，喪身覆眾之狀已歷歷在源公目中矣。大德元年四月二十日，白雪道人觀。

閩鄉邑懷安向北五里有桐谿構堂，朱熹曾書「道一」於其上，且為之記。端平間，構堂燬於鄰。至元間，廢於兵。大德初，程鉅夫來閩留居三年，劉采山介僧中順來見程氏，並請記之。五月，程氏為作《道一堂記》。

《道一堂記》〔註170〕：余來閩之三載，實大德初元。雷雨作解，獄訟不留。文書頓省。自公退食，時與仙翁釋子談方外事。一日，高士劉采山介僧中順來。余識劉而未識順也，問奚自，則曰：「固儒也，願有謁焉。鄉邑懷安北五里曰桐谿，山水峻清。谿上之士曰樊世顯，師呂公居仁，友林公少穎。構堂，象孔、老、瞿曇氏而祀之。子朱子書其顏曰道一，且為之《記》。端平，燬於鄰。改作，西山真公復書之，復齋陳公續記之。至元，廢於兵。今樊氏子孫廓而大之，之書、之記未有復者。敢請。」余笑曰：「是非可以言語盡也。虎谿三笑，今日之事非歟？畫史圖之，道一在是矣，奚而記？雖然，余，孔子徒也，知其一而非知其二也。二子盍各言而一，余將因一而究吾子朱子所謂一者，可也。」曰：「太上寶者三、西方戒者三。」曰：「是其粗者耳。」又曰：「無爭三昧，則不爭善勝也；和光同塵，則不垢不淨也。」曰：「亦其粗者耳。」乃又曰：「進是，則道德同焉，心性同焉。生死異而所以出生入死，死而不亡者同焉。教

〔註169〕《雪樓集》卷24。

〔註170〕《雪樓集》卷11。

亦多術矣，殊塗而同歸。」余又笑曰：「是於吾儒人生而靜，積善積惡之義，《大學》正心誠意，《洪範》嚮用威用之旨似有合者。二氏之道有以異乎？無以異也。二氏之於儒者之道有以異乎？無以異也。子朱子之所謂一倘在是乎？嗟夫！一陰一陽之謂道，繼之者善也，成之者性也。孰無性也？『民之秉彝，好是懿德。』孰非民也？故以跡論之，則一而三；以道觀之，則三而一，初非比而同之，而自有不能以不一者也。推是以往，雖萬者可一，而況於三乎？朱、真數君子復起，不易吾言矣。抑又有說焉。異而同。則三固不能以不一；同而異，則一亦不能以不三，故古今三者各自名家。先儒亦有以為鼎立於天地間，而闕一不可者。」然則各有一一，試索言之。黃冠者曰：「吾抱一為天下式也。」方袍者曰：「吾萬水而一月也。」余方營胹未皇，二子詰之不置，則應之曰：「弗貳以二，弗參以三。」因次第其語而遺之，俾記之堂上。夏五月記。

　　元貞元年（1295），江陰宋友諒見福州路學衰敗，官員散漫不經，在此重新建學，旦暮聞誦聲琅琅。廉訪副使商暐題其門匾「蒙古字學」，並以「同文」名其堂，請程鉅夫書。程氏有感宋君精敏篤實、有志辦學，於十月一日為作《同文堂記》。

　　《同文堂記》〔註171〕：昔聖人之興，必有大制作，所以通神明之德。見天下之　，同人心而出治道也。皇犧闡天苞，神禹著地符，一用此道。皇元混一區宇，日月所照，共惟帝臣；開闢以來所未有。制蒙古字，與正朔同被，暨位諸字右。其開合布置，井井有截，與卦畫相表裏。變動周流，天造神化，備前古之闕遺，垂億載之矩矱。還淳反樸，約繁就簡。舉而措之天下之民，謂之事業，百姓日用而不知。烏乎！至矣！乃建翰林院，設學校。道有提舉，郡有博士，置弟子員。肄業者復之，業成者官之。際天薄海，蹈詠鼓舞。初，福州路學客寄儒宮，校官漫不省。元貞乙未，江陰宋君友諒寔來。戶外屨滿，請於公，得舊廨省鞠場。糞壤糞壤，易朽腐，不旬月，庭堂門廡、齋序庖湢悉完。諸生列幾研，旦暮誦聲琅琅。廉訪副使商公暐為扁其門曰蒙古字學。君名其堂曰同文，請予書，且願有述。夫書學尚矣先。儒論六書、七音之略，以音諧聲，以字母部諸字，雖重百譯，而文義如出一口。蓋脣、舌、喉、齒、牙之相須，宮、商、角、徵、羽之相宜，輕重、高下、清濁之相錯，自然之同也。四方之音各殊，閩又甚。然而占畢之士知類通達，若建瓴破竹，無留難者，同可知己。雖然，字，藝也。學，道也。精粗本末，初無二致。天理民彝、菽粟布帛，知其同而不知其所以同，可乎？予將以予所知者語子，字字從子。學字從子，事先生，則為弟子必恭。事父母，則為人子必孝。事君父，則為臣子必忠。《傳》曰：「車同軌，書同文，行同倫。」今天下車同矣，文同矣。學於斯者，其必相與薰淑，扶植倫紀，人人皆有士君子之行。是則同，周官六藝，書居其一。賢者、能者，胥此焉興。此聖朝教育之意也，諸君幸勉之哉。宋君精敏篤實，有志斯文，故樂為之記，而又以予所知者

〔註171〕《雪樓集》卷11。

告之。大德元年陽月朔日記。

本年，程鉅夫至福州三山。脩學宮，辦學校。作亭於後圃，為遊息地，以時雨名之。築樹杏於亭前，更時雨曰「麗澤」。十月，程氏作《杏壇》、《麗澤亭》二銘，且作有序文。

《福州路學二銘並序》〔註172〕：至元癸巳，余至三山。既謁夫子廟，即脩學宮，創大、小學，以來諸生。作亭後圃，為遊息地。落成之日，天新雨，以「時雨」名之。洎大德丁酉七月，乃大脩廟學，越三月，告成，以其餘力築壇樹杏於亭之前，發篋中舊藏祖庭「杏壇「二大字張之，竹溪黨公筆也，濬池左右，取重兌之義，更時雨曰「麗澤」，而繫以銘。

《杏壇》：杏壇謂有人邪，窅兮緇林。謂無人邪，洋洋乎金石之音。斯道何在？日用常行。厥臨孔昭，參前倚衡。夫子之德，昊天罔極。仰瞻堂壇，如有所立。

《麗澤亭》：彼滋者澤，籾兩而麗。宛其相漸，有友之義。此湮而枯，挹彼有餘。我潤而沃，漑爾不足名。川三百，支川三千。勉哉作聖，其淵其天。

至元十三年（至元丙子1276），程鉅夫至京師，得王磐頗多汲引。二十一年後（大德元年丁酉1297），程鉅夫在商晦處見王磐居山東時古詩數首，感歎王磐與商晦詩旨皆出於詩之外，泛濫煙雲，俛仰古今。十一月十六日，程氏為此作《跋商季顯所藏王鹿菴先生詩》。

按：商晦，字季顯，東昌人。至元末為夏邑縣尹。

《跋商季顯所藏王鹿菴先生詩》〔註173〕：至元丙子，余至京師，拜承旨鹿菴王公於玉堂之署。蒼然而古雅，凝然而敦厖，望之肅如也。既而獲近清光，蒙聖眷，實維公獎進汲引之力。公長史館，余備員末屬，朝夕接緒言，故知公出處為甚悉。初，山東反仄，公豫料其敗，棄妻子，脫身來歸。先皇帝嘉之，寵以殊禮。其告老也，上東門祖餞，榮於流傳，兩宮錫賚特厚。賜田給，稍官其壻，於鄉郡以奉之。晚歲雍容里閈，天佚壽齒，寄情賦詠，蕭散閒適，蓋風韻似香山而忠義剛介之氣則又過之。歲月荒寒，墓木已拱，每念遊從之舊，未嘗不以之興懷。來閩四載，同寅東昌商公季顯一日示公居山東時古詩數首。束衽端誦，宛如侍几硯時也。惟公之趣與香山同，故其詩不期而同。惟商公之趣與公同，故所好亦不期而同。余雖不知詩，而知商公與公之所以同者又有出於詩之外也。泛濫煙雲，俛仰古今，不知同余心者又何人哉？大德丁酉暢月既望，謹書。

北宋慶曆三年（1043），福寧州始辦學。南宋元祐五年（1090）更新而堂宇備。時久而屋敝。至元二十三年（1286），白侯璧重修學堂，而颶風又壞之。

〔註172〕《雪樓集》卷23。
〔註173〕《雪樓集》卷24。

元貞元年（1295），樊侯忠又重修，而颶風又壞之。元貞二年（1296），陳翼請省臺後，命同知州事孫璧負責興建，協力為而成。至元三十一年（1294），程鉅夫為孫駓記寧德縣學，三年後，孫駓又以記福寧州學請於程氏。本年，程氏有感「若夫工詞章而不窮其理，談性命而不踐其實，其不為功利智術之歸者無幾矣」，為作《福寧州學記》。

　　《福寧州學記》〔註174〕：予為孫君駓記寧德縣學之三年，而又以記福寧州學為請。按長溪，唐武德昉為望縣，閩王氏析為寧德，宋末又析為福安。皇元一統，肇州、福寧二邑隸焉。初惟夫子廟，在縣治之東，慶曆癸未，遷城東南阪，始有學。自元祐庚午更新而堂宇備。自師公古、鄭公樵教授，而經術明。自鄉儒先遊紫陽之門，而弦誦衣冠盛。歲久，屋且敝。至元丁亥，白侯璧改作，而颶風壞之。元貞乙未，樊侯忠又改作，而颶風又壞之。丙申，陳侯翼請於省臺，命同知州事孫璧董其事。協謀悉力，樹戟門，作禮殿，續從祀，祠先賢。會講有堂，肄業有齋。畚土礱石，燥濕崇卑，翼翼嚴嚴。規宏而工密，可書已。然予前記學，其說殊未竟。校庠序，古矣，明倫之外，無他說也。詞章勝，德行微。先儒有憂之，歸而求之性命。大雅不作，假性命之說以媒利達。而世道與人心俱往矣。夫詞章、性命之學猶不能無弊。則夫管攝人心，扶植世道必有攸在。不然，羣居終日，翕翕訿訿，相與商功利而較智術，弊又甚焉聖朝一視遠邇，制度考文，嘉惠儒者。隸名者不役於有司，其以德行文學進者，胥此途出。新州者，新學之兆也。新學者，新士習之機也。士無科舉之累，盍亦思古人所謂明人倫者為何事，脩其孝悌忠信，於家為孝子，於鄉為善人，於國為忠臣，斯無負於國家設學之意。若夫工詞章而不窮其理，談性命而不踐其實，其不為功利智術之歸者無幾矣。吾為此懼。

【編年文】

　　《跋山穀草書徐禧送靈源上人二詩》（四月二十日）、《道一堂記》（五月）、《同文堂記》（十月一日）、《福州路學二銘並序》（十月）、《跋商季顯所藏王鹿菴先生詩》（十一月十六日）、《福寧州學記》

元成宗大德二年戊戌（1298）　　五十歲

【時事】

　　二月，浙西嘉興、江陰、江東建康、溧陽、池州水旱，元廷並賑恤之。五月，元廷以中書右丞何榮祖為平章政事，參與中書省事。十月，置蒙古都萬戶府於鳳翔。

〔註174〕《雪樓集》卷11。

【事蹟】

居大都。

至元十三年（1276），金谿官署燬於寇。至元二十三年（1286），程鉅夫奉詔出使，道經金谿（江西撫州），見官署敝陋。十二年後，程氏自閩歸京師。明年，得僉事曾侯書，得知：元貞二年（1296），濟南吳君謀劃修建金谿官署，於次年正月始修，七月落成。程氏為勉勵官吏能念民生疾苦，十二月初一，作此《金谿縣廳壁記》。

《金谿縣廳壁記》〔註 175〕：金谿直撫之東竟，宋淳化中，改鎮為邑。至元丙戌，予自集賢奉詔出使，道之所經，目其溪山之勝。邑無大川，有山橫亙數里，名為幕山，治所所面也。官署敝陋，曰丙子燬於寇。草創未暇完美。後十有二年，予歸自閩。明年十一月，僉事曾侯以書言曰：「金溪，蕞爾邑。往年公過之，官署之敝陋，既更脩矣。蓋自元貞二年，濟南吳君來貳令，與邑長協謀。次年正月經始，七月落成。默者助資而不為費，貧者効力而不為煩。治事之所壯麗顯敞，於舊有加焉。左典史舍、右架閣吏房，狴獄悉易而新，又遷舊廨於後為公舘。若宣聖之宮、社稷之壇、烈女之祠，亭以送往而迎來，關以衛內而閒外，廢者具舉。尉馬君實相其事，僚吏、士民咸樂其成，願紀諸石。以公之嘗至斯也，敢以為請。」予謂朝廷為民設官，邑於民為最近，於官為最難。其近也，行一善，民遄被其福；行一不善，民遄被其禍。其難也，拘於文法，迫於督責，而窘於公私之供給資用。故其賢者斬斬自守，齪齪不敢為；或受成於吏，以奉文法、免督責而已。其不賢者招權納賂，瘠民以肥妻孥，虛民以實囊橐，秩滿則去，視官署傳舍耳，而暇完美之，以為方來計哉！斯邑之長貳能如此，可謂賢矣；繼至主邑簿者，蕭君又賢，邑之民庶其有瘳乎？昔召伯之於南國也，所憩茇舍，民愛之而不忘，況朝夕治事之所哉？凡治事於斯者，其必徇今之文法，而以古之循良為師，避上之督責，而以下之疾苦為念。有所守，有所為，無所制於吏，則民之不忘，將有甚於南國之棠也。諸君勉乎哉！馬君名某。蕭君名某。吳君名某。邑長名某。時大德二年歲在戊戌十有二月朔，具官程某記並書。

本年，袁洪去世，程鉅夫為其作墓誌銘。

《故同知處州路總管府事袁府君神道碑銘》〔註 176〕：世祖即位二十有七年，某被旨求賢江南。時四明袁君以永嘉之命居里，以應詔，不起。後數年，與君之子楠同與史事，相知，狀君平生，請為墓道碑文。烏乎！君諱洪，字季源。袁氏之先載，宋嘉祐中為開封進士。蘇文忠公守杭，為通判，終處州守，贈光祿大夫。……至元十五年，入覲，召見，授朝列大夫、同知邵武路總管府事；二十年，改溫州，並以疾辭。大德二年，改處州、命下而卒，二月十有八

〔註 175〕《雪樓集》卷 11。
〔註 176〕《雪樓集》卷 20。

日也，年五十四，葬鄞縣桃源鄉慈谿之原。

大德年間，元成宗下詔任命帖木兒為參福建等處行中書省政事，賜予海東青，勸其忠於元朝。程鉅夫為作《上賜帖木兒參政海青詩序》。

《上賜特穆爾參政海青詩序》〔註177〕：惟大德天子祗遹先志，亦惟東平公一家父子之懿，實當是賜，天地貞觀，明良相逢，猗歟盛哉！……聖天子嗣位之二年，詔以丞相東平公之子萬戶公參福建等處行中書省政事，賜海東青二，勸忠也。七閩為東平公賜履之地，錫命象賢，纘戎南服，報功也。

【編年文】

《金谿縣廳壁記》（十二月初一）、《故同知處州路總管府事袁府君神道碑銘》、《上賜特穆爾參政海青詩序》

元成宗大德三年己亥（1299）　五十一歲

【時事】

一月，元廷免江南下稅十分之三。二月，戴表元為趙孟頫《松雪齋集》作序。三月，緬甸世子信合八的奉表來謝賜衣。鄧文原徵至京師，調崇德州教授。八月，汴梁、大都、河間遭遇水災，隆興、平灤、大同、宣德等路遇冰雹災。十二月，顧伯玉客杭，與白珽、戴表元等唱和。

【事蹟】

居大都。

十月十五日，作《書何希之試策後》。

《書何希之試策後》〔註178〕：宋進士試訖甲戌。是年甲科，餘首識第二人路君萬里，繼識第四人熊君朋來。蓋余家寓豫章，二君皆豫章人也。第一人王君龍澤仕國朝為監察御史，始識之。第六人何君希之，臨川人。聞其兄弟四人相繼中進士第，晚歲隱居無求，翛然世外，自守如澹檯子羽之正，而宰邑者每禮於其廬，可謂賢已，而未及識。或以君所試策示余，余讀之竟，竟而歎。何歎也？「既往盡歸閒指點，未來須俟別枝梧」，邵子云。大德己亥十月之望，廣平程某書。

【編年文】

《書何希之試策後》（十月十五日）

〔註177〕《雪樓集》卷14。
〔註178〕《雪樓集》卷24。

元成宗大德四年庚子（1300）　五十二歲

【時事】

二月，皇太后去世，明日祔葬先陵。元成宗諭何榮祖造定律令。五月，御史中丞不忽木卒，貧無以葬，元廷賜鈔五百錠。七月，右丞相完澤請上徽仁裕聖皇后諡寶冊。閏八月，以中書右丞賀仁傑為平章政事。

【事蹟】

二月，元廷授程鉅夫官職江南湖北道肅政廉訪使。

揭傒斯《行狀》：大德四年，遷江南湖北道肅政廉訪使。

危素《神道碑》：大德四年，遷江南湖北道。

何中《程公行狀》：大德四年庚子三月，除江南湖北道肅政廉訪使，餘如故。

《元史本傳》：大德四年，遷江南湖北道肅政廉訪使。

《程譜》：大德四年庚子，公年五十二歲。春二月，拜江南湖北道肅政廉訪使。

南豐州長李侯得殘存縣志，命劉壎修訂增補。程鉅夫得《州志》觀之，有感於「縣之為州，自我朝始，州之有志，自今侯始」，七月，為作《南豐縣志序》。

按：南豐縣，在盱水上游，始隸屬撫州，後因宋代在南豐置建昌軍，於是隸屬建昌。曾鞏為當地名人。元初，南豐為縣，後陞為州。憲事李侯為州長，得煨燼殘留之「縣志」，命劉壎訂正並增補，完成《州志》十五卷。此為元代第一本州志。

劉壎（1240～1319）字起潛，號水雲村，南豐人，程鉅夫友人。年五十五始置建昌路學正，年七十遷延平路學教授。延祐六年卒，年八十。著有《隱居通議》三十一卷、《水雲村稿》十五卷。

盱水即盱江，發源於江西廣昌驛前血木嶺，流經廣昌、南豐、南城、臨川、進賢、南昌。在南昌滕王閣附近匯入贛江。廣昌段稱盱江，南豐段稱盱江或盱江，南城段稱盱江。

《南豐縣志序》〔註179〕：南豐，盱水之上游。初隸撫，宋割撫之南城縣，置建昌軍，遂隸建昌。壯哉縣也，稱為江右最。人物有曾子固，文章名天下，而南豐益重。國朝以建昌為總管府，南豐仍為屬縣。未幾，陞為州，專達行省，而南豐又益以重。李侯彝由憲事來為州，暇日得縣志於煨燼之餘。命余友人劉君壎於已紀者訂之，於未紀者增之，成《州志》十五卷。夫

〔註179〕程鉅夫《南豐縣志序》，《全元文》16 冊，165 頁。

州縣有志，舊矣。然今之居官者，下焉為辦私計，上焉為奉公計，其最賢者乃能為民計，而何暇及此久違不泯之事哉？侯不視此為迂緩不切，而成此書。縣之為州，自我朝始，州之有志，自今侯始。書成示余，余嘉之，故為書於其後如此，而歸其書。侯之賢，今將與此州、此書相為不泯也。大德四年歲在庚子秋七月，正議大夫、江南湖北道肅政廉訪使程文海。

八月一日，作《高峰書院記》。

按：「高峰」為黃榦晚年命名齋名。程鉅夫叔父程飛卿來此為政，曾以黃榦為法並延致徽菴程先生若庸為諸生講說。大德二年（1298），臨川周棲梧奉行省命來為長，修廢補敝，於黃榦祠側設程飛卿祠。程氏感於「昔者蓋嘗親見叔父創始之勤，而慮善後者之難其人也」，為作此文。

《高峰書院記》〔註180〕：高峰者，勉齋黃先生晚年所以名齋也。宋嘉定癸酉，勉齋宰新淦。六十年間，流風未泯也。咸淳癸酉，先叔父西渠公寔來為政，一以勉齋為法，致其尊慕，以示風厲。於是，捐俸錢三百緡，市曾氏宅一區，為高峰書院。墍屋壁，建門廡，堂設勉齋像，朱子而上別有祠。歲十一月，合九鄉之士，行鄉飲酒禮，至者二百七十有五人。延致徽菴程先生若庸為諸生講說。一時文物之盛、觀聽之新，遠近相傳，以為希闊殊尤之舉。次年三月，創燕居堂於西，以祀先聖。方將請賜額儲粟，以待四方之學者，而不幸以憂去。乃命邑士張元晉、鄒奎、董雲章相其成，陳逸謙、韓謙復相繼長之。公起復，佐沿江制閫，又守建昌。歸國朝，入覲，為翰林侍讀學士。雖去新淦，而高峰未嘗不往來於懷也。有之臨江新淦者，必囑之護視。……元貞丙申，楊震仲白之當路，轉聞於上，而始免輸。大德戊戌，臨川周棲梧奉行省命來為長，修廢補敝，於勉齋祠側設侍讀公祠。又新內、外重門，增塑先師四國公像，更造祭器、燕器，百用以完。相與左右者，廖弘毅、楊景困、嚴志仁、張應樞、楊洪、張戊孫。書來，謁記。予昔者蓋嘗親見叔父創始之勤，而慮善後者之難其人也。楊君、周君能若是，敢不書以為來者勸。雖然，書院之設豈徒然哉？西渠，希勉齋者也。勉齋，希朱子者也。朱子，希夫子者也。由勉齋之學遡朱子之學，由朱子之道遡夫子之道。有能一日誌於斯事者乎？不然，居於斯，遊於斯，為之師者官滿而去，為之弟子者食已而出；今猶夫人也，後猶夫人也，是豈勉齋之所以學於朱子，而西渠公之所以望於後人者哉？大德四年八月朔日記。

閏八月，程鉅夫到沙羡就職辦公。第一件事便治理為害百姓的平章家奴，自此上下肅然。

按：沙羡，古縣名，其位置為今湖北省武漢市江夏區金口。

揭傒斯《行狀》：適湖廣平章家奴為民害者，即命有司逮捕械之，榜其惡於市，三日乃巨決遣。民大悅。

〔註180〕《雪樓集》卷11。

危素《神道碑》：首治行省平章家奴為民害者，民大悅。

《元史本傳》：至官，首治行省平章家奴之為民害者，上下肅然。

《程譜》：秋閏八月，至武昌視事。首治行省平章家奴之為民害者，上下肅然。

冬，在官署後修築「歲寒亭」。

十二月十八日，作《歲寒亭詩序》，吳澄有詩唱和。明年，盧摯、姚燧均有詞作，成詩文題詠一卷。

《程譜》：冬，作歲寒亭於署後，有詩文題詠一卷。

《歲寒亭詩序》〔註181〕：大德四年秋，余之官沙羡，既至，得老屋數楹於黃鵠山下以居。居數日，旁出而後望，則莽焉坡陁，糞壤櫹翳之叢，雙栢出其中，如弟昆，如古丈，夫冠服並立，若有所待。余意升高可以見遠，而未暇也。風霜益清，使事益有緒，退食之餘，試命僮奴剗除蕪穢，求一徑以上，則江湖湛然，雲煙在下，凡西南可覽者無不獻狀。自是，亭與心目謀矣。然既月而址始平，又月而茅竹僅集，烏銜鵲構，未就而天大雪。起視，則卉木無小大，方僵立受雪。獨雙栢意韻沉雄，蒼顏點白，相對增媚嫵。亭既成，栢亦謖謖有喜氣。余戲語坐客曰：「黃鶴歸於此乎？款當名款鶴。」客延目久之，曰：「無鶴，有栢耳。之二栢者待公已久。亭又成於雪中。《語》不云乎：『歲寒，然後知松栢之後凋。』歲寒何如？」余嗒然曰：「善。雖然，無此君，無以相之。」遂益種以竹，而題其顏曰歲寒。噫！雨露亦勤矣。其閱歷之久近，余不得而知之；有所待與否，余亦不得而知之。獨念其蔚乎相扶於朝菌之墟，貫四時而不改，又幸斧斤之屢逃，得至於長以老，乃一邂逅於余，是亦可念已。余既念之深，又念吾亭草創不數弓，材工弗良，覆又不以瓦，其能與爾相壽於無窮耶？噫！亭栢不可相無也。繕完封殖，後日，誰非歲寒亭長乎？是又不得而知之。繫之以詩曰：

會心不在遠，數步江漢明。開荒豈不勞，我僕汗且赬。把酒酬天風，雙栢遙有聲。崢嶸首陽姿，愧此盡瘁情。念爾亦苦心，紅紫聊合併。時拚一日費，買植數寸萌。芳菲信可翫，搖落亦足驚。不如翳把茅，隱几觀平生。徘徊能幾何，王事固有程。尚堅歲寒意，永與雙眼青。他時兩蒼龍，相見白玉京。吾詩亦贅耳，此君在前榮。十二月十八日，廣平程某書。是日也乃立春，積雪滿庭。

《又題歲寒亭》〔註182〕：吾廬不暇理，且復理斯亭。風雨從渠破，雲山送我青。蒼龍千歲質，黃鶴九霄翎。相與成三友，今年聚德星。

吳澄《次韻湖北程廉使訪歲寒亭》〔註183〕：亭在黃鵠山下，有栢一株，竹數莖。黃鶴

〔註181〕《雪樓集》卷14。

〔註182〕《雪樓集》卷27。

〔註183〕吳澄《吳文正集》卷97，清文淵閣四庫全書本。

飛不回，蒼梧乃小住。千年歲寒姿，深藏翳榛蕪。偶然剔荒穢，幽意畢呈露。生本來孤特，疆使此君附。作亭以面之，相對澹無語。雖蒙新知厚，頗若違余素。人間無霜雪，天上有雲霧。政恐挾風雷，一夕化雷去。

在任所到之處，興學校、明教化。翻新已經廢棄廟學、社堂祭祀之地。並新建幼時就學的南院書院。

揭傒斯《行狀》：余如治閩海時，而嚴過之。公所至，尤以興學校，明教化為己任。其在閩海，湖北諸州縣廟學、社稷之久廢及不如制者，咸一新之。南院書院，公幼時常遊處其中，歲久圮陋尤甚，即捐楮幣增修，以為之倡。

《送白敬父赴江西理問》〔註184〕作於大德四年。

按：本篇以邵伯比之白恪，喻白恪決獄政事嚴明。感歎同飲澄江之水，別離之際自是難捨，思念之時，讀詩以寄託。

《送白敬父赴江西理問》〔註185〕：斯人官此孰能知，江漢天成一段奇。南國樹能思召伯，西風塵豈為元規。相看未穩渾疑夢，一笑無何又別離。好泝澄江吾所飲，思君還讀寓齋詩。

袁桷《朝列大夫同僉太常禮儀院事白公神道碑》〔註186〕：大德四年，改江西省理問官，究偽楮獄，得直。

按：《寓齋詩》為白恪父親所作詩集。王逢《讀白寓齋詩有序》中有關於白恪父親的介紹。白寓齋，字君舉，金人。登泰和三年（1203）詞賦第，累遷樞府。與元好問、趙秉文齊名。欒城李治曾為其詩集作序。

王逢《讀白寓齋詩有序》〔註187〕：寓齋，字君舉。金之隩人，登泰和三年詞賦第，累遷樞府。棄官隱居教授，卒。名與元遺山、趙閒閒相頡頏。欒城李治序其詩曰：「龍韜雷厲於紛拏之頃，玉唾川流於談笑之餘。」逢觀其題《靖節圖》有云：「咄哉靈運輩，竟坐衣冠辱。誰知五柳家，春雨東皋綠。」風節可槩見矣。《並錄誄元公八句》：「夢裏薰風湛露歌，花開漢苑舊經過。拾遺老去青春暮，司馬歸來白髮多。橫槊賦詩吾豈敢，短衣扣角夜如何。相逢未盡相思話，草色連雲水碧波。」弟文舉亦登貞祐進士。第贊戎政，著功當時。馮西巖內翰有「科第聯飛光白傅」之句稱擬云。

太白南流昂漸高，樂天退隱擅詩豪。中州河嶽歸元魏，彭澤風煙入晉陶。茅屋不眠歌慷慨，金源回首發鬖騷。當時耆舊皆陳跡，何處青青沼沚毛。

〔註184〕《雪樓集》卷27。
〔註185〕《雪樓集》卷27。
〔註186〕袁桷《朝列大夫同僉太常禮儀院事白公神道碑》，《全元文》第23冊，第584～587頁。
〔註187〕〔元〕王逢《梧溪集》梧溪集卷第四下，清知不足齋叢書本。

　　張乖崖是宋人張泳，在崇陽為官，為民謀利，去任後邑人思其美德，建生祠紀念。張氏生祠建於美美亭，春秋祭祀不絕。後前令作新亭而祠廢。本年，邑長改建社壇於亭前。此程氏重有感於「民社者又可以勉」，因書《重建乖崖祠記》以遺白雲翁使刻之。

　　《重建乖崖祠記》〔註188〕：愛其人以及其所經從，所遊處，彌遠而親，久而益不忘。故覯河洛而思禹，見甘棠如見召伯焉。此一念之真也。乖崖張公有遺愛於崇陽，邑人祠之至今。嗚呼！可感也已。按公之終更而去也，民思之，生祠公於所建美美亭，春秋祭祀不絕。紹聖中，移置淨刹院。紹興，復於美美。隆興二年，邑令陶楙以北峰亭亦公遺跡，乃徙焉，而命梵安浮屠主祠事。郡志云爾。今郡別駕白雲翁介其父老言曰：「美美舊有公祠，前令新亭而祠廢。大德庚子，邑長改建社壇於亭前，因復立之，伐石俣祠。」夫一念之不忘，則窮天地，互萬世而猶存，初不繫辭之有無也。居而惟恐其久，去而猶忌其復來，彼亦人也何，以得此於人哉？有民社者可以鑒矣。仁，人心也。吾以此心，彼獨無是心乎？所謂一念之真也。有民社者又可以勉矣。此吾所以重有感於斯也，因書以遺白雲翁使刻之。

【編年詩】

　　《送白敬父赴江西理問》

【編年文】

　　為作《南豐縣志序》（七月）、作《高峰書院記》（八月一日）、《歲寒亭詩序》（十二月十八日）、《重建乖崖祠記》

元成宗大德五年辛丑（1301）　五十三歲

【時事】

　　一月，奉安昭睿順聖皇后御容於護國仁王寺。四月，調雲南軍征八百媳婦國。六月，汴梁、南陽、衛輝、大名、濮州旱。大都路水。順德、懷孟蝗。七月，御史大夫禿忽赤整飭臺事。八月，平灤路水災，灤、漆、沔、汝河溢，民死者甚多，元廷免其今年田租，並賑濟災民。十一月，減直糶米，賑京師貧民，設肆三十六所，老幼單弱不能自存者，廩給五月。

【事蹟】

　　在江南湖北道肅政廉訪使任上。

　　三月二十九日，作《題楊從善卷後》。

〔註188〕《雪樓集》卷12。

按：大德四年，程鉅夫到湖右，路經吳城山，遇江右書吏楊從善，與之偕行半月。楊從善持卷軸來，祈程氏為其言，程氏為楊氏宅題名「中菴」。楊從善有讀書之所曰竹軒，卷軸中皆為文人韻士歌頌其竹軒的詩文。五年，楊從善遷屬湘南，程氏念於前事及竹之品格，為作此文，並於文中慰問時官湘南的好友盧摯。

《題楊從善卷後》〔註189〕：大德四年秋，蒙恩使湖右。舟至吳城，有儒其體貌者頎然迎拜，曰：「湖右書吏楊從善。」與語，質溫而業廣，意靜而志勤，蓋稱其體貌也。「有字乎？」曰：「希元。」於是攜之偕行者半月。既至，凡抱文書以前者，余一一束以吏事，向之頎然者亦不見其儒矣。然每思盡江行未盡之語而未暇。一日，持卷軸來，祈一言。視之，大夫士歌頌其讀書之竹軒，余乃知所謂稱其體貌，蓋有本源，而竹與軒特筌蹄耳。又請余書大字曰「中菴」。……子今遷屬湘南，行有日，余於竹有所不暇言。湘南，竹鄉也，有賢使君曰疏翁。簡書之暇，子其端拜於庭，請問竹之所以為竹者。五年三月晦前一日，程某書於歲寒亭。

夏，作《崇陽縣社壇記》。

按：鄂州崇陽縣為宋人張泳舊治，時有政績。張泳，號乖崖。大德五年春，程鉅夫來此，觀覽遺跡，見社壇窔陋。便擇善地，俾工匠改築，越三月而成，程氏為作此文。

《崇陽縣社壇記》〔註190〕：鄂屬邑七，崇陽為望，乖崖公舊治，有異政焉。大德五年春，余來觀風，考其遺跡，僅有存者，而社壇窔陋最甚。乃擇善地，示以禮經，俾之改築，越三月而成。其邑長來言曰：「下官魯，不知文。然鄉者，宰邑江山，邑中修營，咸刻石記。今茲之役，尚不可無以寧神，而非公亦無以示遠意者。亦欲如江山刻石，不識可乎？」予曰：「可哉！」雖然，張公之政非一事一物之謂也，張公之政之異非求奇於撫字催科之外也。為邑長於斯者尚其思之。壇四，在美美亭前。東社、西稷，居前；東風伯、西雨師，居後。其制一本於晦庵朱子所定云。達魯花赤馬合馬，尹李謙、主簿高義、府尉孫玉翁日北至。具官程某記並書，承事郎、僉江南湖北道肅政廉訪司事郭貫篆額。

十一月，作《武昌路記》。

按：大德四年，元廷從鄂州守臣安祜賜名「武昌」。五年十一月改鄂州為武昌路。當地人請部使者程鉅夫為之記。程氏為「宣昭遺烈」，為作此文。

《武昌路記》〔註191〕：大德四年某月，鄂州守臣安祜言：「祜幸甚，欽承天子明命，守

〔註189〕　《雪樓集》卷24。
〔註190〕　《雪樓集》卷11。
〔註191〕　《雪樓集》卷11。

此民社。賴國家憲章脩明之力，所守幸以無事。洪惟世祖皇帝肅將天威，寧一方夏，鄂率服，為南國先。地居上游，荊、湘、廣、海之所走集。爰建外省而州仍舊名，殆非所以旌武功，重方鎮也，宜易州為府。敢昧死請。」於是，州上外省，外省諮中書，中書集學士禮官議。咸曰：「鄂，武昌故境，先皇帝駐蹕之地也。克集大勳，寔本於此。請如守臣言，賜名曰武昌。」明年冬十一月，中書以聞，制曰可。即日改鄂州為武昌路。邦人大夫士趨謹族語，共慶大賜，乃合樂於公堂以樂之，而謁於部使者程某曰：「願有記。」具官程某記。

本年，作《摸魚兒‧次韻盧疏齋憲使題歲寒亭》、《感皇恩‧次韻姚牧菴題歲寒亭》。

按：三月底，楊從善赴湘南，程鉅夫作序送行，文中問候「賢使君」疏齋，即盧摯，並託楊從善帶去自己撰寫的「歲寒亭」記文及詩。盧摯於五月二十二日作《摸魚子‧奉題雪樓先生鄂憲公館歲寒亭詩卷》，程鉅夫次韻其作。其後，同樣任職湘南的姚燧「扳疏齋例，亦賦樂章」，作《感皇恩》一詞。冬至，程鉅夫作《感皇恩‧次韻姚牧菴題歲寒亭》。

盧摯《摸魚子‧奉題雪樓先生鄂憲公館歲寒亭詩卷》〔註 192〕：為君歌、歲寒亭子，無煩洲畔鸚鵡。江山勝槩風霜地，要近魯東家住。丘壑趣。應素愛、昂霄老柏孤松樹。登高作賦。想白雪陽春，碧雲日暮，別有倚樓處。金閨彥，尚憶西清接武。年來喬木如許。團茅時復羲皇上，我醉欲眠卿去。歌欲舉。還自悟君亭，琢就瓊瑤句。疏齋試與。倩倚竹佳人，湘弦赴節。涼滿北窗雨。大德辛丑五月廿二日，書於長沙肅政公宇之澄清堂。涿郡盧摯頓首再拜。

程鉅夫《摸魚兒‧次韻盧疏齋憲使題歲寒亭》〔註 193〕：問疏齋、湘中朱鳳。何如江上鸚鵡。波寒木落人千里，客裏與誰同住。茅屋趣。吾自愛、吾亭更愛參天樹。勞君為賦。渺雪鴈南飛，雲濤東下，歲晏欲何處。　疏齋老，意氣經文緯武。平生握手相許。江南江北尋芳路，共看碧雲來去。黃鵠舉。記我度、秦淮君正臨清句。歌聲緩與。怕徑竹能醒，庭花起舞，驚散夜來雨。

姚燧《牧菴詞附》〔註 194〕：捧讀雪樓憲使《歲寒亭記》，擊節之餘，扳疏齋例，亦賦樂章。姚燧再拜。尋丈歲寒亭，何多環侍。煙節雲旄萬青士。旄頭鐵甲，更兩蒼官為帥。落成天雨雪，皆奇事。　不獨玄冬，偏生幽思。六月清風失炎熾，三年轉燭，君去豈無人至。惟應無坐嘯，文章使。

程鉅夫《感皇恩‧次韻姚牧菴題歲寒亭》〔註 195〕：翠節下天來，通明誰侍。地有高齋

〔註 192〕《雪樓集》卷 30。
〔註 193〕《雪樓集》卷 30。
〔註 194〕《雪樓集》卷 30。
〔註 195〕《雪樓集》卷 30。

要名士。相逢恨晚，老矣酒兵詩帥。歲寒同一笑，千年事。黃鶴羈情，暮雲離思。半掬心香火初熾。梅花滿樹，又是一年冬至。政相思恰有，江南使。

本年，作《重修南陽書院記》。

按：南陽書院為宋淳祐中孟忠襄所建。時襄漢受兵，士之流徙者甚多，聚於鄂，孟氏建學館六十間以處，並括田租地贍養，聘賓師、陳俎豆以教，拜祀諸葛亮畫像以表厲其志。程鉅夫幼時觀遊其中，能知孟氏盛心。本年冬，重修南陽書院成。程鉅夫感歎「知恥則學無不成，滅私則事無不集」，為作此文，山長史時敏書於碑陰。程氏並作《題名記》，用紀名氏、歲月於後。

《重修南陽書院記》〔註196〕：大德五年冬，重修南陽書院成。大成殿，楚梓堂，日新、養正、尚志、立本四齋，凡新屋百八十礎。從祀兩廡，武侯祠，鄉先賢祠，尊經閣，凡葺屋百八十八礎。木千有奇，瓦甓十四萬八千，工萬二千二百，而殿之役最大。南陽書院者，宋淳祐中，忠襄孟公所建也。時襄漢受兵，士之流徙者聚於鄂。公立學館六十間以處之，括田租地利以養之，聘賓師，陳俎豆以教之，又肖祀先正諸葛武侯以表厲之，故名。某異時觀遊其中，而知公盛心也。後四十年，以使事來，則藩拔級夷，僑祀夫子於講舍，為之愀然。欽惟詔書表章斯文，冠軼百代，宮墻宗廟，休有烈光，而名具實隳若此，甚不稱聖天子崇儒興學，化民成俗之意也。……知恥則學無不成，滅私則事無不集。……余執事者，山長史時敏書之碑陰，具官程某記。

《程譜》：大德五年辛丑，公重建南陽書院，幼嘗遊習其處。有自作記文。

按：《全元文》16冊540頁有《敕賜南陽諸葛書院碑碑陰》〔註197〕一文，屬誤收。文中所言「學士承旨臣鉅夫文其事」，是追憶程鉅夫作《重修南陽書院記》，即本文。文中出現的年號「至元洎紀之六年春二月」，洎，疑為「後」之誤，刻本「後」多將雙立人刻為水旁，極易令人看錯。「至元後紀之六年」，程鉅夫早已去世。末署「布衣臣設拜手稽首書」，也與程鉅夫高官身份不符。

本年，作《靚淵堂記》。

按：大德四年秋，監察御史完顏公按事海南，道過武昌，程鉅夫始識之。五年，程氏奉使湖廣，又見之。程氏感歎完顏氏強艾之年，退然不以默貴自驕，而以為戒。為彰其品德，作此文。

《靚淵堂記》〔註198〕：監察御史完顏公按事海南，道過武昌，予始識之。承顏接辭，肅而寬，正而不亢，知為愷悌人也，時為大德四年之秋。既事而返，每見益親。又明年，奉使

〔註196〕《雪樓集》卷30。
〔註197〕《全元文》第16冊，540～541頁。
〔註198〕《雪樓集》卷30。

湖廣，語者彌月，前之所見益信不誣。……予曰：「噫！知足不辱，知止不殆。……今君以強艾之年，退然不以默貴自驕，而以為戒。……詩云：『不競不絿，不剛不柔。』君其有焉。堂成，請以是為記。」君小字拜都，服勤中外，多歷年所。不務赫赫名，不為容容計，而其所就則已加於人倍蓰矣。然人罕能知之。海南之事近，故尤著云。

本年，朝廷授吳澄應奉翰林文字、登仕郎、同知制誥兼國史編修官。

《吳澄年譜》〔註199〕：（大德）五年辛丑，詔授應奉翰林文字、登仕郎、同知制誥兼國史院編修官。朝廷有詔起公出仕，公不欲赴。董忠宣公時為御史中丞，特遣書起。公應召，仍不赴，復董中丞書。六年壬寅，八月壬戌，戒行十月丁亥，至京師。

【編年文】

《題楊從善卷後》（三月二十九日）、《崇陽縣社壇記》（夏）、《武昌路記》（十一月）、《重修南陽書院記》、《靚淵堂記》

【編年詞】

《摸魚兒·次韻盧疏齋憲使題歲寒亭》、《感皇恩·次韻姚牧菴題歲寒亭》。

元成宗大德六年壬寅（1302） 五十四歲

【時事】

一月，江南僧石祖進告朱清、張瑄不法十事，命御史臺詰問之。二月，京師民乏食，元廷命省、臺委官計口驗實，賑之。四月，朝廷詔赦雲南諸部蠻夷。五月，太廟寢殿遇災。六月，建文宣王廟於京師。

【事蹟】

在江南湖北道肅政廉訪使任上。

冬，元廷任湖廣行省都事續好古為監察御史。程鉅夫知其自期於古之真御史。臨別，作《送續好古赴監察御史序》。

《送續好古赴監察御史序》〔註200〕：大德六年冬，中除湖廣行省都事續君為監察御史。聞之者咸曰：「真御史也！」古有所謂真御史矣，或批逆鱗，或鋤大奸。眾不敢為而獨為之，故莫不犁然心服，而謂之曰真御史。今朝廷之命續君也，人初聞之，而君亦始受之。咸言然者何？廣平程某曰：「然，是可以為御史矣。」抑豈獨御史哉？世有德不足以居，才不足以行，而徒位民上，是皆非所宜得，與私取而陰據之者無異也，故臧文仲為魯大夫，夫子猶謂之竊位……予

〔註199〕《吳澄年譜》。
〔註200〕《雪樓集》卷14。

亦喜而不寐，於其行，書以識別。

本年，作《鄂州路新社壇記》。

按：宋淳熙十年，於荊部大邦鄂地築社壇，朱熹為之作《記》。大德四年春，總管安祜於當地為政，首勤於民。修葺社壇，第二年社壇築成，請程鉅夫作記。程氏感念國家委寄者、人民之所生息者在社壇，為作此文。

《鄂州路新社壇記》〔註201〕：入其都邑，視其民人、社稷，其政可知也。鄂為荊部大邦，社稷之祀宜嚴以顯，而顧弗然。蓋自宋淳熙十年更築，新安朱子為之《記》。《記》石故在，而地久入浮圖。郡吏相承綿蕝，望祭於是。歲比不登，民多流冗。大德四年春，總管安侯祜以妙柬來，首勤於民。民鄉治矣，則與部使者謀築新社。予為之行視，得地於城東北隅，高明夷曠，面勢具宜，乃屬徒就事。越明年，成。其數度悉本朱子所記，且肇樹其石齋廬東，又請予記。予惟國家之所委寄者在是，民人之所生息者在是，可弗重歟？守者眾矣，侯獨能知之。聖人先勤民而後致力於神，侯又能承式之，可尚也已。謹書其事，以為受民社者勸。侯有風裁，屢冠多冠，故所為類非俗吏所及云。具官程某記並書。

【編年文】

《送續好古赴監察御史序》、《鄂州路新社壇記》

元成宗大德七年癸卯（1303）　五十五歲

【時事】

一月，元廷禁河北、甘肅、陝西等郡釀酒，並令樞密院選軍事習農業者十人教軍前屯田。六月，以蒙古軍萬人分鎮險隘，立屯田以供軍實。七月，元廷禁僧人以修寺宇為名，齎諸王令旨乘傳擾民。八月，元廷罷護國仁王寺元設江南營田提舉司。地震，人民壓死不可勝計，遣使分道賑濟。

本年，京師建孔子廟成，並於其側建國學。

【事蹟】

春，程鉅夫準備返歸京師。

《程譜》：是年冬，代歸。

按：十月，程鉅夫為王申子《大易輯說》作序。盛讚吳澄在易學方面的精湛造詣，王巽卿在此方面也有不凡的成就。〔註202〕

〔註201〕《雪樓集》卷11。
〔註202〕可參見武昌路儒學皇慶二年刊行王申子《大易輯說》10卷條。

《大易緝說序》〔註203〕：《易》晦於九師，褻於卜筮。言《易》者何紛紛也。深者遂為古奧難測之書，淺者又如墻壁勸誡之語。象數義理，幾於不相為用。學者徒能習其辭，罕究其蘊，而《易》遂虛矣。予所識知，毋慮十數家，言人人殊。獨吾友吳幼清最為精詣，往往出人意表。今見王君巽卿《緝說》，確然粲然者也。夫乾以易知，坤以簡能。乾坤毀則無以見易。欲知《易》，固自乾坤始。欲知乾坤，必先知易簡之用。王氏淵源之學，其幾是乎？惜幼清方留燕山，不得相與探賾其說，且印吾言之是否也。姑著之篇閒，以為異日張本。大德七年良月朔廣平程文海書。

本年，秩滿，準備歸家。

何中《程公行狀》：七年癸卯，秩滿，還家。

本年，湖北連年受災，程鉅夫賑濟因貧病難以生存之家，因此而得救濟者甚多。

《程譜》：大德七年癸卯，公年五十五歲。湖北連年大祲。公以公田祿入悉賑貧病之不能存者，惠濟甚眾。

本年，張伯淳（1243～1303）去世，程鉅夫作《翰林侍講學士張公墓誌銘》哀悼。

《翰林侍講學士張公墓誌銘》〔註204〕：大德七年五月癸巳，翰林侍講學士清河張公卒於京師……至元二十三年，某以侍御史受詔，選士南方……嗚呼！今二十年矣，豈謂當執筆銘公之墓也！

本年，吳澄離京。

《吳澄年譜》：（大德）七年癸卯，春，治歸。五月己酉，至揚州。

【編年文】

《大易緝說序》（十月）、《翰林侍講學士張公墓誌銘》、《送續好古赴監察御史序》、《武昌路學修造記》、《忠武侯祠亭記》

元成宗大德八年甲辰（1304） 五十六歲

【時事】

一月，平陽地震。二月，翰林學士承旨薩里蠻進金書《世祖實錄節文》一冊、《漢字實錄》八十冊。春，辛文房撰《唐才子傳》成。六月，翰林學士王惲卒。十月，安南遣使入貢。

〔註203〕〔清〕徐乾學、納蘭成德輯編《周易輯說》卷首，通志堂經解本。
〔註204〕《雪樓集》卷17。

本年，實行國子貢試法。增加蒙古國子生員一百人，選擇宿衛大臣子弟擔任。

【事蹟】

居旴上。

按：旴上即旴水岸邊。旴水即旴江，發源於江西廣昌驛前血木嶺，流經廣昌、南豐、南城、臨川、進賢、南昌。在南昌滕王閣附近匯入贛江。廣昌段稱旴江，南豐段稱旴江或旴江，南城段稱旴江。

三月初，作《藏室銘並序》。

程鉅夫《藏室銘並序》〔註205〕：讀書名山，古人之事也。三島之藏室，老氏之藏也。三谷之藏室，程氏之書之藏也。藏之云乎，亦讀之云乎。銘曰：前數千載在方策，如見其人。後數千載有方策，此心此身。孰不靈於物，乃謂席珍。孰匪秉彝，而曰覺斯民。吾愛吾廬，豈以專壑。讀書名山，尚友先覺。方丈瀛洲，玉室金堂。遠莫致之，吾有華岡。插架非藏，占畢非讀。諮爾朋來，問津三谷。大德八年歲在甲辰暮春之初，華岡子書。

三月，作《青田書院記》。

按：陸九淵世居青田，陸氏先祠中遭寇燬，星分瓦解。至元二十三年，程鉅夫以侍御史將旨江南，過金溪，顧瞻遺址，閔然興懷，欲郡縣修復，未成。大德五年，陸九淵孫陸如山謀於諸賢士大夫，重為修築陸氏先祠。眾咸義之，為助其費。祠堂既成，扁曰青田書院，請程氏為之記。程氏為作此文。

《青田書院記》：道不繫於地也，然由跡以知其事，沿事以見其人，使後之學者有所觀慕感發，則地亦若與焉者。此青田書院之所為作也。謹按，陸氏居青田，至象山文安公時，已十世不異纍。先代復其賦，表其閭。文安公兄弟又以道德師表當世，而青田陸氏聞天下。中更寇燬，星分瓦解，陸氏先祠亦不能屋矣。至元二十三年，廣平程某以侍御史將旨江南，過金溪，顧瞻遺址，閔然興懷。鄉之耆舊咸請復其家，且建三陸先生祠。遂以語郡。郡下之縣，縣無其人，文書苟具。大德五年，公諸孫如山慨然謀諸賢士大夫，且懷牒郡庭以為請。眾咸義之，為助其費。適縣令尹張居懌政最方茂，有志斯文，欣然自以為功，乃即義居故址，創屋數十間。春秋有祠，講肄有堂，廡門室房略備，扁曰青田書院，而請某為記。……是役也，以七年二月建，十月成。明年三月記。

暮春，作《龔氏捨田記》。

按：旴江城中善男信女龔有富，與妻陳氏妙靜發善心，詣大景德寺僧伽塔廟，願買稻田供養十方三寶，結緣福德。程鉅夫有感於此，作《龔氏捨田記》。

〔註205〕《雪樓集》卷23。

《龔氏捨田記》〔註206〕：旴江城中有善男子，名曰龔有富，與妻陳氏妙靜發阿耨多羅三藐三菩提心，詣大景德寺僧伽塔廟，合掌恭敬而白佛言，願買稻田，布施常住，供養十方三寶，結緣福德，使過去、見在悉得安穩快樂。作是念已，有富命終。妻子、眷屬持田及券授比丘可仁已，稽首於白雪道人，請現宰官身而為說法。道人為說偈言……道人說是偈已，捨田、受田僧俗眷屬皆大歡喜，信受奉行。大德八年暮春初記。

五月，作《大德重刊元豐類藁序》。

《大德重刊元豐類藁序》〔註207〕：南豐先生之故里本邑也，異時，邑於旴，民猶以汲汲告進而郡焉，汲汲可知已。故長於斯者，循簿書期會之文而無害己謂之能，已足以獲乎下。今郡猶故也，簿書期會未之有改也，而能刊先生之文於校官，此其於民必有裕之者矣……為州者誰乎？東平丁君德謙也。……然則觀先生之文，當觀先生之實。此又讀《元豐類藁》所當知者。大德八年歲在甲辰夏五，廣平程某序。

夏，吳澄子吳士一進書，言其將新建讀書之地名為「正中堂」。程鉅夫念吳澄方客淮海，不得共此朝夕，聞其孫之言，亦足以慰，為作《正中堂記》。

《正中堂記》〔註208〕：大德八年之夏，時暑早熾，余方坐白雪，歌《南風》，命此君為歲寒之曲。顧有一士在門，視之，吾幼清之子士一也。〔註209〕

秋，建居室於旴江城西麻源第三谷，藏書數千卷。匾額為「程氏山房」，左邊題「三賢祠」，用來祭祀父親和兩位叔叔，有牟巘的記文和臨川鄭松圖志。該地便為晉所謂華子崗。

《甲辰秋三谷山房落成次入韻》二首〔註210〕：隨牒年年東復西，歸來結屋傍叢祠。詩書何地不千載，山水於人有宿期。傳後莫忘初葉祖，落成恰是菊花時。君看石上晉人字，一一琳琅金薤垂。書是先人屋壁藏，牙籤重理鎮山房。一爐香火見尊祖，百世兒孫尚肯堂。著在名山期眾共，向來遺愛豈民忘。詩成難盡意中事，石磴蒼蒼潤水長。

《程譜》：大德八年甲辰，公年五十六歲。是年秋，公築室於旴江城西麻源第三谷，建閣藏書數千卷。匾曰「程氏山房」。復作「三賢祠」於左，祠孝肅、宣慰、侍讀三公。其地即晉人所謂華子岡者。有自作藏室銘並陵陽牟巘記文、臨川鄭松圖志。

有關「程氏山房」，延祐三年七月，袁桷作文《七觀》。其後，趙孟頫為作《七觀跋》。

〔註206〕《雪樓集》卷12。
〔註207〕《雪樓集》卷14。
〔註208〕《雪樓集》卷12。
〔註209〕《吳澄年譜》記載吳澄與大德四年六月作中正堂於咸口之源。
〔註210〕《雪樓集》卷28。

　　袁桷《七觀》〔註211〕：桷不佞，遺諜守儒，號東南故家。志學之歲，先子命繕治書錄。觀史志略錄部第，時見舛雜。稍長，得博考先賢藏書總目，矻矻三十年，合傳短長，廼成一家。承旨程公作藏書山房於麻源三谷，命桷賦之，遂作《七觀》，極道源委。延祐三年歲在丙辰七月癸丑，會稽袁桷志。

　　趙孟頫《七觀跋》〔註212〕：《七觀》者，翰林待制袁公桷之所作也。何為而作也？翰林承旨程公請老而歸，袁公作此以送之也。送程公之歸，而不及乎執手傷離之情，顧乃鋪張組織，細大靡遺。何其勤且博也！蓋自枚生始作《七發》，魏晉而下，往往追蹤躡影，誇奇斬麗。才高者干雲霄，學博者漲溟渤，後之學者絕響久矣。公之此作因事以發其辭，引類而極其理，將馳騁乎漢魏，超軼乎班揚，非夫貫通三才，博綜百家，疇能縝密宏辨若斯其美也。僕雖衰老目昏，不覺援筆為書一通。若袁公不以筆剷之陋刻諸堅石，庶幾詞翰相須之義傳之天下後世，以為美談云爾。

十一月，元廷召拜翰林學士知制誥同修國史。

　　《行狀》：八年，召為翰林學士、知制誥、同修國史。

　　《程譜》：冬十一月，召拜翰林學士知制誥同修國史。

十二月，元廷授官翰林學士、知制誥、同修國史，散官如故。

　　何中《程公行狀》：上思用舊臣，八年甲辰十二月，召除翰林學士、知制誥、同修國史，散官如故。

　　《程譜》：十二月，為翰林學士，商議中書省事。

　　《元史本傳》：八年，召拜翰林學士，商議中書省事。

南湖書院起於宋季，原於藩臣，來者養而教之。歲久而敝，繼之以燬。大德五年春，程鉅夫俾經營之。大德八年，山長趙某又請程氏改新，程氏為作《南湖書院記》。

　　《南湖書院記》〔註213〕：南湖書院者，起於宋季，原於藩臣。屋數十楹以為居，祀七賢以為望，田數百畝以為食。來者養而教之，意甚美也。歲久而敝，繼之以燬，田侵業荒，幾無南湖書院矣。大德五年春，予行，春至其邑，乃俾經營之。越三年，其山長趙某來言曰：「書院敝矣，非公言莫能改新。今講肆、齋房、門廡與夫七賢祠咸以就緒。念締創之不易，傳守之無常，凡紀今勉後，非金石莫可，而無辭以刻。敢請。」予為之言曰：「文武之道在人，非徒入而櫺星，而大成，而高堂，而修廡之謂學也。然實既陋，而文則又然，是無以稱清時右文之盛意。此其所以必葺也。

〔註211〕袁桷《清容居士集》卷24，四部叢刊景元本。

〔註212〕趙孟頫《松雪齋集》卷10，四部叢刊景元本。

〔註213〕《雪樓集》卷12。

【編年文】

《藏室銘並序》（三月）、《龔氏捨田記》（三月）、《青田書院記》（三月）、《大德重刊元豐類槁序》（五月）、《正中堂記》（夏）、《南湖書院記》

【編年詩】

《甲辰秋三谷山房落成次人韻二首》（九月）

元成宗大德九年乙巳（1305） 五十七歲

【時事】

二月，元廷令御史臺、翰林、集賢院、六部於五品以上，各舉薦三人，行省、行臺、宣慰司、廉訪司各舉五人。六月，朝廷立皇子德壽為皇太子。十月，御史臺臣請增官吏俸祿，命與中書省共議之。十二月，皇太子德壽去世。

本年，太平路儒學刊行《漢書》一二〇卷。

【事蹟】

三月三日，程鉅夫於盱江城西麻源第三谷舉辦燕集。當時參與「第三谷宴藏書山房白雪樓」燕集的主要士人有牟巘、鄭松、揭傒斯、何中、曹璧等人。揭傒斯為這次文人雅集所作的第二組詩歌是《遊麻姑山五首並序》，包括《雲關》、《飛練亭》、《湧雪亭》、《三峽橋》四首。在同題詩序中，揭傒斯有關於這次出遊和雅集緣由、經過。

按：揭傒斯說「居盱上二年矣」，又知程鉅夫於大德八年（1304）居盱上，知本次宴集於大德九年（1305）三月三日。〔註214〕

〔註214〕 李夢生的論文《〈元史〉正誤二例》（《杭州大學學報》，1984年第2期）指出了《元史》、《新元史》所記載程鉅夫召拜翰林學士之年皆誤。李夢生在考證揭傒斯《揭文安公全集》（豫章叢書本）卷七《病中初度盱江嚴仁安周仕雅歐陽伯誠周伯達臨江陳道之盧陵彭宗建鄉友熊可大張伯貞九原陳伯豐各以歌詩見貽而楚國程文憲公之孫敬甫獨寵以百韻僕故程公客也俯仰今昔慷慨繫之次韻奉酬並呈諸君子》詩的自注：「大德五年夏，同臨川樓道與叔侄始拜文憲公（程鉅夫諡號）武昌憲府。……予自大德七年冬還自長沙，公亦自武昌謝病歸。明年，留予訓子大本。九年春，室人李氏沒；秋，公入為翰林學士、商議中書省事」，得出結論：程鉅夫被召在大德九年。而非《元史》卷一七二《程鉅夫傳》所說的「八年，召拜翰林學士、商議中書省事」，以及《新元史》卷一八九《程鉅夫傳》「八年，召為翰林學士……明年，加商議中書省事」。後又用揭傒斯《遊麻姑山》小序來佐證上述記載的訛誤之處。據此可知，寫詩之時為大德九年八月十二日。

　　揭傒斯《奉陪憲使程公遊麻原第三谷宴藏書山房白雪樓時三月三日》〔註215〕：湖北憲

使程公間居旴上二年矣。五月二十日詔，詔拜翰林學士。又十日，公與使者及諸客同遊麻姑山，

輒以覽歷所止，賦詩五首。明公富暇豫，勝日懷登臨。蹀躞聽馬行，窈窕幽人心。懸厓響晴雨，

奔流濯春陰。雲門轉絕壑，畫橋貫長林。拂石慨往運，聞鍾知古音。耆松有百圍，突嶂踰萬尋。

小憩釣魚臺，聿瞻華子岑。捫蘿入縹緲，側徑臨蕭森。白雪百尺樓，下有孤猿吟。初筵俯曾顛，

微風散危襟。笑語信忘我，觥籌浩難任。豈不念永留，惘然歸思深。

　　《雲關》：君子荷初服，恩至若無榮。穆穆芳雨散，悠悠蒼山行。危關擁霧黑，術綠雲青

苔。蘚滑如積杉，松窅宜冥時。負苓翁忽聞，流水聲舉足。向益高矯然，退徵徒各忘，倦矧彼

高人情。

　　《飛練亭》：神工擲天紳，掛之兩崖間。萬古輸不盡，誰能測其端。勢割山石愁，氣挾草

木寒。安得天風吹，繫彼日月還。麻姑綠雲髮，　　黝長不殘。

　　《湧雪亭》：泉源出地底，仰向雲中行。攀厓瀉千犬，亂石皆騰獰。風霆日夜急，雨雪虛

空明。不有神物扶，茲山應久傾。噴薄側飛鳥，砰鍧愁百靈。仙家信為好，喧眄何由平。

　　《三峽橋》：兩山束飛橋，下塹不測淵。誰開萬尋鐵，逗此無窮泉。淙淙輥空曲，汹汹投

奔川。陽光下照之，忽作龍騰天。常恐桑田變，中有瞿塘船。

　　何中也是參與燕集的雅士之一，為作《程氏山房燕集是麻源第三谷》。

　　《程氏山房燕集是麻源第三谷》〔註216〕：芳村暖微煦，眾岫分餘煙。逶迤望遠壑，趣

得心轉延。洞開石扇庂，礧砢澩流喧。居人隱古俗，香氣通幽禪。艷綠度畫梁，語笑相後先。

飄飄縱飛屜，松聲正鏘然。窈窕山曲弟，麗搆朝霞鮮。勳庸在廟廊，傑閣儲芸編。緬懷康樂公，

奇蹤此周旋。詎知有今夕，聯集玉堂仙。羣鵠亦與喜，共舞芳尊前。無情尚相感，矧當後諸賢。

暢飲抱真適，遠心寄微言。茲遊即千載，湛輩期俱傳。

　　去年十一月，程鉅夫除翰林學士。本年五月，元廷命下促行。

　　吳澄《晉錫堂記》〔註217〕：大德八年十一月，廣平公除翰林學士。九年五月，命下促

行。

　　五月，曾衝子去世。程鉅夫為致其悼念之情作《僉福建提刑按察司事曾公

墓誌銘》。

　　《僉福建提刑按察司事曾公墓誌銘》〔註218〕：大德九年五月某日，以疾終，得年七十

有八。

〔註215〕揭傒斯《揭文安公全集》卷4，四部叢刊景舊鈔本。
〔註216〕何中《知非堂稿》卷2，清文淵閣四庫全書本。
〔註217〕見楚國程文憲公雪樓先生五世孫行在吏部郎中南雲家藏墨蹟。
〔註218〕《雪樓集》卷17。

六月，加商議中書省事。

《神道碑》：加商議中書省事。

《程譜》大德九年乙巳，夏六月，加商議中書省事，專使驛召赴闕。

八月，中和堂西建成新堂，以朝廷新賜官職為斯堂榮耀，名曰「晉錫」。吳澄感繕營私室時，天恩適至，於八月二十五日作《晉錫堂記》。

吳澄《晉錫堂記》：大德八年十一月，廣平公除翰林學士。九年五月，命下促行。行有日，乃八月甲申。治子舍於中和堂之西偏，將俾中子、少子行昏禮於其間。晨鳩工，未逾時，再命下。使及門，命云：仍翰林學士、議中書事。馳驛赴闕，正從馬四疋。於是郡邑之長屬、閭里之耆倪、遠近內外之友親咸集，舉手賀曰：「公之位朝，著被寵光，其素也。今以儒臣預政，前所未有。是不為公一家賀，為天下賀。」越十日，新堂成，於是侈上之賜以為斯堂榮，而名之曰「晉錫」。吳澄曰：晉卦正體之象二，上離下坤，坤順之臣進而近離明之君也；互體之象二，中坎中艮，少二男蕃育於君臣際會之時也。公方繕營私室，為其子承家嗣親計，而天恩適以是日至，夫豈偶然之故哉？蓋天之祐忠賢，非立於其身，於其子孫綿綿延延百世未艾者，其符如此。公之晉與齊桓之觀否、魏畢萬之屯比實同其吉，請以齊魏之占贊公之名，可乎？堂之前曰「朝暉閣」，離之大明初出也；後曰「衍慶樓」，坤之厚德無量也。合之亦為晉。公曰：「子其善頌者與？」書以為記。是月廿五日，將仕郎、江西等處儒學提舉司副提舉臨川吳澄記。

冬，到大都。

《程譜》：秋八月，公拜命，作「晉錫堂」於家，吳文正公記之。冬，至京師。

【編年文】

《僉福建提刑按察司事曾公墓誌銘》

元成宗大德十年丙午（1306）　五十八歲

【時事】

三月，道州營道等處暴雨，江溢山裂，溺死者眾多。五月，元廷遣高麗國王王昛還國，仍置征東行省鎮撫之。十月，吳江州大水，民乏食，發米萬石賑之。戴表元自信州任上歸。十二月，成宗寢疾，禁天下屠宰四十二日。

本年，元成宗下詔在大都修建的孔廟完成。

【事蹟】

在大都。

清明，王敬甫謁告歸杞，且省其親。學士承旨閣復率同僚賦詩餞之，請程

鉅夫為之序。程氏為作《送王敬甫都事歸省詩序》。

　　《送王敬甫都事歸省詩序》〔註219〕：大德十年清明，謁告歸杞，且省其親。春日遲遲，花柳迎路，樂矣哉，敬甫之心歟？上堂起居，內外交賀，樂矣哉，敬甫二親之心歟？世無善畫，孰能寫其形容？學士承旨靜軒先生率同僚賦詩以餞之，而俾廣平程某序之。

　　春，奉旨撰世祖《平雲南碑》。文章寫成，元廷賜伊蘇岱爾刻石點蒼山。

　　程鉅夫《平雲南碑》〔註220〕：國家繼天立極，日月所照，罔有內外。雲南，秦漢郡縣也。負險弗庭。乃憲廟踐祚之二年，歲在壬子。我世祖聖德神功文武皇帝以介弟親王之重，授鉞專征。秋九月出師，冬十二月濟河，明年春歷鹽夏。夏四月，出蕭關，駐六盤。八月，絕洮，踰吐蕃，分軍為三道。禁殺、掠、焚廬舍，先遣使大理招之，道阻而還。十月，過大渡河。上率勁騎，由中道先進。十一月，渡瀘，所過望風款附。再使招之，至其國遇害。十二月，傅其都城。城倚點蒼山、西洱河為固。國王段興智及其柄臣高泰祥背城出戰，大敗。……而繫之詩曰：

　　於皇維元，載地統天。大噫小噓，曰寒以暄。粵西南陬，水駛山嶒。風霆流形，氣交神州。跂息蠕蠕，勾萌鮮鮮、谷飲巢居，燕及跕鳶。繄誰之恩，聖祖神孫。武烈文謨，淪祓生存。既有典常，被之服章。我吏我民，我工我商。萬國一家，孰為要荒。點蒼蒼蒼，禹跡堯牆。井鉞參旗，終夜有光。威不違顏，作善降祥。嗟爾毫倪，視此勿忘。

　　《元史本傳》：雲南省臣言：「世祖親平雲南，民願刻石點蒼山，以紀功德。」詔鉅夫撰其文。

　　《程譜》：大德十年丙午，春，公奉旨撰世祖《平雲南碑》。文成，賜其省臣伊蘇岱爾刻石點蒼山。

　　夏，天大旱，程鉅夫應詔奏議致災弭災之策，其上書有五條：敬天、尊祖、清心、持體、更化。

　　《議災異》〔註221〕：中書省臣欽奉聖旨，以恒暘、暴風、星芒之變，同御史臺、集賢、翰林院會議者，竊惟事有本末，政有後先。摭其本與先者言之，其略有五：一曰敬天，二曰尊祖，三曰今特清心，四曰持體，五曰更化，具列於後。

　　一敬天

　　天育萬物，不能自理，乃立之君以主之。故君者，所以代天育物也。惟明君能知天監在上，赫赫甚邇，凡一語動、一政令，罔不兢兢業業，思合天則，期當天心。若論官，則曰「天命有

〔註219〕《雪樓集》卷14。
〔註220〕《雪樓集》卷5。
〔註221〕《雪樓集》卷10。

德，五服五章」，不敢乘一時之喜怒而輕予奪之也。若論刑，則曰「天討有罪，五刑五用。」不敢因一時之喜怒而出入之也。凡事如此，謹守勿失。於是，陰陽和，風雨時而萬物育，天相之也。乃若政令之或爽天，必出災異以儆之。而儆之者，所以仁愛人君，欲其久安長治，而萬物得其育也。故明君遇此，則必省躬以知懼，昭德而塞違。誠格政修，天意乃得。於是，災變弭而和氣復矣。故雖堯湯之世不能無水旱，而卒以無害者，堯湯用此道也。

一尊祖

自古帝王創建國家，無不自艱難而得之。而傳之子孫，猶菑畬者之望播獲，作室者之待堂構也，夫固不易哉。我太祖皇帝起自朔方，身歷百戰，收附諸國。惡衣菲食，櫛風沐雨，何如其辛勤也！世祖皇帝親歷行陣，心籌計劃，恭儉敬畏，以有天下，混一南北，何如其辛勤也！主上以仁明天縱之聖，紹膺景命，蓋常以此存心，思祖宗開基業之不易。而遇是儆也，固益兢兢業業。用一財，則必曰：此民力也，自祖宗艱難而得之也，豈可輕用。官一人，則必曰：此國柄也，自祖宗艱難而致之也，豈可輕與。動靜整敕，每事如此，則百司自然供職，庶政自然脩舉。祖宗在天之靈必皆歡悅，而天佑響答，福祿日臻邦基益固矣。

一清心

心者，一身之主，而萬事之本也。夫目之於視，耳之於聽，口之於言，手之於執，足之於履，皆惟心之所使。心得其正，則接物臨事之際，視、聽、言、動皆得其正，而無有繆誤乖戾之患。況四海之廣、萬幾之微皆仰治於一人，而一人之所仰者，非惟心乎？蓋水必止乃可以涵物象，鏡必明乃可以別妍醜。故帝王貴清心。清者，靜一不遷之謂也。若聲色之娛、飲宴之樂，所不能無，尤當節適，使不至撓吾心之清。心清則四海之廣無不燭，萬幾之微無不察。光明洞徹，不言而信。讒諛不得施，邪偽不敢前。百官有司各安其職，無有撓格之患。則法制流行，紀綱振舉，災變息而天下治矣。《語》曰：「本立而道生。」故帝王以清心為本，實總攬權綱之要道也。

一持體

事莫不有體。體者，得其要之謂爾。人君任宰輔以馭百官，守法度以信萬民，斯其體也。若乃任一小官，罰一小過，有司之事耳；而人君親之，則有司懼矣。夫上下正，政令壹，賦斂以時，用度有節，賞罰必信。此天下之守也。而朝行夕改，守無所止，則臣下恐懼，皆思為己，而怠其所職，殃害及民，民怨讟不免，而或召災異。故為君之道在乎持大體，先有司。裁制予奪，必信必一，則雍熙之治可坐而致，何災異之有哉。

一更化

《傳》有之：「琴瑟不調，甚者必解而更張之。為政不行，甚者必變而更化之。」今有司所甚患者曰財用不足，曰選法撓亂，曰官府不治三者而已。改玄更張，此其時也。蓋亦思其所

由乎？財用不足，豈非所入者有限，所出者無窮與？選法撓亂，豈非賢不肖混淆，越格者多而非格者不少與？官府不治，豈非賞罰不明，而名節素不勵與？宜敕有司詳校一歲錢穀所入幾何，所出幾何。若所出皆為當出，則財之不足將無法可理；若猶有不當出而可以己者，如不急之營繕、無名之賜予，據其名件，一皆止之，則財用必足矣。又詳校銓選，除合格外，越格與非格者幾何。任回，量其根腳功過；定奪，仍原其所由跡轍。一禁絕之，則選法必行矣。官府之制，上下、內外相維相資，各有條理。果皆得人，何有不治。然人材不齊，善惡必有，故賞罰立焉。若善者當賞而不賞，惡者當罰而不罰，則善者變而為惡，而惡者狃而益甚。又如犯至不敘大罪也，而或巧圖復用。老病謝事，常理也，或戀不忍去。至有貪欺害民，善於自蔽，不即敗露。上官不以審，風憲不以察，因習成風，不知有恥。治何由興？宜嚴敕省臺，公賞罰，勵名節，由京朝始，則官府自治矣。凡此三者，更化之大略也。三者果更，民力必紓，人材必多，祥瑞必集，國勢必隆。然非更之之難，行之之難也。非行之難，守之之難也。惟聖天子以敬天、尊祖、清心之德，守而行之，又何難哉。

《神道碑》：集議恒暘暴風之變，公承詔上言五事，其目曰敬天、尊祖、清心、持體、更化，皆切中時病。

《程譜》：夏，亢旱，暴風星變，公應詔集議致災弭災，其目有五：曰敬天、曰尊祖、曰清心、曰持體、曰更化。

《元史本傳》：十年，以亢旱、暴風、星變，鉅夫應詔陳弭災之策，其目有五：曰敬天，曰尊祖，曰清心，曰持體，曰更化。帝皆然之。

十月，為元成宗生日作《天壽節中書省賀表》。

《天壽節中書省賀表大德丙午》〔註 222〕：誕開熙運，合九五以毓乎聖神。丕衍鴻圖，撫億兆而膺乎壽富。欣逢華旦，喜溢中秋。中賀欽惟皇帝陛下，大德體元，玄功致泰。無為而治，猶勤典禮之修。不令而行，益廣恩言之布。當千齡之慶會，得萬國之懽心。臣等幸列臺衡，光依宸極。河清海晏，龍飛常御於中天。星拱雲從，虎拜敢先於率土。〔註 223〕

冬，在京師識蕭從周。

《送蕭從周序》〔註 224〕「大德十年冬，（蕭從周）識（程鉅夫）於京師。」

【編年文】

《送王敬甫都事歸省詩序》（四月五日）、《平雲南碑》（春）、《議災異》（夏）、《天壽節中書省賀表大德丙午》（十月）

〔註 222〕《雪樓集》卷 4。
〔註 223〕元成宗字兒只斤・鐵木耳：1265 年 10 月 155 日～1307 年 2 月 10 日。
〔註 224〕《雪樓集》卷 14。

元成宗大德十一年丁未（1307） 五十九歲

【時事】

正月八日，成宗鐵木耳在玉德殿去世，在位十三年，年四十二。五月二十一日，順宗長子、成宗侄海山即皇帝位，是為武宗。七月，加封至聖文宣王為大成至聖文宣王。十二月二十九日，詔改大德十二年為至大元年。升集賢院秩從一品。

【事蹟】

十月，授官山南江北道肅政廉訪使。復留為翰林學士。

《神道碑》：十一年，授山南江北道肅政廉訪使。復留為翰林學士。

何中《程公行狀》：十一年丁未十月，除山南江北道肅政廉訪使。公將就道，上命留公。

《程譜》：大德十一年丁未，公年五十九歲。十月，拜山南江北道肅政廉訪使。

《元史本傳》：十一年，拜山南江北道肅政廉訪使，復留為翰林學士。

十二月，武宗授其官職為翰林學士、正奉大夫、知制誥、同修國史、商議中書省事。

《神道碑》：加正奉大夫。

何中《程公行狀》：十二月，再除翰林學士、正奉大夫、知制誥、同修國史、商議中書省事。

《程譜》：十一月，武宗即位，素熟公名，留為翰林學士、知制誥同修國史，商議中書省事，特加正奉大夫。

避元武宗海山諱，以字行。

《程譜》：公避御名以字行。

本年，程鉅夫扈從上都。暇日與倪仲寶語，因及吏治。倪仲寶請為之文，程氏為作《安仁縣新公署記》。

《安仁縣新公署記》〔註 225〕：大德十一年，扈從上都。暇日與安仁倪君仲寶語，因及吏治。予以為束皂隸，簡追胥，布德化於獄訟，寓撫字於徵科，有一於此，亦足賢已。……予曰：「然。嗟夫！望其車服而心革，念其所嘗芘而相戒勿犯。美矣！俗習之良，而彼亦何以得此於民哉？司牧者不得不思，乃揆其終，則亦父老之事也。」仲寶曰：「唯。父老政願記署之成，請因以告而刻之，」邑大夫常山趙某。主簿，東陽葉某。

【編年文】

《安仁縣新公署記》

〔註225〕《雪樓集》卷12。

元武宗至大元年戊申（1308）　六十歲

【時事】

二月，元廷立皇太子衛帥府。發軍修五臺山佛寺。貫雲石《孝經直解》問世。三月，元廷令漢天師張與材來朝，加金紫光祿大夫，封留國公。詔命翰林國史院纂修順宗、成宗《實錄》。五月，元武宗應允御史臺臣建議，建國子監學。七月，雲南、湖廣、河南、四川盜賊竊發，元廷用心撫治。九月十二日，趙孟頫序郝天挺注《唐詩鼓吹》。

本年，元武宗即位後派御史大夫鐵古迭兒到南郊告祭天地。這是元代皇帝即位告天的開始。

【事蹟】

昔里愛魯今被追封為魏國公，且追榮三世，世胙魏邦，永為子孫不朽之訓。五月，程鉅夫歎息其為美事，復為書之於篇，作《魏國公先世述》。

按：平章公即昔里愛魯。昔里愛魯，昔里鈐部之子。初襲職大名路達魯花赤。至元二十四年（1287），南正交趾，大小十八戰，直逼王城，功多受賞。翌年，感瘴癘而卒，贈平章政事。其子昔里教化有功，加贈愛魯太師，追封魏國公，改謚號忠節。

《魏國公先世述》〔註 226〕：為人子孫，介介然以光揚祖宗為心，孝之至也。人莫不有是心，抑有遂不遂焉者，顧其子孫所立何如耳。……此今平章公之意也。……今贈推忠佐命宣力功臣、開府儀同三司、太師、上柱國，追封魏國公，賜謚貞獻。……至元二十四年，命公南征交趾。大小一十八戰，多所殺獲，與鎮南王合兵，追襲交趾世子興道。轉戰二十餘陣，功常冠軍。遂病瘴毒，還至中慶路而沒，年五十七。世祖皇帝嗟愍，自資德大夫、雲南行中書省右丞，贈銀青榮祿大夫、平章政事、謚毅敏。……今贈秉忠執德威遠功臣、開府儀同三司、太師、上柱國，追封魏國公，賜謚忠節。……男曰教化，今為某官。曰也先帖木兒，今為某官。……嗚呼！上之所以下下，下之所以尊尊而親親，信乎各盡其道矣。嗚呼！美哉！僕既為之三太息，復為書之於篇，而綴以言焉。至大元年五月日，廣平程某書。

元廷命左丞相塔斯不花為中書右丞相，太保乞臺普濟為中書左丞相，七月，敕賜程鉅夫作《命左右相詔》。

《命左右相詔》〔註 227〕：中書，政本也。軍國之務，大小由之。朕自即位以來，屬精求

〔註 226〕《雪樓集》卷 25。
〔註 227〕《雪樓集》卷 1。

治，爰立輔相，以總中書，而期年於茲，大效未著。莫選用之不當歟？何萬幾之猶紊，而羣生之寡遂也？今特命左丞相塔斯不花為中書右丞相，太保乞臺普濟為中書左丞相，統百官，平庶政，便者舉行，弊者革去，一新綜理。諸內、外合行大小事務，並聽中書省區處聞奏，違越者論罪。於戲！設官分職，慎毋紊於條綱。持盈守成，務先安於黎庶。

秋，元武宗以手詔形式宣行詔令，贈程鉅夫父親程翔卿為「正奉大夫、參知政事郢國公」，諡孝肅。母李氏「郢國夫人」。授予其長子程大年官職，承事郎同知南豐州事。

《程譜》：秋，特製贈父翔卿「正奉大夫、參知政事郢國公」，諡孝肅。母李氏「郢國夫人」。仍授長子大年，承事郎同知南豐州事。

黃州歐陽山禪智寺比丘道清，於宋理宗景定元年（1260）渡江至吳城，闢地作室，書門曰禪智，金文福夫婦助弟子正璨開創禪寺，使得佛有殿，經有藏，僧有堂，常住有田，可飽食安居。本年冬，正璨來京師，請程鉅夫作記，程氏為作《禪智院記》。

《禪智院記》〔註 228〕：黃州歐陽山禪智寺比丘道清以宋庚申渡江至吳城，闢地作室，肖其師，庋其書。書門曰禪智，不忘本也，不二年而沒。二弟子曰永昌、永材。當材主事時，里人金文福夫婦輟衣食，助締構，為度弟子一人曰正璨。越五年，為至元二十三年，正璨繼材，因自悉，益治其室，使粗列於招提蘭若之間，而文福夫婦又悉其田畝百有奇，施之。於是，佛有殿，經有藏，僧有堂，而常住始有田，其人可飽食安居矣。今年冬，璨寓其事，來京師，請余記。……婦曰駱，無子云。至大元年月日記。

奉詔編修《成宗實錄》。撰《追尊順宗諡冊》。

《元史本傳》：至大元年，修《成宗實錄》。追尊順宗諡號文成。

何中《程公行狀》：至大元年戊申，公與修《成宗皇帝實錄》。

《程譜》：至大元年戊申，公年六十歲。是年，公奉詔修《成宗實錄》。撰《追尊順宗諡冊》，文成。

臨川鄒眾名其居室曰萬里窗，請盧摯題寫匾額，又請程鉅夫為之記。鄒眾，字仁舉。臨川鄒氏為名族，眾之祖曾為達官，諸叔父皆聞人。鄒氏身為名家子，材又美茂，有志當世，程氏為作《萬里窗記》。

《萬里窗記》〔註 229〕：臨川鄒眾仁舉名其居室曰萬里窗，既請涿郡盧處道書其顏，又請予記。鄒蓋名族，眾之祖嘗為達官，諸父皆聞人。身為名家子，材又美茂，有志當世，誠欲

〔註 228〕《雪樓集》卷 12。
〔註 229〕《雪樓集》卷 12。

汎蒙汜而上崑崙，以馳騁其長，故特寄所寄於朝夕之地云然也夫。體不盈匊而大無不包，處於深幽而遠無不至，物而不物，非神而神者，獨非吾心乎？……其請記也，實自楚來燕之歲，是為至大元年。

作《書何太虛集易象後》，論畫《易》不可窮。

《何先生墓誌銘》〔註230〕：先生少穎拔，以古學自任，天下載籍，靡不貫穿。藏書萬卷，皆手自讎校。廣平程公鉅夫、清河元公明善，負天下知人之鑒，皆器遇之。至大初，二公及柳城姚公燧、東平王公構皆在朝，遂北入京師，以文章自通。

《書何太虛集易象後》〔註231〕：聖人俯仰遠近，取象以畫《易》，蓋不可窮也。彖爻之辭、說卦之贊，因其所有言之耳。而後之注《易》者曾莫之及；間及者往往穿鑿傅會，不出乎自然。此朱子所病也，故曰：「文辭象數，或肆或拘。」何君太虛以彖爻所取象類而析之，得之者固多矣。昔余在集賢，見台州一老儒日以錢布卦。觀其象，得之者多親切。吾友吳幼清亦言曾於古祠香爐中，取炭爐畫卦於案，觀之，此卦通，又滅之，畫他卦，豁然有悟。嗚呼！安得三君日相聚，共竟斯事哉！

本年，吳澄授從仕郎、國子監丞。

《吳澄年譜》：至大元年戊申，授從仕郎、國子監丞。

【編年文】

《魏國公先世述》（五月）、敕賜程鉅夫作《命左右相詔》（七月）、《禪智院記》（冬）、《萬里窻記》

元武宗至大二年己酉（1309）　六十一歲

【時事】

四月，元廷立興聖宮江淮財賦總管賦。五月，元廷以通政院使憨制合兒知樞密院事。八月，真定、保定、河間、順德、廣平、彰德、大名、衛輝、懷孟、汴梁等處蝗。十月，元廷以行銅錢法詔天下。十二月，元武宗親饗太廟，上太祖聖武皇帝尊諡、廟號及光獻皇后尊諡，又上睿宗景襄皇帝尊諡、廟號及莊聖皇后尊諡。

【事蹟】

春，郭元坦南下禮祀山川，程鉅夫作贈序。

〔註230〕《全元文》第280冊，第540頁。
〔註231〕《雪樓集》卷24。

《送郭元坦序》〔註232〕：至大二年春，銜命南禮名山川，因將便道拜家慶。余固奇其有以慰母於未涯，報父於罔極也，又期以續名德於前人，光簡冊於當世也，欲為一書，以寫余意，以致其鄉黨之欣欣以寄四三人之猶存者。

五月，元廷召程鉅夫與平章何瑋、左丞劉正等赴上京，議政令。

《元史本傳》：二年，召至上都。

《程譜》：夏五月，驛召公偕平章何瑋、左丞劉正等赴上京，議政令。

九月九日，作《宗鏡錄詳節序》。

按：《宗鏡錄》一百卷，五代吳越國延壽集。所述針對禪師輕視義學、落於空疏的流弊而發。程鉅夫贊此義學，並續為解釋「宗鏡」二字，為作此文。

《宗鏡錄詳節序》〔註233〕：蓋聞學以離言，說為宗心，以了空相為鏡。然尋宗詣學，捨言無示學之方，而即鏡觀心，執相乃非心之體。是以五千四十八卷敷演未周，十方三世諸尊究竟何在，喻如分江浸月，一己為多，縛缶度軍，萬猶云少，良由根塵有利鈍，悟解有淺深。翠竹黃花，元非議擬。赤髭白足，亦假因緣。是故靖菴，剪裁古記。披祴須提正紐，伐木先削旁枝。信手拈來，皆是隨身之鼓笛。廻頭蹉過，別無逕路之津梁。莫憑逐客書空，且對癡兒說夢。偉哉龍象，幸甚人天。續彼篇章，述余讚歎云爾。至大二年重九日，翰林學士、正奉大夫、知制誥、同修國史、商議中書省事程某撰並書。

秋，程鉅夫奉命湖廣行省，主持銓選事。

何中《程公行狀》：（至大）二年己酉，有旨，命公往湖廣定選。

秋，曾經到過武昌路的觀音閣。觀音閣，為至元二十七年為政者所建，敬祀觀音大士。因此地地窪風悍，不免水火之災，禱祀方能弭患。至大二年秋程鉅夫再來武昌時，閣加崇廣，望之崢嶸，數月融風罕作。此為上下多名官員致心民事之政績，程氏認為不可不記，為作《武昌路觀音閣記》。

《武昌路觀音閣記》〔註234〕：人非水火不生活，及其為患也，或使人不能生。沙羨為郡，地窪風悍。居者不免水火患，水防矣，猶厄於火。至元二十七年，長民者以父老之言，構重屋於市中，祀白衣大士而禜焉。某頃嘗詢諏於斯，當其為患，徹庇或無虛夕，而救至輒息。父老語予曰：「此大士之力也。」至大二年秋，復以使事來，則屋加崇而又廣，望之崢嶸粲絢，勢如中天之臺。予留數月，融風罕作。……父老其惟時教告之。遂俾刻為記。省宰，故丞相也先不花。平章曰程鵬飛，曰忽刺術，曰貫只哥。右丞曰完閭。參政曰亦不刺金。郎中曰王柔，

〔註232〕《雪樓集》卷15。
〔註233〕《雪樓集》卷14。
〔註234〕《雪樓集》卷13。

曰別都魯丁。員外郎曰怯列，曰苦思丁。都事魏弼、郭時可、張德榮、喬憲。而尸其事者，郎中布達實哩也。

至武昌，早年倡建的漢川縣學本年春建成，程鉅夫為此作《漢川縣學記》。

《漢川縣學記》〔註235〕：（至大）二年春，禮殿成，深四十二尺，廣加四尺，崇殺十尺。廡列四齋，中敞戟門庖庫內備，繚以尺垣三千，立櫺星門以出。為工萬餘，穀石六百，緡楮四萬有奇，皆取諸儒與富而賢者。然邑儒之籍戶九耳，是誠不易矣。甫成，而予以使復來武昌。孝純、國珍率諸生來言曰：『今之庠，公之教也，令之功也，不可不識，敢告。』予語之曰：「邑於民最親，教於民最急。學校若無與而實功也，且璽書相望下勸，敢有弗欽！聲教與土同敷，訖於四海，其可自鄙？今爾令長、士民務所當先，宜矣，美矣。然立教之基、為學之地又有在也。令長、士民盍亦分任其事乎？治化、學業之成視棟宇之成孰愈？歸而見賢令長，士民試以斯言告之，且識不忘焉。」令名政，字舜卿，董役者，直學曹諤、知書張至道、林文瑛。

冬，銓選事項結束，程鉅夫因病回京。

《程譜》：尋命公奉使湖廣行省，銓廣海吏選，冬竣事，移疾歸。

《行狀》：至大二年，被旨詣湖廣行省，銓廣海選，事畢，移疾還。

武昌黃龍大比丘密印圓照長老與白雪道人交談佛法，程鉅夫表示，圓明寶殿欲就，復來資報國恩。程鉅夫為此事作記。

《黃龍佛殿記》〔註236〕：武昌黃龍大比丘密印圓照長老作禮於白雪道人曰：「我佛如來有大福德、善知識，是名靜山居士，常現宰官身於我佛如來道場，護持恭敬，能捨難捨。莊嚴種種，以為供養，願報國恩。爾時，持地菩薩心生讚歎，顯大神力，於寶坊中湧出白金，布施我佛如來常住。……今圓明寶殿欲就，我又復來。我應與佛有緣。我今亦發大迴向心，資報國恩。……道人說是偈已，十方三寶四眾懽喜證明，如我所說，刻石奉行。時至大二年某月某日。

本年，武宗命其往湖廣定選，選舉事結束，程鉅夫因疾告假歸。

何中《程公行狀》：二年己酉，有旨，命公往湖廣定選。訖事，公以疾假歸。

五月，吳澄以國子監丞至京。六月履職。

《吳澄年譜》：五月至京，六月上官。初，許文正公為國子祭酒，始以朱子之書訓授諸生。厥後，監官不復身任教事，唯委之博士、助教。公至官，六館翕然歸向。

【編年文】

《送郭元坦序》（春）、《宗鏡錄詳節序》（九月九日）、《武昌路觀音閣記》（秋）、《漢川縣學記》（秋）、《黃龍佛殿記》

〔註235〕 《雪樓集》卷13。
〔註236〕 《雪樓集》卷13。

元武宗至大三年庚戌（1310） 六十二歲

【時事】

一月，元廷特授李孟榮祿大夫、平章政事、集賢大學士、同知徽政院事。三月，戴表元卒，年六十七。四月，元廷設江浙等處立財稅提舉司。九月，平伐蠻不老丁來降，陞平伐等處蠻夷軍民安撫司。

本年，鄧文原出為江浙儒學提舉，吳澄等人賦詩送之。

【事蹟】

四月，伯帖木兒來守溫州路，首興學校，勸農桑，使民知本。至大三年（1310），受代去，民思之至。翰林經歷張子仁、編修章德元屬程鉅夫作序。程氏認為二人皆賢者，因書《溫州路達魯花赤拜伯帖木兒政序》，以為守令之勸。

《溫州路達魯花赤拜伯帖木兒政序》〔註237〕：東南海濱諸郡，溫最劇。大德十一年夏四月，伯帖木兒來守是邦，首興學校，勸農桑，使民知本裂奸貪，震豪橫，抑奔競之風，禁苛暴之政、使民畏刑。建忠臣之祠，表孝子之墓，禮先賢之後，使民尚德。……明年，環溫諸郡飢疫相仍，流民數千人來歸。為之儲待以食之，為之廬舍以居之，為之藥物以救其疾，為之槥轊以給其死。及其返也，又為之裹囊，而導之出疆……明年秋七月，吳越大蝗。蝗且入境，至境皆死，人以為德化所致。……至大三年，受代去，民思之至。……予雖未之識，而翰林經歷張子仁、編修章德元縷縷為予道之，且屬予序。二子皆賢者，其言有徵，因書，以為守令之勸。

九月，元廷復拜程鉅夫為山南江北道肅政廉訪使，未行。

《行狀》：明年，復授山南江北道肅政廉訪使。

何中《程公行狀》：三年庚戌某月，除山南江北道肅政廉訪使，未行。

宋濂《元史本傳》：三年，復拜山南江北道肅政廉訪使。

《程譜》：至大三年庚戌，秋九月，復拜山南江北道肅政廉訪使。

敕作《皇太后加上尊號玉冊文》。

《皇太后加上尊號玉冊文》：維延祐二年歲次乙卯三月己酉朔越二十有二日庚午，皇帝臣御名謹稽首再拜言：臣聞，正始之道，王化之基，尚矣。況母儀天下，德厚功隆者哉？欽惟儀天興聖慈仁昭懿壽元皇太后陛下，開兩朝之帝業，紹祖宗之正傳。曠古所稀，於斯為盛。以臣涼菲，鞠育教誨，底於有成。定神器而措諸安，遏亂略而反之正，不動聲色，天下歸仁，惟我聖母全德之致也。自登大位，八方謐清，華夏蠻貊，罔不率俾，亦惟我聖母泰寧之應也。日月

〔註237〕《雪樓集》卷11。

星辰循其軌，天地祖考降之祜。九族既睦，品物咸亨。持盈守成，臣何力焉。亦惟我聖母福慶之積也。然而治效方隆，徽稱未備。宜益崇高之號，允合天人之心。是用參稽典禮，惓惓懇懇，謹奉玉冊、玉寶，加上尊號曰儀天興聖慈仁昭懿壽元全德泰寧福慶皇太后。欽惟陛下，得一以寧，至靜而方。慈儉為寶，茀祿是康。永錫祚胤，俾熾俾昌。受茲顯號，萬壽無疆。臣鉅夫誠懽誠抃，稽首再拜謹言。

【編年文】

《皇太后加上尊號玉冊文》

元武宗至大四年辛亥（1311）　六十三歲

【時事】

一月，元武宗在玉德殿世於。罷尚書省。元廷以雲南行中書省左丞相鐵木迭兒為中書右丞相，太子詹事完澤、集賢大學士李孟並平章政事。二月，元廷命中書平章李孟領國子監學。三月：十八日，順宗次子、武宗之弟、皇太子愛育黎拔力八達即位，是為仁宗。四月，敕令才德兼備之人，不拘品級，破格錄用。六月，宣政院與樞密院遣兵討吐蕃。七月，封李孟為奉國公。九月：十四日，詔改明年為皇慶元年。十月，元廷詔收至大銀鈔。十二月李孟奉命整飭國子監學。

【事蹟】

二月八日，作《疏山白雲禪寺修造記》。

按：疏山白雲寺大德年間荒寂，僧人雲住自徑山來做主持。經營八年，改建修飾僧堂宮殿，白雲寺為之改觀。程鉅夫有感於「疏之熾，得人之效」，為作此文記雲住師能熾的原因。

《疏山白雲禪寺修造記》〔註238〕：大雄氏之宮佈天下，得地者什六七，得人者什二三。西江之西，之山、之宮，仰為大，疏次之。疏為近，故予知疏為多。昔疏之興也，蓋有記之者矣，故予獨記雲住師之能熾焉。……今疏之熾也，得人之效也。記之而使繼之者繼之，其所謂無量，無量者非耶？住，番人也，器資尚書之冑也，楚山上人之法子也。大德六年，山寂，疏無人。疏眾枚卜十人於佛，住獨吉；再卜，住又吉，乃以上聞。錫之璽書，而為疏主，遂自徑山來歸。歸而以潔身自誓於佛。然則佛固許之，且復訊之矣。住蓋能於無所住而生其心者耶？然則疏之熾也，奚足為住言哉？至大四年二月八日記。

〔註238〕《雪樓集》卷13。

二月，仁宗即位，詔程鉅夫、尚文、蕭𣂏等十六人陛見。

《行狀》：又明年，仁宗即位，召老臣十六人赴闕，公與焉。

《元史本傳》：四年，與李謙、尚文等十六人同赴闕，賜對便殿。

《程譜》：至大四年辛亥，公年六十二。歲春二月，仁宗即位，分遣詔使，召老臣尚文、蕭𣂏等十六人赴闕，公與焉。

四月，元廷賜程鉅夫對問於便殿。

《程譜》：夏四月，賜對便殿。

六月，授職浙東海右道肅政廉訪使，留為翰林學士承旨。

《行狀》：夏，授浙東海右道肅政廉訪使。

《元史本傳》：四年，拜浙東海右道肅政廉訪使，留為翰林學士承旨。

《程譜》：六月，授浙東海右肅政廉訪使。

九月，元廷拜程鉅夫翰林學士承旨，資善大夫、知制誥兼修國史。

《行狀》：尋留為翰林學士承旨、資善大夫、知制誥、兼修國史。

《程譜》：秋九月，拜翰林學士承旨，資善大夫、知制誥兼修國史。

九月，程鉅夫作敕賜文《皇慶改元詔》。

《皇慶改元詔》〔註 239〕：朕賴天地祖宗之靈，纂承聖緒。永惟治古之隆，羣生咸遂，國以乂寧。朕夙興夜寐，不敢怠遑。任賢使能，興滯補敝，庶其臻茲。斂時五福，用敷錫厥庶民，朕之志也。踰年改元，厥有彝典。其以至大五年為皇慶元年。

本年，程鉅夫路過豫章（今江西南昌），遇行省檢校李善甫，臨別作序，慨然興懷。

《送李善甫知沁州序》〔註 240〕：至大四年，予被召過豫章，君時為行省檢校。握手相勞苦，俯仰今昔，慨然興懷。

【編年文】

《皇慶改元詔》（九月）、《疎山白雲禪寺修造記》（二月八日）

元仁宗皇慶元年壬子（1312）　六十四歲

【時事】

正月，元廷陞翰林國史院秩從一品。六月，李孟奉旨博選中外才學之士任翰林。八月，以吏部尚書許師敬為中書參知政事。九月，八百媳婦國、大、小

〔註 239〕《雪樓集》卷 1。

〔註 240〕《雪樓集》卷 15。

徹里蠻獻馴象及方物。十月，翰林學士承旨玉連赤不花等進順宗、成宗、武宗《實錄》。元廷賜李孟潞州田二十頃。十二月，中書平章政事李孟致仕，以樞密副使張珪為中書平章政事。

【事蹟】

廣平程氏因譜敘之功，慨然有思遠念始之心。程鉅夫感念「積善累德」之譜牒之本，於二月一日作《跋宗人子沖家廣平譜》。

《跋宗人子沖家廣平譜》〔註241〕：按廣平程氏分南、北宗，蓋自東晉以來，相去千餘歲，相望數千里，今乃秩然若同居合席，慨然有思遠念始之心。譜敘之功大哉！然書斷自唐虞，太史公乃上泝黃帝，可謂博矣。而敘舜為帝顓頊六世孫，稱鯀為帝顓頊之子，其信然邪？則吾宗上自周大司馬，下迄於今，流離喪亂，更歷變代，或微或著，可盡得譜而敘之邪？而求其古今盛大蕃衍之端，莫不繇積善累德而始。是卷也，亦篤近舉遠之意乎？凡我同姓，其毋忘譜牒之本。皇慶改元二月朔日，宗人某書。

二月，奉詔撰《題何澄界畫詩》（《姑蘇臺》、《阿房宮》、《昆明池》），以何澄「姑蘇臺」、《阿房宮》、《昆明池》三圖皆託物寓意之作，立意為「執藝以諫」。

《題何澄界畫三首並序》〔註242〕：臣待罪祕書日，祕書監扎瑪里迪，出示中統年間習水戰船樣，長尺有咫，竟平江南，一天下。世祖規模宏遠矣，因並記之。

右昭文館大學士、中奉大夫何澄年九十所進畫卷。澄之畫得自天性，世祖時已有名，被徵待詔掖垣。至大初，興聖宮成，皇太后旨：總繪事。遷太中大夫、祕書監，致仕。今進此卷，上大異之，超賜官職。詔臣某為之詩，將藏之祕閣，示天下後世。工致妙巧，古人不得專美於前。臣竊謂，自古以翰墨見知當世，不為無人，澄獨以《姑蘇臺》、《阿房宮》、《昆明池》託物寓意，其庶幾執藝以諫！者歟！臣既喜為之詩，復識卷末以不朽云。皇慶元年二月日具官臣某拜手稽首謹跋。

按：何澄，大都人。仁宗黃慶元年（1312），何澄九十，推知其出生為金宣宗元光二年（1223）。《新元史・李時傳》說他在元世祖時已「年九十餘」，似不確切。又或據《新元史》推其生年「應在金宣宗興定二年（1218）以前」也不確。〔註243〕

〔註241〕《雪樓集》卷25。

〔註242〕《雪樓集》卷9。

〔註243〕見《元代書畫史料》（增補本）中國書店陳高華編北京2015年，334頁（《何澄和他的〈歸莊圖〉》。《文物》1973年第8期。陳高華按：《新元史・李時傳》（《槎翁文集》卷二）但劉文言：「澄年九十餘，常被召，賜卮酒。」未言為哪一個皇帝召見。《新元史》改為「世祖召見，賜以卮酒」。

春，奉詔撰《武宗實錄》，元廷陞其為翰林院位從一品，有謝表及《進三朝實錄表》。

《進三朝實錄表》〔註244〕：一人御極，聿嚴金匱之藏。三后在天，實監玉堂之紀。粵若稽古，克底成書。中謝欽惟皇帝陛下，孝友慈仁，溫文睿哲。統之垂，業之創，今昔繼承。功以著，德以彰。在茲纂錄。首崇筆削之任，式宏鑒之圖。臣等職忝禁林，才非良史。繫年繫月，豈足盡於先朝？作典作謨，庶有徵於今日。

《元史本傳》：皇慶元年，修《武宗實錄》。

《程譜》：皇慶元年壬子，公年六十四歲。是年春，公奉詔修《武宗實錄成》。詔陞翰林院位從一品，有謝表及《進三朝實錄表》。

九月十五日，作《跋安南國王陳平章詩集》。

按：安南國王陳平章有集一卷，詩二百三十、樂府十，皆至元中歸朝後作。本年，程鉅夫始獲讀之。感其治世之音，作跋文書於其後。

陳平章即陳益稷（1254～1329），安南王陳日烜弟。至元二十一年元軍入安南，第二年，陳益稷內附，封安南國王，居漢陽，後加授湖廣行省平章。天曆二年卒，年七十六。諡忠義。程鉅夫初於本年九月十五日作《跋安南國王陳平章詩集》外，還為其作《銀青榮祿大夫安南國王遙授湖廣等處行中書省平章政事陳益稷加金紫光祿大夫餘如故制》。

《跋安南國王陳平章詩集》〔註245〕：右平章政事、安南國王集一卷，詩二百三十、樂府十，皆至元中歸朝後作。皇慶元年入覲間以視余，始獲讀之。夫本以忠孝仁智之道，博以詩書六藝之文，更以艱難險阻之變，襲以憂歡離合之情。其居既殊，所遇亦異。故其落筆如大將治軍旅，賢輔立朝廷，紀律嚴明，條令整肅，而不失春容閑暇之意，過人遠矣。昔越裳氏慕周德而朝，觀其辭令。已知為詩禮之邦。安南，古越裳也，自漢唐以來，世多聞人。覽此，又疑非古所及已。嗚呼！其亦治世之音乎？秋九月望日，廣平程某謹書其後。

《銀青榮祿大夫安南國王遙授湖廣等處行中書省平章政事陳益稷加金紫光祿大夫餘如故制》〔註246〕：委質歸朝，既去逆而効順。以爵馭貴，宜崇德而報功。誕播明綸，用孚眾聽。其官陳某，知畏天者事大，期保境以全民。慕帝王之有真，見幾而作。懼祖宗之不祀，自拔而來。以忠孝之誠，受知於世皇。蒙天地之恩，嗣封於故國。始者，周王之赫怒，伐罪弔民。終焉，舜帝之誕敷，班師振旅。彼迷不復，爾守彌堅。拯溺救焚，從王師凡一再舉。

〔註244〕《雪樓集》卷4。
〔註245〕《雪樓集》卷25。
〔註246〕《雪樓集》卷4。

適舘授粲，留湖右幾三十年。身歷事於四朝，志不渝於初節。肆朕踐祚，亟其來朝。是用增新秩以示恩，仍舊封而授職。嗚呼！內寧外撫，朕不忘銅柱之南。近悅遠來，爾益拱辰星之北。祗若休命，永肩一心。可。

九月，為程月喦兒媳作《王氏孝節序》。

按：王氏，名靜婉，江西餘干人。信州貴溪程月喦子程植妻。程鉅夫在臨汝書院學習時，程月喦為學長。王嫁五年而夫歿，王氏守節，侍奉舅姑。程鉅夫去臨川近四十年，聞王氏孝節事，為作《王氏孝節序》，尚念及程月喦親炙之情。

《王氏孝節序》〔註247〕：予學於臨汝書院時，信之貴溪月喦先生為之長。先生與予同宗，其學渾渾而弘，其行侃侃而和，其言恂恂而善誘。其子植甚賢，娶五年而歿。植之室餘干王氏又甚賢。宋咸淳壬申，年十九，歸於植。植死，終喪，誓不改嫁。事舅姑，生死無違禮。先生既歿，歲至元壬午，一夕，盜入室，姑疾在牀，王守不去。盜欲刃其姑，王叩頭號泣，乞以身代，盜兩釋之。……予自去先生，驅馳王事，出入中外幾四十年，幸無大過。每思臨汝親炙時，如一日。今復聞王氏孝節之盛，遂書其大者以授先生之孫同文。……王氏名靜婉。皇慶元年九月程某序。

十一月，元廷晉升程鉅夫官職榮祿大夫。

何中《程公行狀》：皇慶元年壬子十一月，特加榮祿大夫，仍故職。

《程譜》：冬十一月，進公榮祿大夫。

仁宗即位第二年，改元皇慶。懋官延賞，孫諧之祖、考被封賜。集賢司直趙克敬為作隸書，名其堂曰承慶，以侈上賜。十一月，趙氏謁文於程鉅夫，程氏為作《承慶堂記》。

《承慶堂記》〔註248〕：上即位之明年，改元皇慶。懋官延賞，澤流八荒。百官七品以上，序榮先世；有勳勞於國而子孫官未至者錫異恩，若寶源庫提舉渾源孫君諧之祖、考是已。三月，制贈曾大父中奉大夫武備院使、護軍，諡忠惠。……集賢司直趙君克敬為作隸書，名其堂曰承慶，以侈上賜。冬十有一月，介趙君，謁文於余。……孫氏自忠惠以來，把麾持節，聯圭疊組，赫然照人，而未始一日捨先業，又足以觀其所承者矣。

平章政事察罕居處鄰近司馬光墓祠，司馬光斷碑之罅有杏生，老杏迄今二百餘年而無恙。本年，察罕示其繪圖及修復之碑請程氏為序，程氏作《溫國司馬文正公墓碑老杏圖詩序》，並為之詩。

〔註247〕《雪樓集》卷15。
〔註248〕《雪樓集》卷13。

《溫國司馬文正公墓碑老杏圖詩序》〔註249〕：司馬文正（司馬光）公以純誠古學位宰輔，雖童兒婦女，知其為端人。其薨也，勅命蘇文忠公為文，表其墓，至尊親書其額曰清忠粹德之碑，未幾，仆於羣慝之口。嗚呼！邦國殄瘁，固基於紹聖哉？而斷碑之罅隨有杏生焉，盤屈蓋偃，擁其龜趺，若非偶然者。金皇統間，夏邑王令及墓僧建祠修復，老杏迄今二百餘年矣而無恙。白雲翁（平章政事察罕）家與之鄰，益用封植，繪而為圖。皇慶之元，翁以平章政事預國論議，留京師，迺出是圖及修復之碑，以示廣平程某序之。且將求當代名筆賦詠，以發揮之。某曰：「草木寧有知哉？生得其所而不剪伐於樵童牧豎，幸已。所以異之愛之，圖而傳之，乃秉彝好德之良心也。白雲有志於涑水公，而曰天人之際在是，亦何不可者？」遂為詩曰：

吾聞精誠可以貫金石，誰謂草木真無情。君看穹龜涑水上，老杏布護數百齡。風枝雨葉擁幢蓋，陰森若有神物憑。涑水先生三代士，青春行天和且平。問學深探古人蹟，德化直與元氣並。蘇公雄文照四海，比較當世誰重輕！豐碑俯仰漫興廢，百樸不奪二老名。由來宋祚圮中葉，已在紹聖非崇寧。夏臺大人獨好事，異國肯與扶顛傾。古祠香火今幾載，大字深刻羅軒屏。何人卜居占此土？白雲老子今疑丞。摩挲往事起惆悵，表顯更為圖丹青。乃知天地崇至誠，陳根斷石猶寵靈。此心豈有古今異，遺跡試向天人徵。

二月，任命吳澄為國子監司業。據程顥《學校奏疏》、胡瑗《六學教法》、朱熹《貢舉私議》制定教法。（這是吳澄的事蹟。不是程鉅夫本事。為了區分，放在這裡）

《元史紀事本末·卷八》〔註250〕：仁宗皇慶元年二月，以吳澄為司業。澄用宋程顥《學校奏疏》、胡瑗《六學教法》、朱熹《學校貢舉私議》約之為教法四條。一曰經學、二曰行實、三曰文藝、四曰治事，未及行。又嘗為學者言朱子於道問學之功居多，而陸子靜以尊德性為主。問學不本於德性則其弊必偏，於言語訓釋之末。故學必以德性為本，庶幾得之議者。遂以澄為陸氏之學非許氏，尊信朱子本意。

【編年文】

《跋宗人子沖家廣平譜》（二月一日）、《進三朝實錄表》（春）、《跋安南國王陳平章詩集》（九月十五日）、《王氏孝節序》（九月）、《承慶堂記》（十一月）、《溫國司馬文正公墓碑老杏圖詩序》

元仁宗皇慶二年癸丑（1313）　六十五歲

【時事】

〔註249〕《雪樓集》卷15。
〔註250〕〔明〕陳邦瞻《元史紀事本末》卷8，明末刻本。

－352－

正月，元廷置遼陽行省儒學提舉司。二月，元廷命張珪綱領國子學。三月，冊立皇后弘吉剌氏。六月，京師地震。以參知政事許師敬領國子學。以宋儒周敦頤、程顥、程頤、張載、邵雍、司馬光、朱熹、張栻、呂祖謙及故中書左丞許衡從祀孔子廟廷。十月，敕中書省議行科舉事。十一月，行科舉。十二月，可里馬丁上所編《萬年曆》。

【事蹟】

升平橋在灃江之上，後水激橋毀。至大元年春，里長黃應瑞遷之，更為石橋。本年，其孫允武來京師請程鉅夫作記，正月，程氏於為作《升平橋記》。

《升平橋記》〔註 251〕：臨筠之交，鵠山之陽，梁於灃江之上曰升平橋。灃迅急，歲輒壞。至大元年春，里長者黃君應瑞相橋下流勢少殺，謀遷之。易族子田以立其址，買晏氏山以礱其石，更為石橋。掘地丈餘，得故橋株十數、石佛像十有三，乃故橋所也，心獨喜。……皇慶二年，其諸孫允武來京師謁記，曰：「此鄉民之志也。」且言君平生好義，嘗於上高之境為二橋，曰新，曰大潠；又鑿新喻檀嶺道數里，作捨道傍，以便蒙山之役者，若此甚眾。余觀萬金之貲，世常有之；不拔一毛利天下，嗸嗸曰：「我為善！我為善！」……正月日記。

咸淳進士周垕，為鄱陽周氏族之賢者。其子周應極字南翁，弱冠喪父，侍母孝謹。後官集賢司直，集賢大學士郭君名其堂曰致樂，謁程鉅夫請為記。程氏有感於「故孝者必忠，忠者必孝」，於二月作《致樂堂記》。

《致樂堂記》〔註 252〕：周之族盛於番，咸淳進士名垕者，其族之賢者也。與廬陵劉會孟、廣信李明通同登丞相江文清公之門，有名。……大德丁未，待制翰林，事上於春宮，詔許迎養，且勅有司禮遣。明年，奉母至京師。又明年，侍皇子說書，月廩餼其家。遷集賢司直，於是，集賢大學士郭君名其堂曰致樂，來謁余記之。……故孝者必忠，忠者必孝，忠孝之道非有二也。南翁勉乎哉！不然，《傳》有之：「雖日用三牲之養，猶為不孝也。」以子之賢且材如此，何所不厎。吾猶云云爾者，此天子之望其臣，母之望其子，賢者之望其友之意也。南翁勉乎哉！皇慶二年二月日記。

二月，元仁宗立中宮，命程鉅夫撰《皇后玉冊文》。

按：《程譜》中說《皇后玉冊文》作於本年三月。但洪武本《雪樓集》於《皇后玉冊文》文題後標注：皇慶二年二月。本譜從洪武本《雪樓集》。

《皇后玉冊文（皇慶二年二月）》〔註 253〕：皇帝若曰：朕荷天地祖宗之佑、皇太后之訓，

〔註 251〕《雪樓集》卷 13。
〔註 252〕《雪樓集》卷 13。
〔註 253〕《雪樓集》卷 1。

嗣大曆服，思底於治，必樹元配，表正六宮。諮爾甕吉剌氏，是我家世戚，嫡嗣所自出，積德流慶，肆啟爾來，嬪於朕。淑慎孝恭，令譽昭聞。承命慈闈，爰正爾位。今遣攝太尉、右丞相禿忽魯授爾玉冊、玉寶，命爾為皇后。惟天地定位，萬物以生。日月並照，萬國以明。君後合德，萬化以成。上以事上帝，承宗廟，下以親九族，正萬邦，為朕內助。惟爾之賢，其永念厥德，履中體順，俾聖母暨予一人以寧，匪惟爾嘉，天亦永相。念爾共享我有國。欽哉！

《程譜》：皇慶二年癸丑，春三月，上立中宮，命公撰玉冊，文成。

春，程鉅夫撰成《大元國學先聖廟碑》。

按：本年（皇慶二年）春，仁宗為承繼前世功業，期勵精圖治，敕賜詞臣專文以樹碑於廟，程鉅夫奉詔作此《大元國學先聖廟碑》。

《大元國學先聖廟碑》〔註254〕：皇慶二年春，皇帝若曰：「我元胤百聖之統，建萬民之極，誕受厥命，作之君師。世祖混一區宇，亟修文教，成宗建廟學，武宗追尊孔子，所以崇化育材也。朕纂丕圖，監前人成憲，期底於治，可樹碑於廟。詞臣文之。」臣某拜手稽首，奉詔言曰：「臣聞邃古之初，惟民生厚，風氣漸靡。聖人憂之，越有庠序學校之制。天下之治，胥此焉出。中統二年，以儒臣許衡為國子祭酒，選朝臣子弟充弟子員。……臣竊謂，天地至神，非風雨霜露，罔成其功。斯道至大，非聖君賢相，罔致其化。人性至善，非詩書禮樂，罔就其器。列聖相承，謂天下可以武定，不可以武治。所以尊夫子，建辟雍，復科舉，誠欲人人被服儒行，為天下國家用耳。然則黎民於變時雍，顧不在茲乎？於戲隆哉！臣某謹拜手稽首，而獻頌曰：皇元受命，誕惟作京，以撫萬邦。既訖武功，載修文教，登其俊良。於穆宣聖，垂範罔極，首尊而彰。曰爾胄子，弗典於學，曷風四方？學以聚之，廩以餼之，日就月將。大德嗣服，乃建孔廟，乃經辟雍。考制程材，審時相宜，遹成厥功。辟雍洋洋，冕服皇皇，群士景從。聖道既明，渙號既加，我皇御天。執道之中，軌物牖民，翼翼乾乾。帝學益宏，庶政惟和，我化用宣。躋祀儒師，賓興群材，丕紹厥先。相古盛時，訏謨遠猷，罔不由賢。天錫皇祖，神聖文武，以有萬國。威何不加，令何不行，求何不獲。惟學是務，惟才是育，下民允廸。越厥左右，咸有一德，以匡乃闢。惟帝時憲，惟臣克念，濟濟茂碩。禮明樂備，永作神主，播頌無斁。

《程譜》：撰《國學先聖廟碑》，文成。

六月，京師久旱致災，元仁宗命廷臣講求致災之由、彌災之道，程鉅夫舉成湯桑林六事自責。

《行狀》：皇慶二年，以桑林六事自責應詔，極言無隱。

《神道碑》：皇慶二年，大旱，以桑林六事自責應詔。忤宰相意。翌日，勅中使持上尊勞之，曰：「中書集議，惟卿言甚當。後臨事，其極言無隱。」

〔註254〕《雪樓集》卷6。

　　《元史本傳》：二年，旱，鉅夫應詔陳桑林六事，忤時宰意。明日，帝遣近侍賜上尊，勞
之曰：「中書集議，惟卿所言甚當，後臨事，其極言之。」

　　《程譜》：夏六月旱，廷臣集議，公獨舉「成湯桑林六事」自責為可行，時宰不說。上特
遣近侍賜上尊勞公。

　　按：「成湯桑林六事」，有記載的商湯時代一次重要的祝禱乞雨事件。不同
史書都有類似的記載：商朝初期普天大旱，湯曾經在桑林祝禱，因為六件事而
自責自己。自責的具體內容為：天不降雨的原因是在於：君王的政治是沒有節
制嗎？為政者使得百姓普遍生疾病了嗎？為政者的宮室構建的臺豪華了嗎？
宮廷寵幸女子的情形太過嚴重了嗎？是官吏內部的賄賂大肆風行而導致嗎？
是讒佞之人遍地的原因嗎？後來天降大雨。

　　《荀子‧大略》：湯旱而禱曰：『政不節歟？使民疾歟？何以雨至斯極矣！宮室榮歟？婦謁
盛歟？何以雨至斯極矣！苞苴行歟？讒夫興歟？』何以雨至斯極矣！

　　《周禮質疑》〔註 255〕：祈求若湯旱告雩曰：『政不節歟？使民疾歟？宮室崇歟？婦謁盛
歟？苞苴行歟？讒夫昌歟？』六者自責以說天。

　　夏，江浙等處行中書省左丞吳某自江南還，告以李淦之死，畏李淦之名湮
沒無聞，特請程鉅夫為李淦撰寫墓誌銘。程氏為作《故國子助教李性學墓碑》。

　　《故國子助教李性學墓碑》〔註 256〕：至元二十三年，余以侍御史行御史臺事被旨求賢
江南。過揚州，會故人為提刑按察使曰：「郡庠，有李性學先生。識之乎？」曰：「未也。」極
道其問學文章，余固願見。使三往，不見。連騎詣之，終不遇。自是性學之名，職職胸懷間。
遂歷兩浙、江東、西，得士二十三人，獻之天子，天子盡用之。布諸中外，愈恨不得李性學先
生還臺。……皇慶二年夏，吳君自江南還，憮然謂余曰：「嗟夫！性學不幸，客死，今若干年矣。
吾雖去京師，往來余懷也。吾懼死者日益遠，知者日益寡，不有識焉！盧溝之丘且夷矣。知性
學莫若君，君其為文，吾將礱石刻諸墓。性學庶幾不朽矣。盧溝南北，使客之衝，千載之下，
豈無賢者？哀而醇之也。」……性學之賢，從可知己。性學名淦，建昌南城人，世為詩書家。
其人魁大、少飲酒、一食能盡肉數斤。善談論、達政治。不娶，不知有男女事。或端坐至旦，
奇士也。平生著作頗富，聞河中知府田衍多得而藏之，惜已死，不及出而行於世。卒以某年某
月某日，葬以某年月日。得年若干。銘曰：于嗟乎性學，知足以知聖賢，而學則闕矣。氣足以
忕公卿，而言足徵矣。行足以信友朋，而沒獲寧矣。而年不永位，不稱丘首，不克正命也。夫
命也夫。

〔註 255〕劉青芝《周禮質疑》卷 4《春官》，清乾隆二十一年刻本。
〔註 256〕《雪樓集》卷 20。

用晦和尚十五出家，為僧七十一載。其所作《用晦和尚語錄》為立佛法、傳佛法張目。九月，程鉅夫為《語錄》作序。

《用晦和尚語錄序》〔註257〕：佛法，非言不立，非人不傳，此《用晦和尚語錄》所以述也。若因人以求法，則其人已滅；因言以求法，則法不可言，是《用晦和尚語錄》未嘗述也。和尚十五出家，為僧七十一載，遭遇佛法盛明，遍參東南諸大長老。九居壇場，為人說法。撰得千言萬語，畢竟如何，測之不見其涯，求之莫得其緒，似言非言，似述非述。若知和尚未言前便是元聲，既述後即師未常言，徒未嘗述。《用晦和尚語錄》序竟。皇慶二年九月日敘。

秋，詔令程鉅夫同李孟、許師敬一起討論實行貢舉法之事。方案成，仁宗命程鉅夫草詔所議成之「貢舉法」。

十一月，作《科舉詔》。

《科舉詔（皇慶二年十一月甲辰）》〔註258〕：惟我祖宗以神武定天下，世祖皇帝設官分職，徵用儒雅。崇學校為育才之地，議科舉為取士之方，規模宏遠矣。朕以眇躬，獲承丕祚，繼志迷事，祖訓是式。若稽三代以來取士，各有科目。要其本末，舉人宜以德行為首，試藝則以經術為先，詞章次之。浮華過實，朕所不取。爰命中書參酌古今，定其條制。其以皇慶三年八月，郡縣興其賢者、能者，充貢有司，次年二月會試京師。中選者，朕將親策焉。於戲！經明行修，庶得真儒之用；風移俗易，益臻至治之隆。

《行狀》：議行貢舉法，請以朱文公《貢舉私議》損益行之；經學當祖程朱傳注，文詞宜革宋金宿弊。

《神道碑》：議行貢舉法，公請以朱文公《貢舉私議》損益行之，經學當祖程朱傳注，文詞宜革宋金宿弊，此詔實公所草。進階榮祿大夫。屢乞歸田，不許。

《元史本傳》：於是詔鉅夫偕平章政事李孟、參知政事許師敬議行貢舉法，鉅夫建言：「經學當主程頤、朱熹傳注，文章宜革唐、宋宿弊。」命鉅夫草詔行之。

《程譜》：秋詔：偕平章李孟、參政許師敬議行貢舉法。議定，上命公草詔行之。

按：李孟，字道復，號秋谷，漢中人。武宗繼位，孟策書有功。仁宗即位，拜其為中書平章，尋兼翰林學士承旨。至元年去世，六十七歲。追諡文忠。

黃溍《元故翰林學士承旨中書平章政事贈舊學同德翊戴輔治功臣太保儀同三司上柱國追封魏國公諡文忠李公行狀》〔註259〕：公諱孟，字道復，係出後唐李氏，世為潞州著姓。⋯⋯

〔註257〕《雪樓集》卷15。

〔註258〕《雪樓集》卷1。

〔註259〕黃溍《元故翰林學士承旨中書平章政事贈舊學同德翊戴輔治功臣太保儀同三司上柱國追封魏國公諡文忠李公行狀》，下簡稱《文忠李公行狀》，《全元文》第30冊，第40頁。

十一年春，成宗陟遐，神器暫虛，宗王大臣密謀橫變，國勢危疑，人情洶洶。公從兩宮還京師，遂與丞相哈剌哈孫答剌罕等，力贊仁宗，削平內難，中外晏然。……至大三年春正月，入覲武宗於玉德殿。上指公謂宰執大臣曰：「此先太母命為朕賓師者，宜亟任用之。」三月，特授榮祿大夫、平章政事、集賢大學士、同知徽政院事。四年春，仁宗皇帝正位宸極，真拜中書平章政事，進階光祿大夫，推恩其先三世，且諭之曰：「卿，朕之舊學。其悉心以輔朕之不逮。」……至治元年春，瘡發於股，醫莫能療。公知不可復起，乃區別家事，手書付家人。使治葬地於燕。遂以夏四月三日，薨於大都和寧坊居第之正寢。享年六十有七。以其月十八日，葬宛平縣石井鄉之某原，遵遺命也。

程鉅夫為李孟作《李秋谷畫像贊》〔註260〕、《壽李秋谷》〔註261〕、《次韻秋谷西郊書事》〔註262〕、《壽李秋谷平章十一月朔》〔註263〕、《清平樂·壽李秋谷》〔註264〕。

《李秋谷畫像贊》：歷觀宰輔，久無儒者。潛龍羽翼，公乃大雅。帝曰舊學，汝遂相予。真儒之效，此其權輿。熙運方開，明良起喜。如龍而雲，如魚而水。任以天下，可謂大臣。勞謙得士，清靜寧民。想其風采，金玉珪璧。賜之畫圖，式是百辟。豈惟丹青，盛德形容。尚友凌煙，黃閣清風。

《壽李秋谷》：薇省星辰近，巒坡日月遲。上公開瑞旦，舊學蔚明時。玉琯微陽動，宮壺喜氣隨。已傳蕭應昴，復說傅騎箕。琥珀蒼松液，　瑚碧樹枝。茂生豪傑士，來作太平基。憶昔公初起，方時事已瘥。艱虞身保障，謀議國蓍龜。赤手除蛟虎，丹心見藿葵。一朝周典禮，萬世漢官儀。宗廟重鐘虡，乾坤再柱維。泰階寒耿耿，遐壤日熙熙。大小陳綱紀，神奸鑄鼎彝。桂枝增秀髮，蔓草極芟夷。鄉校惟聞頌，朝廷總得宜。端由天子聖，亦在哲人推。昭代才何盛，斯文柄獨持。立言成準範，析理貫書詩。餘事歸青史，新篇藹素期。朝趨雙闕內，夕夢北山陲。顧問常前席，論思每執規。力援寒畯溺，已視庶民飢。姓字喧童稚，仁恩被等衰。功高門似水，心靜爵空縻。報主期堯舜，為臣志呂伊。山河分陝地，勳業太常旗。早達謙盈理，居多寵祿辭。戰兢存夙夜，贔屭負安危。即此觀天道，宜能永福綏。直為天下祝，不是老夫私。

《次韻秋谷西郊書事》：車馬城西何處村，青山綠酒鴈紛紛。天開勝日晴如洗，地轉微陽氣欲醺。應倚長松詢白髮，還臨絕澗望紅雲。高賢自古閒難得，夾道爭瞻李相君。

《壽李秋谷平章十一月朔》：河漢無雲，淡月疏星，玉宇初澄。漸金仙掌上，露華高潔，

〔註260〕《雪樓集》卷10。
〔註261〕《雪樓集》卷29。
〔註262〕《雪樓集》卷29。
〔註263〕《雪樓集》卷30。
〔註264〕《雪樓集》卷30。

西風陣裏，霜氣崚嶒。浪蕊浮花，狂茨怪蔓，此日紛紛一掃平。誰歟似，有天公錫號，秋谷山人。須知與物為春。向擊斂、中間寓至仁。是紱麟盛旦，黃鐘應候，一陽方動，萬彙俱萌。億兆蒼生，鈞陶繫命，壽國端如壽此身。梅花遠，倩新詞描寫，來侑芳尊。

《清平樂·壽李秋谷》：蔥蔥瑞色。岑蔚亭前客。一點梅花藏太極。總是春風消息。去年今日西山，哦詩賭酒忘還。到底黃扉紫閣，不如未老清閒。

元仁宗與李孟論「用人之道」，李孟堅持科舉取士。並且主張先先德行經術，而後文辭，才能選取真正的人才。元仁宗聽從其建議，決意仿照實行。延祐二年春，元廷命李孟為監試官，親自策試士人。

黃溍《元故翰林學士承旨中書平章政事贈舊學同德翊戴輔治功臣太保儀同三司上柱國追封魏國公諡文忠李公行狀》〔註265〕：先是，上（仁宗）與公（李孟）論用人之道。公曰：「自古人材所出，固非一途，而科目得人為盛。今欲取天下人材而用之，捨科目何以哉？然必先德行經術，而後文辭，乃可得其真材以為用。」上深然其言，遂決意行之。延祐元年冬十二月，復拜公中書平章政事，依前翰林學士承旨、知制誥、兼修國史。二年春，遂命公知貢舉。及親策多士於廷，仍命公為監試官。

按：許師敬，字敬臣，懷孟河內（今河南沁陽）人，許衡第四子。由監察御史歷治書侍御史、吏部尚書、中書參政、國子祭酒、太子詹事、中書左右丞、翰林承旨，由西臺中丞拜御史中丞。頗習蒙古語。武宗時，任吏部尚書。皇慶元年（1312），授中書參知政事。次年，奉命領國子學，並參議行貢舉法。後出為山東廉訪使。泰定二年（1325），拜中書左丞。依據許衡以修德為治之說，編類為帝訓，請於經筵進講。詔命與翰林學士承旨阿璘鐵木耳等譯成蒙古文，改名《皇圖大訓》，授皇太子。四年，進中書右丞。後卒於官。

《宋元學案》〔註266〕：承旨許先生師敬。許師敬字敬臣，魯齋第四子，官至參知政事翰林承旨。先生明經務誠，學尚節概，克有父風。

以宋儒周敦頤、程顥、程頤、司馬光、張載、邵雍、朱熹、張栻、呂祖謙、許衡從祀孔子廟廷。

《大元國學先聖廟碑》〔註267〕：春秋二祀，先期，必命大臣攝事。皇帝御極，陞先儒周敦頤、程顥、程頤、司馬光、張載、邵雍、朱熹、張栻、呂祖謙、許衡從祀，廣弟子員為三百。進庶民子弟之俊秀，相觀而善，業精行成者，歲舉從政。又詔天下，三歲一大比，興賢能

〔註265〕《全元文》第30冊，第40頁。
〔註266〕〔清〕黃宗羲《宋元學案》卷九十，清道光刻本。
〔註267〕《雪樓集》卷6。

於是。崇宇峻陛，陳器服冕。聖師巍然，如在其上。教有業，息有居，親師、樂友、諸生各安其學，咸曰：「大哉！天子之仁至哉！」相臣之賢、工曹之勤，其知政治之本源矣。

　　十月，敕中書省議行科舉。〔註268〕

　　初，世祖、成宗皆嘗議定科舉制而未及行，至是帝與李孟論用人之方，孟曰：「人材所出，固非一途。然漢、唐、宋、金，科舉得人為盛。今欲興天下之賢能，如以科舉取之，猶勝於多門而進。然必先德行經術而後文辭，乃可得真材也。」〔註269〕帝深以為然，決意行之。又議曰：「夫取士之法，經學實修己治人之道。詞賦乃摛章繪句之學，自隋、唐以來，取人專尚詞賦，故士習浮華。今臣等所擬，將律賦、省題詩、小賦皆不用。專立德行習經科，以此取士，庶可得人。」〔註270〕

　　關於科舉所考內容，據虞集記：「國家始置進士舉，必欲學者深通朱氏、論語、大學、中庸、孟子之說，而五經之傳一有定論，蓋將仗其人專心竭力於此焉。苟有以深嚐其味，而極造其旨，必幡然而悟、惕然而恐，思有以靜存動，察如所問所知而用工焉，則其人有不為聖賢之歸，而足為世用者乎惜乎？」〔註271〕

　　詔行科舉。

　　《續資治通鑑》：甲辰，行科舉。帝使程鉅夫及李孟、許師敬議其事。

　　《元史》〔註272〕：以皇慶三年八月，天下郡縣興其賢者、能者，充貢有司，次年二月，會試京師，中選者親試於廷，賜及第出身有差。帝謂侍臣曰：「朕所願者，安百姓以圖至治，然匪用儒士，何以致此。設科取士，庶幾得真儒之用，而治道可興也。」

　　科舉具體行事：選舉之法尚矣。成周庠序學校，以鄉三物教萬民而賓興之，舉於鄉，陞於司徒、司馬論定，而後官之。兩漢有賢良方正、孝悌力田等科，或奉對詔策，事猶近古。隋、唐有秀才、明經、進士、明法、明算等科，或兼用詩賦，士始有棄本而逐末者。宋大興文治，專尚科目，雖當時得人為盛，而其弊遂至文體卑弱，士習委靡，識者病焉。遼、金居北方，俗尚弓馬，遼景宗、道宗亦行貢試，金太宗、世宗屢辟科場，亦粗稱得士。

　　元初，太宗始得中原，輒用耶律楚材言，以科舉選士。世祖既定天下，王鶚獻計，許衡立法，事未果行。至仁宗延祐間，始斟酌舊制而行之，取士以德行為本，試藝以經術為先，士褎然舉首應上所求者，皆彬彬輩出矣。然當時仕進有多岐，銓衡無定制，其出身於學校者，有國子監學，有蒙古字學、回回國學，有醫學，有陰陽學。其策名於薦舉者，有遺逸，有茂異，有

〔註268〕《元史》卷24《本紀第二十四》，第541頁。
〔註269〕《元史》卷175《李孟傳》，第4086頁。
〔註270〕〔明〕陳邦瞻《元史紀事本末》卷8，明末刻本。
〔註271〕虞集《瑞昌蔡氏義學記》，《道園學古錄》卷36，四部叢刊景明景泰翻元小字本。
〔註272〕《元史》卷24《本紀第二十四》，第543頁。

求言，有進書，有童子。其出於宿衛、勳臣之家者，待以不次。其用於宣徽、中政之屬者，重為內官。又蔭敘有循常之格，而超擢有選用之科。由直省、侍儀等入官者，亦名清望。以倉庾、賦稅任事者，例視冗職。捕盜者以功敘，入粟者以貲進，至工匠皆入班資，而輿隸亦躋流品。諸王、公主，寵以投下，俾之保任。遠夷、外徼，授以長官，俾之世襲。凡若此類，殆所謂吏道雜而多端者歟！矧夫儒有歲貢之名，吏有補用之法，曰掾史、令史，曰書寫、銓寫，曰書吏、典吏，所設之名，未易枚舉，曰省、臺、院、部，曰路、府、州、縣，所入之途，難以指計。雖名卿大夫，亦往往由是躋要官，受顯爵；而刀筆下吏，遂致竊權勢，舞文法矣。故其銓選之備，考核之精，曰隨朝、外任，曰省選、部選，曰文官、武官，曰考數，曰資格，一毫不可越。而或援例，或借資，或優升，或回降，其縱情破律，以公濟私，非至明者不能察焉。是皆文繁吏弊之所致也。

《元史》〔註273〕：今採摭舊編，載於簡牘，或詳或略，條分類聚，殆有不勝其紀述者，姑存一代之制，作《選舉志》。

至仁宗皇慶二年十月，中書省臣奏：「科舉事，世祖、裕宗累嘗命行，成宗、武宗尋亦有旨，今不以聞，恐或有沮其事者。夫取士之法，經學實修己治人之道，詞賦乃摛章繪句之學，自隋、唐以來，取人專尚詞賦，故士習浮華。今臣等所擬將律賦省題詩小義皆不用，專立德行明經科，以此取士，庶可得人。」帝然之。十一月，乃下詔曰：「惟我祖宗以神武定天下，世祖皇帝設官分職，徵用儒雅，崇學校為育材之地，議科舉為取士之方，規模宏遠矣。朕以眇躬，獲承丕祚，繼志述事，祖訓是式。若稽三代以來，取士各有科目，要其本末，舉人宜以德行為首，試藝則以經術為先，詞章次之。浮華過實，朕所不取。爰命中書，參酌古今，定其條制。

科目：

太宗始取中原，中書令耶律楚材請用儒術選士，從之。九年（1237）秋八月，下詔命斷事官術忽䚡與山西東路課稅所長官劉中，歷諸路考試。以論及經義、詞賦分為三科，作三日程，專治一科，能兼者聽，但以不失文義為中選。其中選者，復其賦役，令與各處長官同署公事，得東平楊奐等凡若干人，皆一時名士，而當世或以為非便，事復中止。

科舉實行之初，有官吏認為以科舉考試選拔官吏，可以即刻實現治國平天下的目的。獨虞集進言，應於本源治理，並討論學校事宜。

《元史紀事本末》〔註274〕：朝廷方以科舉取士說者，謂治平可立致。集賢修撰虞集獨謂：「當治其源。」因會議學校乃上議，曰：「師道立，則善人多。學校者士之所受教，以至於成德達材者也。今天下學官，猥以資格授強加之諸生之上，而名之曰師耳。有司弗信之，生徒

〔註273〕《元史》卷81《志第三十一》，第2017～2027頁。

〔註274〕〔明〕陳邦瞻《元史紀事本末》卷8，明末刻本。

弗信之，於學校無益也。如此而望，師道之立可乎？下州小邑之士無所見聞，父兄所以導其子弟，初無必為學問之實意。師友之遊從，亦莫辨其邪正。然則，所謂賢材者，非自天降地出，安有可望之理哉？為今之計，莫若使守令求經明行修成德者，身師尊之，至誠懇惻以求之，其德化之及，庶乎有所觀感也。其次，則求夫操履方正而不為詭異駭俗者，確守先儒經義師說而不敢妄為奇論者、眾所敬服而非鄉愿之徒者，延致之日，諷誦其書。使學者習之入耳著心，以正其本，則他日亦當有所發也。其次，則取鄉貢至京師罷歸者，其議論文藝猶足以聳動其人，非若泛泛莫知根柢者矣。

【編年文】

《升平橋記》（正月）、《致樂堂記》（二月）、《皇后玉冊文》（二月）、《故國子助教李性學墓碑》（夏）、《用晦和尚語錄》（九月）、《科舉詔》（十一月）、《大元國學先聖廟碑》（春）

元仁宗延祐元年甲寅（1314） 六十六歲

【時事】

二月，元廷立印經提舉司。以侍御史趙世延為中書參知政事。三月，中書平章政事察罕致仕。四月，元廷陞延慶寺秩正二品。京兆為故儒臣許衡立魯齋書院。復以鐵木迭兒為右丞相，合散為左丞相。八月，因實行科舉，天下賢能者，入有司。十二月，元廷以翰林學士承旨李孟復為中書平章政事。重新任命齊履謙為國子司業。

【事蹟】

一月十二日，程鉅夫奉詔作《延祐改元詔》。

《延祐改元詔》〔註275〕：惟天、惟祖宗眷佑有國。朕自即位，於今四年。比者，陰陽失和，星芒示儆。豈朕躬脩德之未至歟？抑官吏之未選而政令之或乖歟？思以回天心，召和氣，側身脩行，實切余衷。庸勅攸司，各共廼職，爰布惟新之令，誕敷濟眾之仁。可改皇慶三年為延祐元年。於戲！以實應天，爰聿新於庶政。用孚有眾，同保合於太和。

三月，白雲平章年老辭官，程鉅夫作送別序文。

《送白雲平章序》〔註276〕：延祐改元春三月，引年致政。

馮道恭，旴江人，羈旅京師，好道家學說。求程鉅夫三子程大本書道家《度

〔註275〕《雪樓集》卷1。
〔註276〕《雪樓集》卷15。

人經》。後刻本刻成，程鉅夫於三月書跋文於後。

《跋子大本書度人經後》〔註 277〕：右《度人經》一部，馮道恭求吾兒大本為書之，刻本印施。夫道家之書，《老》、《莊》不可及已。此經，其要本於大道，辭甚詭而義甚密。世俗日誦以求福田利益，未必皆悟所謂「度人」者。馮本旴江人，幼遭亂離，羈旅京師，獨好老氏之學，不娶，不茹葷酒，浮湛市井間，人鮮能知之，蓋真志於老氏之流歟？刻既成，為書其後。延祐元年三月某日。

延祐元年四月一日，程鉅夫作《〈續孟〉、〈伸蒙子〉序》。

按：《續孟》二卷、《伸蒙子》三卷為唐代林慎思作，收入唐《藝文志》、宋《崇文總目》。程鉅夫評價二書的特點為「文深義密，諄切反覆，不悖於聖人之道，誠有補於世教也」。

林慎思字虔中，福州長樂人。讀書於邑之稠巖山石室。咸通十年中第，又中宏詞拔萃科。唐廷賜其鄉「芳桂」，賜其里「大宏」。歷官秘書省校書郎、陞尚書水部郎中。黃巢起義時，罵起義軍而死。

《〈續孟〉、〈伸蒙子〉序》〔註 278〕：《續孟》二卷、《伸蒙子》三卷，唐林公慎思所作，其書列於唐《藝文志》、宋《崇文總目》。夫以孟子才號亞聖，書次六經，自司馬遷、揚雄、韓愈之徒尊信篤好，以為大有功於聖門；至司馬光、李覯輩乃著書譏毀，學者固自有次第哉。二書免於世俗之見，亦幸矣夫。然二書文深義密，諄切反覆，不悖於聖人之道，誠有補於世教也。公字虔中，福州長樂人。兄弟五，同讀書邑之稠巖山石室。公中咸通十年第，又中宏詞拔萃科。賜其鄉曰芳桂，里曰大宏。繇秘書省校書郎，至尚書水部郎中。黃巢犯長安，罵賊而死，蓋賢者也。其幾世孫崇萬來京師，求予序之。嵩萬今為浮屠氏云。延祐改元四月晦。

五菩薩廟，在徽州婺源、吳楚、閩越之間皆祀。婺源之廟早年附於智林寺，寺再燬再構，皆為汪氏之功。本年，元廷賜廟額「萬壽靈順五菩薩廟」，智林寺為「萬壽寺」。程鉅夫有感於汪氏作為，五月十五日為之作記。

《婺源山萬壽靈順五菩薩廟記》〔註 279〕：五顯神莫知何所始，在徽之婺源、吳楚、閩越之間皆祀之，累朝封號甚尊顯。宋德祐元年，燬於寇。時里人汪元龍守鄉郡，弟元奎為邑宰，復建之，施田若干畝奉時祀，曰景福莊。世祖既定天下，禮百神，奉香幣致祭。至大四年，再燬。元奎之子僉廣東肅政廉訪司事良臣、某路治中良昰首樹正殿，眾爭獻貨幣。門廡、樓觀、庖庫之屬皆成焉，壯麗宏大甲於郡。初，廟附智林寺，寺亦再燬再構，皆出汪氏。延祐元年，賜廟

〔註 277〕《雪樓集》卷 25。
〔註 278〕《雪樓集》卷 25。
〔註 279〕《雪樓集》卷 13。

額曰萬壽靈順五菩薩之廟，寺曰萬壽之寺。明年，良臣請紀於石。唯神赫奕變化，著靈効響，海
內所共聞。而廟有再興之功，汪氏為大，不唯神在。國初，元龍兄弟保民之功尤多，仕皆至治中。
伯朝列大夫，仲奉直大夫。良臣嘗為監察御史，有能聲。是為記。夏五月十五日廣平程某記。

　　五月，京兆因故儒臣許衡立魯齋書院，元廷降璽書旌表。程鉅夫為此做救
賜文《諭立魯齋書院》。

　　按：魯齋書院為元延祐元年（1314 年）五月，為紀念和推崇許衡的教育
功績，在陝西東關八仙菴南鄰建立的書院。程鉅夫曾魯齋書院撰寫文章：《諭
立魯齋書院》和《魯齋書院記》。

　　《諭立魯齋書院》〔註 280〕：諭陝西行省、行臺大小諸衙門官吏人等：中書省奏：「御史
臺言：『故中書左丞許衡首明理學，尊為儒師。世祖皇帝在潛邸，嘗以禮徵至六盤山，提舉陝右
學校，文風大行。西臺侍御史趙世延請依他郡先賢過化之地，為立書院前怯憐口總管王某獻地
宅以成之。延請前國子司業某同主領，教生徒。乞降旨撥田養士，將王某量加旌勸。』」准奏。
可賜額曰魯齋書院，仰所在官司量撥係官田土入學，奉朔望、春秋之祀。修繕祠宇，廩饌師生，
務在作養人材。講習道義，以備擢用。從本路正官主領敦勸，行省、行臺常加勉勵。其王某，
令有司別加旌表，仍禁治過往使臣、官員人等毋得在內停止，褻瀆飲宴，聚理詞訟，造作工役。
應贍學產業書院公事，毋得諸人侵擾。彼或恃此為過作非，寧不知懼。

　　《元史續編》〔註 281〕：延祐元年……夏五月，京兆立魯齋書院。

　　六月，程鉅夫作《跋姚雪齋贈周定甫詩後》。

　　按：姚樞曾贈予周定一卷詩，周定之子周德持是卷來謁程鉅夫，延祐元年
六月，程氏為該詩作序。

　　姚樞（1203～1280）字公茂，號敬齋，又號雪齋，柳城人，徙洛陽。金亡
居輝州，以道學名。世祖在潛邸，召詢治道，大悅，遂留備顧問。中統四年除
中書左丞，十四年拜昭文館大學士，十三年改翰林承旨，十七年卒，年七十八。
謚文獻。程鉅夫曾為其作《跋雪齋墨蹟》。

　　周定甫即周止，字定甫，濱州人。事世祖潛邸，至元元年累官中書都事，
除河南憲僉，陞遼東憲副，十三年改江東宣慰副使，歷湖南、湖北兩道按察使，
以翰林侍讀學士致仕。

　　《跋姚雪齋贈周定甫詩後》〔註 282〕：右少師姚文獻公贈周君定甫先生詩一卷。定甫事

〔註 280〕　《雪樓集》卷 1。
〔註 281〕　〔明〕胡粹中《元史續編》，卷 8，清文淵閣四庫全書本。
〔註 282〕　《雪樓集》卷 25。

世祖潛邸，中統建元，召為中書詳定官。明年，置行省平陽，授左右司郎中。又明年，建十路宣慰司，遷北京平灤廣寧宣慰司參議。至元元年，詔以中書都事，從姚公董選西京、平陽、大原。時姚公為左丞。六年，立提刑按察司，僉河南按察司事。姚公贈詩，蓋此時也。十年，遷遼東副使。十三年，改江東宣慰副使。十八年，進湖南按察司。居五年，改湖北，以翰林侍讀學士召，竟引年謝歸。定甫博學遠識，所至立名節。姚公與周旋久，故知之深。號一時賢公卿。順德忠獻王之平章湖廣行省也，用其子德貞為掾。大德中，余廉問湖北，始識之，渾然才德君子也。延祐改元夏，忽持是卷來謁。嗚呼！翰墨猶新，典刑如昨，余與子亦俱老矣，能無慨乎！尚世守之哉。六月日跋。

夏，應燕公楠子燕琦之請，作《資德大夫湖廣等處行中書省右丞燕公神道碑銘》。

按：燕公楠（1241～1302）字國材，號五峰，南康建昌人。宋末歷官贛州通判，宋亡，授吉州路同知，除僉江淮行省事，至元二十五年遷大司農，改江浙參政，復為大司農，元貞元年陞河南行省右丞，改江浙，大德三年移湖廣，六年卒，年六十二。程鉅夫與燕公楠交善，曾有詩文往來唱和。程鉅夫曾作：《沁園春·並序》、《摸魚兒·壽燕五峰右丞》、《水龍吟·次韻謝五峰》、《燕五峰右丞用安總管雪詩韻見貽次韻二首》；針對《摸魚兒》和《次韻二首》，燕五峰也有和作《繡使雪樓先生歌〈摸魚詞〉》、《燕五峰詩附》。

《資德大夫湖廣等處行中書省右丞燕公神道碑銘》〔註 283〕：元貞元年，進河南行省右丞，首正塩法。大德三年，遷湖廣。五年夏，徵入朝。明年正月四日，薨於京師傳舍，年六十二。敕中書致祭，有司具儀衛，遣官乘馹，護喪南歸。某月某日，祔葬江州德安縣烏石山先塋。延祐改元夏，子琦以萍鄉知州秩滿，赴調京師，以狀來請，曰：「不幸先公棄諸孤十有三年矣（延祐二年 1315），而神道之文未之有也。知先公莫若先生，敢請。」唯公以通材贍智，識時審變，簡知世祖，起自覉旅，致位疑丞。雖久寄藩維，無歲不召。

《沁園春·並序》〔註 284〕：五峰大卿寄示所和繡江參議《沁園春》詞，一以退為高，一以進為忠，二者皆是也。區區愧未之能焉。倚歌而和，情見乎辭。

十載京華，騎馬聽雞，自憐闊疏。看春風葵麥，敷舒如此，故園桃李，憔悴知歟。要乞閒身，聊追故步，雪艇煙簑一釣夫。君恩重，卻許令便養，欲去躊躇。竹西準擬寧居。詠不到、娉娉嫋嫋餘。又橋邊巷口，燕尋舊壘，天東海角，月上新衢。尸素有慚，澄清無補，豈不懷歸畏簡書。堪時用，得卿如卿法，吾自吾廬。

〔註 283〕《雪樓集》卷 21。
〔註 284〕《雪樓集》卷 30。

《摸魚兒・壽燕五峰右丞》〔註 285〕：記江梅、向來輕別。相逢今又平楚。東風小試南枝暖，早已千林煙雨。春幾許。向五老、仙家移下瓊瑤樹。溪橋驛路。更月曉堤沙，霜清野水，疏影自容與。　平生事，幾度含章殿宇。隔花麼鳳能語。苔枝夭矯蒼龍瘦，誰把冰鬚細數。千萬縷。簇一點、芳心待與和羹去。移宮換羽。且度曲傳觴，主人花下，今日慶初度。

（五峰詞附）《繡使雪樓先生歌・摸魚詞》〔註 286〕：華餘初度，次韻敬謝。盛心荒唐，愧甚。

又浮生、平年六十。登樓悵望荊楚，出山寸草成何事，閒卻竹煙松雨。空自許。早搖落、江潭一似琅琊樹。蒼蒼天路。謾伏櫪心長，銜圖翅短，歲晏欲誰與。　梅花賦，飛墮高寒玉宇。剛腸還寧馨語。英雄操與君侯耳，過眼羣兒誰數。霜鬢縷。秖夢聽、枝頭翡翠催歸去。清觴飛羽。且細酌肝泉，酣歌郢雪，風致美無度。

《水龍吟・次韻謝五峰》〔註 287〕：不知今夕何年，飛來五老峰頭月。清輝無限，殷勤回照。歲寒蒼雪。寫入宮商，鋪成紈素，盡情誇說。倚胡床老矣，若為消得，除卻是、杯中物。自笑半生長客。正沉思、故林幽樾。兒童驚走，龍鸞雜還，兩山排闥。風雨蕭蕭，冰霜耿耿，相看高節。問此君、學和龍吟，水底幾時成闕。

《燕五峰右丞用安總管雪詩韻見貽次韻二首》〔註 288〕：開門鷺羽舞仙仙，時序崢嶸又一年。萬象好看俱幻處，兩儀渾似未分先。插空粉筆誰供畫，散路銀盃不值錢。狐兔只今難遁跡，長弓俊鶻快三田。

五老峰頭不老仙，詩來喜雪兆明年。閒吟公自如忠獻，懶讀吾方似孝先。杯酒膡思澆磊磈，街泥猶惜濺連錢。斯時雅稱官居冷，帽擬僧伽衣稻田。

《燕五峰詩附》〔註 289〕：比見諸名勝所賡安侯雪詩病中偶成兩章錄呈一笑。

疑是瓊樓上界仙，散花布地又年年。玉龍松老猶擎重，翠羽梅寒敢佔先。甲胄戍邊思挾纊，貂裘換酒不論錢。舊家風味都休說，預喜豐年賦大田。

銀潢剪水出天仙，此瑞今無二十年。南紀歡騰三白後，北枝春遜六花先。此時沙漠應如席，曩日京都屢賜錢。臣子願豐無補報，負丞秖恐愧藍田。

監察御史李源道，字仲淵。撰有《劉簡州墓誌銘》，贊其單騎入劉整軍，勇而有謀。程鉅夫認為李源道筆力亦如劉簡州之孤軍逐北，自己應卻而避，於七月作《跋李仲淵作劉簡州墓誌銘後》。

〔註 285〕《雪樓集》卷 30。
〔註 286〕《雪樓集》卷 30。
〔註 287〕《雪樓集》卷 30。
〔註 288〕《雪樓集》卷 27。
〔註 289〕《雪樓集》卷 27。

《跋李仲淵作劉簡州墓誌銘後》〔註290〕：右監察御史李仲淵所作《劉簡州墓誌銘》一首。觀所載簡州單騎入劉整軍，可謂勇而有謀者，惜未究厥用以死。仲淵筆力政欲以孤軍逐北，封侯萬里者，余卻而避之矣。延祐元年秋孟廣平程某跋。

史舘編脩孛尤魯狪，字子翬。其撰文述瘍醫盍彥澤孝義之事非常詳備，翰林待制逢原又請程鉅夫跋於後，八月二十二日，程氏為作《跋孛尤魯狪子翬編脩敘瘍醫盍彥澤孝義後》。

《跋孛尤魯狪子翬編脩敘瘍醫盍彥澤孝義後》〔註291〕：右史舘編脩孛尤魯狪子翬所敘瘍醫盍彥澤孝義詳矣。逢原待制復欲老朽著語於後，是狐裘而羔袖之也。辭不獲，乃詳其本末贅之。按彥澤乃祖伯仲以醫事金，金滅，復從太宗、世祖征伐，著勞蓋久。伯氏既家燕，仲氏居秦，相去數千里，皆一傳而微。兩家十二喪未入土，天道若有不可知者。及伯母李以醫入宮，彥澤因得以世業給事尚方。彥澤方日夜以畢葬為憂，而適有藩王之召，受寵錫厚賚，西道長安，東還京師。兩家之喪不再歲而畢葬，始知天道決非偶然。此固彥澤孝心所致，亦祖宗所積者厚也。至於恤災捍患，扶老慈幼，事伯母如母，嫁娶、教育能竭力兩家，如彥澤者，抑又難矣。嗟夫！世之不幸如盍氏者眾矣，有甚幸如盍氏者曾幾何人？乃祖建之以忠，乃孫承之以孝，垂微而復為世所稱，不亦甚可貴重哉？延祐改元八月二十二日書。

快閣在盧陵太和東南城上，邑令太常博士沈遵為之名。黃庭堅曾賦詩其上。至大四年，邦侯聖陰徒留俸屬寓公高安尹嚴用父成之。明年，嚴用父之孫嚴莊來京師，以圖請程鉅夫記，且道侯之政。九月一日，程氏為作《太和州重脩快閣記》。

《太和州重脩快閣記》〔註292〕：盧陵有閣，最一郡之勝，在太和東南城上。邑令、太常博士沈遵名曰快閣。迨黃太史庭堅繼至，賦詩其上，而閣之名聞天下，蓋自豫章泝流五百餘里，江盤峽束，牽挽鬱陿，驚心怵目，至是而山平川舒，曠浪褰開，躍然如龍蛇之伸、鷗鵬之息。跂而四顧，快可知己。邑為州，官事繁，遊覽廢，閣壞，為廄為驛，為獄訟之庭，旋葺旋毀，豈復知有所謂快者哉？至大四年，邦侯聖陰徒、貳車楊學文議改作，而侯以監察御史召，留俸五百緡，屬寓公高安尹嚴用父成之。已而郎侯祐來，議克合，掄材徵工，撤而新之。為屋三重，重十楹。前為閣，後祠太史，中為燕休之堂。三年而畢，弗亟弗徐。屋加於舊，而民弗與知。登斯閣也。天高水夐，陽開陰翕。禾黍滿野，舟行如飛。仙地之勝，若始闢焉。明年，高安之孫莊侍其諸兄威來京師，以圖請記，……書以遺之，俾刻之石。董是役者，劉沖、蕭佐。

〔註290〕《雪樓集》卷25。
〔註291〕《雪樓集》卷25。
〔註292〕《雪樓集》卷30。

延祐元年九月朔記。

皇慶元年、二年，京師不雨。武當山道士張守清，禱而雨。本年十月，從集賢大學士臣顯請，賜武當山宮觀「大天一真慶萬壽宮」。敕賜程鉅夫撰碑文，集賢學士趙孟頫書丹，中書參知政事趙世延篆額。

《均州武當山萬壽宮碑》〔註 293〕：皇慶元年春三月，京師不雨。遍走羣望，不雨。詔武當山道士張守清，禱而雨。明年春，不雨，禱而雨。夏又不雨，又禱又雨。……延祐改元春二月，皇太后命師乘馹，奉香幣，還山致祭。冬十月，集賢大學士臣顯請加賜宮額曰大天一真慶萬壽宮。詔翰林學士承旨臣某撰碑文，集賢學士臣孟頫書丹，中書參知政事臣世延篆額。臣某竊惟聖天子原清靜之本，躬垂拱之化父天母地，懷柔百神，陶成萬類，子育兆姓，宵衣旰食，期厎於治，可謂至德也矣。

漢古衞城在衞輝路汲縣境內，城東北隅有崔府君祠，崔府君諱瑗，字子玉。東漢順帝時以茂才為汲令，民祀之至今。前一年，居民吳德建里門，程鉅夫以為此事「為令者善鑒」，於十二月一日作《古衞城崔府君廟里門記》。

《古衞城崔府君廟里門記》〔註 294〕：衞之汲有古衞城在其境。廟於東北隅者，漢崔府君祠也。府君諱瑗，字子玉。順帝時，以茂才為汲令。居七年，數言便宜，開稻田數百頃。民祀之至今。廟屢廢輒興，累朝皆有封號。至元中，封靈惠齊聖廣佑王。皇慶二年，居民吳德建里門以表之。子實益加藻麗焉，介以記請。嗟夫！王去今千數百年，民之思不泯，非為令者之善鑒哉？延祐元年冬十有二月朔記。

虎林山大明慶寺，肇於唐，盛於宋景定，為國祠壇場。至元益大。後重建佛殿。集賢侍讀學士趙孟頫請程鉅夫作文，程氏以為可以「致崇極，寄瞻仰」，於本年為作《虎林山大明慶寺重建佛殿記》。

《虎林山大明慶寺重建佛殿記》〔註 295〕：寺僧子永莊嚴諸天梵相，端儼妙麗如親示見。於虖！非師之強忍堅摯，疇厎是耶？按寺肇於唐，盛於宋景定，有佛慧大師者以律教焯於茲，遂為國祠壇場。至我元而益大。歲時百官虔，集祝聖人壽。師名嗣良，道行高峻，多遊天台、鴈蕩間。居是寺凡再，棄去，再還。遭寺薦災，乃以興復為己任，卒賴以振。唯佛法之大，固無待於傑棟廣宇，而非此無以致崇極，寄瞻仰。師曰：「是役也，我執事之人亦惟勤哉，不可以不記。」因集賢侍讀學士趙君孟頫求文於余。謹書以記。延祐改元月日記。

本年，程鉅夫應柴中行族孫柴仲晦之請，作《南溪書院記》。

〔註 293〕《雪樓集》卷 5。
〔註 294〕《雪樓集》卷 13。
〔註 295〕《雪樓集》卷 13。

按：柴中行，諱中行，字與之。卒贈通議大夫、寶章閣待制，諡獻肅。宋名卿巨儒，從學於父強恕先生元裕，登紹熙元年進士甲科。慶元中，調撫州軍事推官，後在秘書監任上辭職，以講道南溪之上，從學者稱其「南溪先生」。

大德三年，為祭祀柴中行，柴氏後輩捐田建書院於柴中行讀書之地。書院距餘干八十里，因人稱柴中行為「南溪先生」，故此書院為「南溪書院」。延祐元年，元廷命置官署、廩子弟。

《南溪書院記》〔註296〕：大德三年，鄱陽柴氏捐田五百畝，因其先獻肅公南溪先生讀書之所，建書院以祀公，教鄉族子弟俊秀者。……延祐元年，命下，得置官署、廩子弟如制。公諱中行，字與之，宋名卿巨儒也。學於從父強恕先生元裕，登紹熙元年進士甲科。慶元中，調撫州軍事推官。……官至秘書監，乃謝事，與二弟中守、中立講道南溪之上。湯伯紀、饒伯興之徒數十百人皆從之遊，相與稱之曰「南溪先生」。卒贈通議大夫、寶章閣待制，諡獻肅。（公沒且百年，聖天子復以周、程、朱、張之書設科取士，以求聖人之治。公之志之學亦炳若揭日月行。書院之作，不亦宜乎？）……書院距餘干八十里，殿堂門廡、齋次庖廩具。首其議、終其成、捐田以倡率之者，公之族諸孫公輔、仲晦。贍以田者，天柱汝為發，蘭天祥士知、程道淳。請予記，仲晦也。仲晦蓋攝書院事云。

【編年文】

《延祐改元詔》（一月十二日）、《送白雲平章序》（三月）、《跋子大本書度人經後》（三月）、《〈續孟〉、〈仲蒙子〉序》（四月一日）、《婺源山萬壽靈順五菩薩廟記》（五月十五日）、《諭立魯齋書院》（五月）、《跋姚雪齋贈周定甫詩後》（六月）、《資德大夫湖廣等處行中書省右丞燕公神道碑銘》（夏）、《跋李仲淵作劉簡州墓誌銘後》（七月）、《跋字尤魯㹠子鞏編脩敘瘍醫盍彥澤孝義後》（八月二十二日）、《太和州重脩快閣記》（九月一日）、《均州武當山萬壽宮碑》（十月）、《古衛城崔府君廟里門記》（十二月一日作）、《虎林山大明慶寺重建佛殿記》、《南溪書院記》

元仁宗延祐二年乙卯（1315） 六十七歲

【時事】

二月，會試進士。三月，廷試進士，賜護都沓兒、張起巖等五十六人及第、出身有差。後元仁宗率諸王、百官奉玉冊、玉寶，加上皇太后尊號。命李孟等

〔註296〕《雪樓集》中未收入，收入《全元文》第 16 冊，第 299 頁。

類集累朝條格。是年二月，會試京師。

【事蹟】

二月，突得疾病，延太醫王東野、徐元善入診。病癒，撰《贈王太醫序》，文中詳述了王東野、徐元善兩位太醫對自己病的治癒過程。

《贈王太醫序》〔註297〕：延祐二年春二月，予暴得末疾，幾不知人。君入診，曰：「脈大浮盛。得之氣虛，而風乘之。宜服三生飲，間投以小續命湯。數日，疾可已。」嘉興徐元善復入診，一如君言。服之三日，手可舉，足可履。服之五日，手可至髮際，足可因人而行。服之七日，手可至顛，足可因杖而行。服之十日，手可舉物，足可去杖與人矣。惟舌本微彊，害於言。以問君，君曰：『脾脈絡胃夾咽，上連舌本，散舌下。心之別脈，上繫舌本。此心脾受風，未除也。宜服解語丹。』服之十日，舌不彊，語不害。若君之醫，可謂良矣。而徐君不立異以為功，亦可尚也。夫始余之疾，聞君之言而喜，及得徐君，益信然。當是時，君誠賢；徐君一立異，眾必茫然不知為計矣，予有弗病矣乎！賴二君子皆良醫，其識同，其心又同，是天以賜予也。

二月，程鉅夫為陳庾作《故平陽路提舉學校官陳先生墓碑》。

陳庾（1194～1261）字子京，號澹軒，猗氏人，陳賡弟，陳元忠之父。金末兵亂，轉徙無常，從應平陽高鳴之招，署郡教授，遂家焉。耶律鑄奏置經籍所於平陽，命庾領之。中統元年薦授平陽路提舉學校官，明年卒，年六十八。有詩一卷，收入《河汾諸老詩集》。

《故平陽路提舉學校官陳先生墓碑》〔註298〕：陳氏自宋太常少卿、累贈金紫光祿大夫、刑部尚書、太子太保諱希亮起巴蜀，以忠正剛直策大名嘉祐中，七世至平陽提學公，不少貶。……中統初，以宣撫張德輝薦，授平陽路提舉學校官。進德義，樹教化，勉學戒惰，風俗為之一變。明年，年六十八，卒。……公以中統二年秋八月六日卒，以至元二十有五年秋七月二十有五日，歸葬臨晉北原疑山先塋。以楊夫人祔。延祐二年春二月，觀以予相知翰林久，請文刻墓銘曰：

陳基姚虞，爰啟於眉。太保振跡，廼胤邦畿。擁旄秉鈞，世濟弗隳。聯輝竹帛，堅貞並持。藹藹平陽，古學是師。剛簡易直，孝友具宜。河水之東，洛水之西。餘風可想，遺教足稽。懷哉諸老，邈矣當時。五十五年，追載此碑。孝孫之思，邦人之貽。

三月，程鉅夫奉詔撰成《上皇太后尊號冊》。

《皇太后加上尊號玉冊文》〔註299〕：維延祐二年歲次乙卯三月己酉朔越二十有二日庚

〔註297〕《雪樓集》卷15。
〔註298〕《雪樓集》卷21。
〔註299〕《雪樓集》卷1。

午，皇帝臣御名謹稽首再拜言：臣聞，正始之道，王化之基，尚矣。況母儀天下，德厚功隆者哉？欽惟儀天興聖慈仁昭懿壽元皇太后陛下，開兩朝之帝業，紹祖宗之正傳。曠古所稀，於斯為盛。以臣涼菲，鞠育教誨，底於有成。定神器而措諸安，遏亂略而反之正，不動聲色，天下歸仁，惟我聖母全德之致也。……欽惟陛下，得一以寧，至靜而方。慈儉為寶，茀祿是康。永錫祚胤，俾熾俾昌。受茲顯號，萬壽無疆。臣鉅夫誠懽誠抃，稽首再拜。謹言。

《程譜》：延祐二年乙卯，公年六十七歲。春，奉詔撰加《上皇太后尊號冊》。

李雪菴大宗承襲寒山子之詩，以澹泊為宗，虛空為友。本年，平章政事張閭、右丞曹公、參政李公得李雪菴詩於十二代宗師焦空菴，將刻諸梓，請程鉅夫為序。六月十六日，程氏作《李雪菴詩序》。

《李雪菴詩序》〔註300〕：古今詩僧，至齊已、無本之流。非不工，而超然特見，高出物表，徑與道合，未有若寒山子之詩。雲頂敷之頌得其旨者，惟昭文館大學士雪菴大宗師乎？師以澹泊為宗，虛空為友。以堅苦之行為頭陀之首，蓋數十年矣。適然遇會，濡毫伸紙，發而為詩，有寒山雲頂之高，無齊已無本之麈、不假徽軫，宮商自諧。得之目前，深入理趣。謂不足以流芳聲於四海，振遺響於千禩，可乎？樵夫織婦邂逅一語，猶萬世不可跂及，況衣道食德，遐觀曠覽若大宗師者耶？世欲知師之道，此固特其糠粃；然求其至，亦不外乎此也。詩云乎哉！詩云乎哉！平章政事張閭公、右丞曹公、參政李公得本於十二代宗師焦空菴，將刻諸梓，而俾予序之。延祐二年夏六月既望，廣平程某序。

夏，應陳賡從孫翰林脩撰陳觀請，程鉅夫為陳賡作墓碑。

陳賡（1190～1274）字子颺，號默軒，猗氏人，庚兄。金末監藍田子午酒，改陝鹽場管勾，入元累官河東兩路宣撫司參議，以疾歸。至元十一年卒，年八十五。有詩一卷，收入《河汾諸老集》。

《故河東兩路宣慰司參議陳公墓碑》〔註301〕：參議陳公諱賡，字子颺。退居之十年，至元十一年正月六日，卒，年八十五。後十有五年秋七月二十有五日，葬河中府疑山先塋，以夫人張氏袝。延祐二年夏，從孫翰林脩撰觀請為墓道文。謹次其槩如左。……銘曰：嗟嗟陳公，河嶽之英，遭時多艱，歲靡遑寧。扶老攜幼，日與憂並。洛西十年，乃東入京。京途悠悠，誰秉國程？昌言罔知，有弗速傾。薄言還歸，爰屬皇明。既佐戎幕，亦撫鯨惸。眷言顧之，日月斯徵。孔子戒得，老氏知足。皎然美人，在彼空谷。緬懷萬端，藏之一束。惟仁吾居，惟義吾轂。惟孝惟弟，吾帛吾粟。賢必大用，公獨否之。眾人慍之，公獨信之。賢必有後，公獨靳之。眾人憤之，公獨順之。筳筳諸孫，於以胤之。春秋祭祀，永言慎之。

〔註300〕 《雪樓集》卷15。
〔註301〕 《雪樓集》卷21。

又為陳賡、陳庾、庾子陳元忠作《陳氏三先生畫像贊》〔註302〕。

《陳氏三先生畫像贊》〔註303〕：《默軒賡子䮂》：猗嗟子䮂，邁世之材。三鳳之首，多士之魁。學足以尊主芘民，氣足以摧奸斥回。作室者，方資以梗楠豫章；為禮者，方賴以犧象雲雷。四佐大幕，曾未足少展其風之培，邈超遙乎羲皇之上，翱翔乎河洛之隈。千載之下，拜公像者，凜然猶有生氣哉！

《澹軒庾子京賡之弟》：猗嗟子京，古人之學。四俊稱首，後進先覺。方力養於洛西，卿相莫能易其樂。一振鐸於河東，禮義化行乎千橐。豪如杜善甫，望顏而氣下。鷙如李長源，聞語而膽落。留金逆旅，安知墮器之誤。卻賈圄人，不忍病馬之鬻。百世之後聞其風者，不廉貪而敦薄耶？

《肅齋元忠時佐庾之子》：惟公弼父，嘉祐名臣。八傳至君，為儒之醇。刊偽落華，冠義服仁。其止安安，其動循循。天爵既脩，富貴浮雲。政成於家，化及邦人。訟者求直，不言而信。貸者告匱，折券予資。不忍羸牛，食之終身。附郭蓺桑，盜者莫親。惟君之學，追古與鄰。素髮朱顏，廣袂長紳。五柳有言，無懷之民，葛天之民。

醫家以杏林為美談。旴江陳庾弱冠時，鄉之儒潭先秋以杏山名其室，於今二十年。本年春，程鉅夫苦末疾。陳庾留遠齋者醫其日久，程氏益嘉其為人，於七月十六日為之作記。

《杏山藥室記》〔註304〕：旴江陳庾，杏山醫三世矣。予觀其為人質而不浮，聽其言簡而不眩，審其術信而有功。怵然有急人之容，泊然無苟利之心，其庶乎有董仙之心者歟？年方弱冠時，鄉之儒先秋潭周君嘗以杏山表其室，於今二十年矣。醫二十年，而鄉人信而用之如一日。留京師七年，出為江西官醫提舉司都目。人信用之亦如一日。積三十年之間，名不少貶，而家不益饒者，得非心董仙之心然也？今年春，予苦末疾。杏山來京師，留遠齋者益久，且益嘉其為人，故樂為之記，且以勗其志云。延祐二年秋七月既望，廣平程某書於遠齋。

元廷旌忠孝貞節之士。九月三日，從集賢大學士臣匡顯請，賜匡氏褒德之碑，程鉅夫奉詔作《匡氏褒德之碑》。

《匡氏褒德之碑》〔註305〕：天子既興聖人之治，忠孝貞節之旌遍天下，而下邳匡氏尤以挺特聞。延祐二年九月三日，遂以集賢大學士臣顯請，賜匡氏褒德之碑。臣某奉詔，為之文。……銘曰：匡氏維邈，有相於漢。徙滕蓄懿，耕邳遘亂。仡仡元戎，沉幾獨斷。爰歸有德，振我南翰。刈旗馘將，捐軀折叛。輸忠未究，居然永歎。阽危反覆，全家就難。蹀血僵尸，南

〔註302〕　《雪樓集》卷23。
〔註303〕　《雪樓集》卷33。
〔註304〕　《雪樓集》卷13。
〔註305〕　《雪樓集》卷5。

遷北竅。點戎斫面，馴嚳繞竉。婦貞子孝，赫焉炳煥。嗣子歸朝，素髮州縣。德隆報爽，玄造誰算。文臣為言，睿渥遒渙。穿碑既揭，河昭宿爛。抒誠播辭，永激頑懦。

因楊敬直、元直兄弟遵禮，推恩其祖，敕賜集賢大學士李謙為之文。後秦國公李孟為榜曰致嚴，集賢侍講學士趙孟頫銘之，參知政事賈鈞書墓表，刻御史中丞郝天挺之字曰楊氏先塋。楊敬直、元直請程鉅夫為之記。十月，程氏為作《楊氏先塋記》。

《楊氏先塋記》〔註306〕：邃古之初，不封不樹。中古，墓而不墳。成周之時，始以爵等為丘封之度，與其樹數，設官掌之。漢律，列侯墳高四丈。自是以降，其制益明。天祿、辟邪之屬亦各有差等，所以辨貴賤，定民志也。聖天子以仁孝治天下，加惠臣鄰，無有幽顯，孝子慈孫之心咸翼然以奮。嗚呼！教孝勸忠之政不其美與？梁國楊文懿公之墓在大梁祥符縣魏陵鄉白榆村。先是，公之二子敬直、元直遵禮，經廣兆域，至於表羡道。識玄堂，猶有俟也。二子既受簡知，至大三年秋七月，詔推恩其祖禰。明年夏四月，又賜碑墓道，遣將作院使伊納克傳旨：集賢大學士李謙為之文。……改作祠堂三楹，秦國公李孟為榜曰致嚴。壙未有銘，集賢侍講學士趙孟頫銘之。墓前有表，參知政事賈鈞書之。墓南二丈有石門，刻御史中丞郝天挺之字曰楊氏先塋。……延祐二年十月日記。

程鉅夫因推崇許衡之學，為使聖人之道復明，復見於設施，使得後學誌許衡之志、學許衡之學，於十一月一日作《魯齋書院記》。

《魯齋書院記》〔註307〕：今天子以天縱之質繼列聖之緒，嚮用經術，尊禮儒先，彬彬雍雍，著者益彰而且廣矣。……古昔儒先自伊洛、關輔以來，相望百年不絕，而續若朱子之立言，使聖人之道復明於簡籍，許先生之立事，使聖人之道得見於設施，皆所謂豪傑之士也。觀先生之於朱子，信其道，從其言，尊之為父師，敬之如神明。……延祐二年十有一月朔記。

身患疾病，乞求辭官歸鄉，未得允許。仁宗遣人慰問程鉅夫，並敕官其子大本為郊祀署令。不久，程鉅夫疾病痊癒。仁宗命中書平章、秦國公李孟賜《世德碑》。

《行狀》：延祐二年，得末疾，乞歸田，不許。上時遣近臣撫問，勞之曰「卿先朝舊臣，素篤忠貞。宜強飯，善自攝調，以副朕倚注之心。」敕官其子大本為郊祀署令，以說安之。疾病尋愈。

《神道碑》：延祐二年，得末疾。勒近臣撫問勞之曰：「卿先朝舊臣，素稱忠直。宜強飯，善自調攝，以副朕心。」官其子大本郊祀署令，以便養。請去益堅。

〔註306〕《雪樓集》卷13。
〔註307〕《雪樓集》卷13。

何中《程公行狀》：延祐二年乙卯春，公得風痺，既瘳矣，有旨，命中書平章、秦國公李孟賜世德之碑，公拜命，謂諸子曰：「吾起書生，歷事四朝，被恩幽顯。吾老矣！汝等宜益勵忠孝，以無忘吾事親報國之志，敬之哉！」

《元史本傳》：三年，以病乞骸骨歸田里，不允，命尚醫給藥物，官其子大本郊祀署令，以便侍養。時令近臣撫視，且勞之曰：「卿，世祖舊臣，惟忠惟貞，其勉加（上衍下食）粥，少留京師，以副朕心。」鉅夫請益堅，特授光祿大夫。賜上尊，命廷臣以下飲餞於齊化門外，給驛南還。敕行省及有司常加存問。

程鉅夫與黃溍的最初交往是在延祐二年，黃溍入京參加會試，中進士後，於程鉅夫安貞里第拜見程氏。三十三年後（1348），黃溍落致仕，再次入京，官翰林侍講學士，在大都程鉅夫孫程世京處獲覿其祖遺像，為之撰寫像贊。

黃溍《程楚公小像贊並序》〔註 308〕：故楚國文憲程公，以宏材碩學，被遇世祖，歷事四朝，為時名臣。延祐紀元之初，溍舉進士，至京師，因拜公於安貞里第。後三十有三年（1348），溍起自休致，入直詞林，則公捐館已久。幸從公之孫世京獲覿公遺像。撫時運之推遷，慨前修之莫作，贊以一辭，非敢曰美盛德之形容，聊誌歲月云爾。

元廷敕令畫程鉅夫像，其後數十年，陸續有儒臣製像贊與程鉅夫子孫。

《程譜》：公年六十七歲。春，奉詔撰加《上皇太后尊號冊》。文成，勅待詔畫公像，儒臣製贊以賜。

趙孟頫《雪樓先生畫像贊》〔註 309〕：隤山喬嶽降其神，長江大河肆其文。望之儼然，薄夫為敦。幅巾褒衣，坐鎮雅俗，豸冠白簡，逆折姦臣。蓋凜然如白雪，藹然如陽春。雖玉帶金魚，世以為公貴，孰知夫胸吞雲夢者，所以為一代偉人也哉！

許有壬《雪樓先生程楚公小像贊》〔註 310〕：有壬昔來京師，雪樓先生楚國文憲程公在翰林，嘗一再見之。奔走四方，不得日侍筆硯，而知先生與議貢舉之有力也。至正丙戌十一月，諸孫世京奉小象示有壬，俾贊其左，不敢以荒陋辭也。贊曰：楚郢故墟，有樓巖巖。世半不知，修阻孰探？由公著稱，嘉名遂洽乎朔南。公幼為學，演迤泓涵。曾未施抒，勝國已戡。楚材晉用，乃能獨挺夫梗楠。持憲中外，人革鄙貪。掌帝之制，音葉韶咸。和不徇物，剛不來讒。引年勇退，秋風片帆。塵空萬事之擾擾，雲護一室之潭潭。松陰入坐，爐薰自參。宛清揚其如在，耳肅肅乎名談。昔舉貢之始行，一廷議之二三。天荒盡薙乎蕝苐，鵠袍倏忽而朱藍。顧區區之不才，至襲公之冰銜。雖拜圖懷人，希彷彿於萬一，而度德量力，秖足以重沙礫之慙也。

〔註308〕　《全元文》30 冊 10 頁。
〔註309〕　趙孟頫《松雪齋集》卷 14，四部叢刊景元本。
〔註310〕　許有壬《至正集》卷 67，清文淵閣四庫全書補配清文津閣四庫全書本。

《程楚公小像贊並序》〔註311〕：故楚國文憲程公，以宏材碩學，被遇世祖，歷事四朝，為時名臣。延祐紀元之初，滔舉進士，至京師，因拜公於安貞里第。後三十有三年，滔起自休致，入直詞林，則公捐舘（去世）已久。幸從公之孫世京，獲覩公遺像。撫時運之推遷，慨前脩之莫作，贊以一辭，非敢曰美盛德之形容，聊志歲月云爾。

贊曰：

褐衣角巾，瀟灑出塵。仰羨夫消搖於丘壑，緬想其際會於風雲。覘一言之窩意，馨崇論而敷陳。灼灼乎蓍之可覆，洋洋乎魚水之相親。激揚奮勵，以紀綱乎憲度；鋪張潤色，以黼黻乎人文。雖不以進退百官為職，未始一日忘吐握之勤。凡楚村之晉用，皆藥籠之儲珍；咸懷誠而秉忠，共尊主而庇民。奚必坐乎廟堂之上，然後大展其經綸。嗟儀刑之已遠，儼手彩之如新。古稱達賢者有後，是將在其來昆。

李士瞻《楚國程文憲公先生畫像續贊》〔註312〕：仰先生之儀彩，粹然有君子之德容。覩先生之衣冠，藹然有三代之遺風。是蓋當國家草昧之際，天必生碩德之賢，為之經綸而彌縫之。不然幾何其能混一，九有而建不拔之業。於無窮者乎顧荊州，為余父母之邦實自古豪傑之所產。而先生適崛然生乎其中，其所以鍾山川之英靈，全扶輿之淑氣，是非希世之逢，誠為曠代之豪雄歟！宜乎其一時明良之相，與蔚乎若雲龍風虎之相從也。惟不肖瞻之與先生也，世之相後，百有餘禩。地之相去百有餘里，前雖不得攀，奉顏彩一聆馨欬之益。後乃得與其孫世京，黍斯文契之美。噫！雖不幸猶幸也，悲夫！

【編年文】

《贈王太醫序》（二月）、《故平陽路提舉學校官陳先生墓碑》（二月）、程鉅夫奉詔撰成《上皇太后尊號冊》（三月）、程氏作《李雪菴詩序》（六月十六日）、《故河東兩路宣慰司參議陳公墓碑》（夏）、《陳氏三先生畫像贊》、《杏山藥室記》（七月十六日）、《匡氏褒德之碑》（九月三日）、《魯齋書院記》（十一月一日）

元仁宗延祐三年丙辰（1316）　六十八歲

【時事】

三月，蕭拜護送周王至雲南。七月，元廷贈普慶寺益都田百七十頃。元廷任命燕鐵木兒知樞密院事。八月，元廷任用兵部尚書乞塔為中書參知政事。十二月，元廷立皇子碩德八剌為皇太子。

〔註311〕黃溍《程楚公小像贊並序》，《金華黃先生文集》卷7，元鈔本。
〔註312〕李士瞻《經濟文集》卷5，清文淵閣四庫全書。

【事蹟】

春，程鉅夫病疾復發，上章請歸田里，仁宗不許。

何中《程公行狀》：三年丙辰春，疾復動。

《程譜》：延祐三年丙辰，公年六十八歲。春，疾復作。公上章乞骸骨歸田里，上不許。

元仁宗命尚醫給程鉅夫藥，勉留為近臣。元廷特授程鉅夫中子程大本承事郎、郊祀署令，俾令就近侍奉其父。

《程譜》：命尚醫給藥，近臣勉留。特授中子大本，承事郎、郊祀署令，俾侍公疾。

夏，疾病又發，再請南還而得允。元廷特加光祿大夫，降制追榮三代，贈官錫諡，賜上尊儷錦，詔廷臣在文明門外送別。

《行狀》：三年，疾復作，平章李公孟亦為之請，得旨南還。特加光祿大夫，賜上尊麗錦。詔廷臣祖道文明門外，子大本持日乘駟持護抵家。仍勅行省有司常加存問。

《神道碑》：明年，得旨南還。加光祿大夫，賜上尊麗錦。勅朝臣祖道文明門外，行省有司常加存問。

何中《程公行狀》：夏五月，得告南還，賜錦綵，特授光祿大夫，職如故。命男交祀署令臣大本護侍，所在官司常加存問。命廷臣祖餞以榮其歸。

《程譜》：夏得請南還，特加光祿大夫，降制追榮三代，贈官錫諡，賜上尊儷錦。命廷臣祖餞，大本乘驛侍行，諭行省有司問安否，勿令致仕。

九月，程鉅夫經過吳城山，告祭祖父母，修葺壟墓。

《程譜》：秋九月，公過吳城山，告祠祖父母，修葺壟墓。

長子程大年任行省檢校官，請假侍養父母。

《程譜》：長子程大年任行省檢校官，謁告侍養。

十月，程鉅夫到旴江。

《程譜》：冬十月，公至旴江。

十一月，元仁宗命尚醫給程鉅夫藥，勉留為近臣。

何中《程公行狀》：十一月，抵家，醫藥禱祀畢舉。

按：《賀程承旨啟》寫於程鉅夫向元廷請辭「辭榮丹陛」之稍後。何中述程氏請辭的原因是想過世外桃源般無憂慮的仙境般的生活，此舉真正令何中歎服的是功名之際，能始終之全。何中總結其品德「聖立尊之而不名，群公敬之而無間。道德如此其厚，節槩如此其高。文章如此其煒煌，名位如此其超卓。」

何中《賀程承旨啟》〔註313〕：伏以辭榮丹陛，尋隱綆泉。漢庭尊疏傳之賢，用成其美；

〔註313〕《全元文》第22冊，第176頁。

士流羨歐公之退，共仰其高。展也偉人，見於今日。竊嘗觀功名之際，罕有能始終之全。雖如唐虞三代之時，無踰伊周二公之懿。然當保衡之任，則有營桐之危。居負扆之時，不免徹桑之慮。使其非望，實在人之有素，誠未知明哲保身之何如。是以霸越治吳，遄動扁舟之興。除秦蹙項，即從赤松之遊。天下徒稱其知幾，胸中所存豈易識。不然叔季之希闊，何為蹤跡之寂寥。借曰有之，亦云末矣。淵明之棄其職，特不堪於督郵；巨源之歸其鄉，以既老於司業。校其去就，彼哉重輕。況於泰運之方隆，可以遯肥而自詭。此公之事，於世無倫。恭惟承旨相公雪樓先生閣下：一代宗工，四朝名德。迪我高后，旁招俊乂之賢；式是南邦，遠有光華之被。摧權奸於方熾，振臺綱而益強。顯惟成宗，召彼故老。俾商中書之事，兼崇內相之班。宜為誥者，王某之文；可力史者，退之之責。鋪張堯舜，鑄二典三謨之辭；蹂躪漢唐，抗八索九丘之制。因選掄於鄂省，暫檢校於山房。陛下繼明，元臣彙進。虞庭十六相，亦惟汝諧；周衛一二臣，爰命公後。聲搖鼇頂，價重雞林。聖立尊之而不名，群公敬之而無間。道德如此其厚，節槩如此其高。文章如此其煒煌，名位如此其超卓。舉無不足，所欠者歸帳飲都門，定有畫圖之跡；錦衣榮故里，允為邦家之光。中獨抱喜心，亟紬賀幅。車無下澤，馬無款段，不漸足繭於奔馳；墨有黟川，筆有宣城，何憚手胝於模寫。誦言猶淺，倚德滋深。謹奉啟陳賀以聞。伏惟鈞慈，俯賜鑒在。謹啟。

　　本年，作《李氏忠節序》。

　　按：中統三年（1262）李璮之叛，濮陽李文秀隨軍征之，戰死濟上。當時二十九歲的妻子頓氏誓死不嫁，治家訓子，撫遺孤成人。本年，頓氏年八十二，距夫死已五十三年，程鉅夫應翰林修撰彭允道之請，作此文予以褒揚。

　　《李氏忠節序》〔註 314〕：夫為人臣而有馬革之忠，為人婦而有栢舟之節，非幸也，義也。於是而有祠廟之襃、門閭之旌、封爵之加，亦義也，非幸也。忠臣貞婦豈不欲長保君臣之樂、伉儷之情哉？不幸而蹈危躓變，寧忘身而徇義，以為不若是不足以為人。此豈得已而為之哉？中統三年，李璮之叛，濮陽李文秀以武衛親軍千戶從諸王哈必赤征之，戰死濟上。其妻頓氏年始二十有九，終喪骨立，誓死不嫁。治家訓子，卓然有倫。子永既長，授宣武將軍、侍衛親軍總管。未幾，蚤世。撫其遺孤，以至成人，復襲武略將軍、侍衛親軍千戶。於是，頓氏年八十二矣，嫠居五十餘年，不易縞素，鄉里尊之。有司始上其事，請表其門於朝，而翰林修撰彭君允道屬予序之。

【編年文】

　　《李氏忠節序》

元仁宗延祐四年丁巳（1317） 六十九歲

【時事】

二月，元廷陞蒙古國子監秩正三品，賜銀印。四月，翰林學士承旨忽都魯都兒迷失、劉賡等譯《大學衍義》以進。六月，有大臣彈劾鐵木迭兒奸貪不法，元廷罷其職。十月，元廷賑恤秦州被災之民。十一月，濬揚州運河。改怯憐口民匠總管府為繕用司。

【事蹟】

居旴上。

春，病稍愈。

何中《程公行狀》：四年丁巳春，小瘉。十一月三日，公疾再作。

九月，程氏夫人俞氏得弱疾。

何中《程公行狀》：九月，夫人俞氏得弱疾。

十一月三日，疾再作。

何中《程公行狀》：十一月三日，公疾再作。

十一月之前，作《五洪橋記》。

《五洪橋記》〔註315〕：蒲圻南十里五洪橋，以山名。山在橋西五里，南北水絕，驛道東洈，視他所不可緩，故於地為要。每夏潦暴漲，衝激迅屬，弗壯不可支，故於費特重。地要費重，故其事為難。天下之難事，非力足為者弗能也。皇慶初元，袁州慈化僧嗣昌過之，惕然告邑之官吏。士民聚財，傭費疲頓，連歲得纔十二。浮光人鄭國寶為茶磑於是流之外，竊自念曰：「彼客僧也，顧力不足。吾力幸可及，豈不能為是哉！」盡輸其所未具者於嗣昌，橋以克就。屋橋上，龕寂照師像。四山奇傑，卓犖有名，不以名，但名五洪，以近故。費元統鈔以錠計凡二百有奇，其十八鄭輸也。其餘則嗣昌得於蒲圻人者。鄭卒，邑人義而思之曰：「鄭君不可忘也！」走旴請予記。……是橋也，端啟於客僧，資具於民，皆古所無有。井田封建既廢，民資倍封君。僧勤踰官，故能為封君與官所不能為者焉。鄭與僧又致力於他郡，確然能裨官政、利人涉，不以時所斬惜、身所愛重者計，不可捐也，可無記乎？延祐丁巳十一月甲子朔也立石。

仁宗曾敕李孟為程鉅夫撰寫《世德碑》。文成，本年傳至旴江。程鉅夫見此文，戒諸子盡忠報國，並令其子程大本還京供職。

《程譜》：初，上嘗敕平章韓國公李孟，賜程氏世德碑。文成，傳至旴江。至是，公力疾

〔註315〕《雪樓集》未收入，《全元文》16 冊，第 297 頁。文末署：延祐丁巳十一月甲子朔也立石。

拜命，戒諸子宜盡忠孝，以成報國之志，仍令大本還京供職。

本年，胡夢魁子脩已等以容州判官陳偉狀來請銘，程鉅夫作《僉廣西提刑按察司事胡公墓碣》。

按：胡夢魁，字景明，號澗泉，建昌新城人。程鉅夫江南訪賢薦舉士人之一，擢廣西僉憲。

《僉廣西提刑按察司事胡公墓碣》〔註316〕：「有元僉廣西海北道提刑按察司事胡公卒之十年，子脩已等以容州判官陳偉狀來請銘。……公名夢魁，字景明。……以大德十一年（1307）六月二十三日暴病卒，年七十四。」

【編年文】

《五洪橋記》（延祐四年十一月）、《僉廣西提刑按察司事胡公墓碣》

元仁宗延祐五年戊午（1318）　七十歲

【時事】

二月，和寧路地震。六月，西蕃土寇作亂，敕甘肅省調兵捕之。十二月，元廷特授集賢大學士脫列大司徒。

【事蹟】

三月十五日，夫人俞氏去世，年五十八。

按：據《行狀》、《神道碑》和何中《程公行狀》，程鉅夫夫人俞氏卒年為本年。《程譜》中載俞氏去世於「延祐六年己未」（即下一年），但後有「公年七十」，可知，《程譜》記載有誤。現從《行狀》、《神道碑》與何中《程公行狀》。

《行狀》：娶徐氏，先卒，追封楚國夫人。公繼娶俞氏，婉淑明敏，持家肅睦。公驅馳四方，內助之力居多。封楚國夫人。公繼娶俞氏，封楚國夫人。俞氏同年三月十五日先卒。

《神道碑》：娶徐氏，先卒，追封楚國夫人。繼俞氏，封楚國夫人，先公四月卒。

何中《程公行狀》：五年春三月十五日，夫人疾竟不起，而公亦忽忽不樂。

《程譜》：延祐六年己未，公年七十。春三月十五日丙子，楚國夫人俞氏卒，年五十八。

春，作《貞文先生揭君之碑》。

延祐五年春，集賢大學士臣顥、翰林學士承旨臣忽都魯都兒迷失進言，故江西儒師揭來成，道德化民、仁義教民，人民弗忘，而名號未有所加，為勸來者。請謚曰貞文先生，賜碑墓道。上許之。賜謚貞文先生。敕翰林學士承旨某

〔註316〕《雪樓集》卷22。

其為碑文，翰林學士承旨孟頫其書篆。程氏為作《貞文先生揭君之碑》。

《貞文先生揭君之碑》〔註317〕：延祐五年春二月癸巳朔越三日乙未，皇帝御嘉禧殿，集賢大學士臣顯、翰林學士承旨臣忽都魯都兒迷失默色言：「集賢大學士臣約、臣貫等為臣言：『故江西儒師揭來成，其道德之化、仁義之教被於人也深，人思之弗忘，而名號未有所加，封樹未有所表，無以勸來者。諡法，清白守節曰貞；道德博聞曰文。諡曰貞文先生，賜碑墓道。』臣等謹昧死以聞。」制曰：「可。其賜諡貞文先生。翰林學士承旨某其為碑文，翰林學士承旨孟頫其書篆。」三月戊寅，傳詔至旴。臣某方養痾田里，待盡朝夕，不圖聖恩猶慮及臣。臣雖委頓，敢不拜手稽首奉詔。臣謹按，揭受氏有三，以官，楚司揭氏之後；以邑，漢揭陽侯之後；以名，漢陽信侯之後，晉、魏、吳、楚之間皆有之。

六月十九日，復得腰疾，七月初，疾愈。

何中《程公行狀》：至六月十九日，復得腰疾，七月初，疾革。

七月十八日亥時，於建昌里第去世。

《行狀》：五年七月十八日，薨於正寢，年七十。

《神道碑》：延祐五年七月丙子，翰林學士承旨、光祿大夫、知制誥、兼修國史，年七十，程公薨於建昌里第。

何中《程公行狀》：十八日亥時，薨於正寢，享年七十。

《程譜》：秋七月十八日丙子亥時，公薨於正寢。

元仁宗延祐六年己未（1319）　程鉅夫去世後第一年

【事蹟】

一月，程鉅夫諸子遵照其遺囑，將父親與俞氏靈柩安置於南城縣可封鄉繞堆大磐山。

《行狀》：明年（六年）正月庚申，葬南城縣可封鄉繞堆大磐山之陽。

《神道碑》：薨之明年正月庚申，葬南城縣可封鄉繞堆大磐山之陽。

《程譜》：延祐六年己未1319，春正月庚申，諸子奉二柩安厝於南城縣可封鄉繞堆大磐山，治命也。

清　謝旻《（康熙）江西通志》〔註318〕：翰林學士程文海，墓在南城四十四都繞堆。

秋，門人揭傒斯為程鉅夫作《行狀》。

《程譜》：秋，門人、應奉翰林文字揭傒斯狀公行業，上於太史氏。

〔註317〕《雪樓集》卷9。
〔註318〕〔清〕謝旻《江西通志》卷110，清文淵閣四庫全書本。

附錄一：追封

泰定二年（1325），元廷贈程鉅夫官職光祿大夫、大司徒、柱國、追封楚國公，諡文憲。

危素《神道碑》：泰定二年，贈光祿大夫、大司徒、柱國、追封楚國公，諡文憲。

至正十八年（1358），監察御史王彝等言，宜錫功臣之號，並賜神道碑。

《程譜》：至正十八年戊戌：監察御史王彝等言，故贈大司徒程鉅夫，累朝簡注，中外具瞻，為時名臣，為國元老，宜錫功臣之號，並賜神道之碑，以備褒崇，以彰激勸。

至正十九年（1359）四月，順帝採納丞相賀太平為程鉅夫建神道的奏請，命危素撰神道碑，趙雍書丹，周伯琦篆額。文成，賜予程鉅夫孫程世京，樹碑墓道。

《神道碑》：至正十九年四月甲子，丞相太平以公事世祖皇帝盡臣道，宜賜神道。於是，有旨命臣素撰文，臣雍書丹，臣伯琦篆額。臣素謹按故翰林侍講學士臣侯斯所具行狀，及聞諸故老言而序次之。

《江西通志》〔註319〕：學士危素有《神道碑銘》。

《程譜》：至正十九年己亥夏四月甲子，丞相太平傳旨中書，命參議兼經筵官危素撰神道碑文，集賢待制趙雍書丹，同知太常禮儀院事周伯琦篆額。文成，以賜公孫翰林應奉世京，仍勅行省守臣，樹碑墓道。

集賢大學士王約請元廷為程鉅夫加諡號，柳貫為其寫「諡議」。

《程譜》：泰定元年甲子，集賢大學士王約言於朝，請加公封諡。事下太常定議，博士柳貫撰諡議，上聞。

柳貫《程鉅夫諡文憲》〔註320〕：《易》曰『黃裳元吉，文在中也。』蓋以柔順而乘剛明，則其暢於四支，發於事業，正位居體，極其美而臣道得矣。是則所以為文也，惟昔世祖皇帝以義聲仁威撫一疆宇，而尤欲恢張文治，以收大同之效。一時服在臣列，多以文學不次致用。其煥發猷為，增飾製作，傳之數世，有不盡焉。嗚呼，哀哉！謹按，故翰林學士承旨程鉅夫躬負宏博之學，進遇隆平之期。江南初定，以牧守子姓入備宿衛。英才顯出，遂為世祖所知。言議上前，動合旨意。六遷而以侍御史行臺江南，承傳訪求遺逸，就轉福建廉訪使。移湖北，召入翰林為學士，尋以本官議論進中書。至大中復出，節南山。仁廟御極，徵為翰林學士承旨。大策明謨，多所資決，而於國體民命之間，每深致意。今觀其論建，而知其以柔居剛，以順為明之美得於坤六五之正。而世祖皇帝所以留遺神孫於數十載之後，卓然為守文垂憲之本，者不可

〔註319〕〔清〕謝旻《江西通志》卷110，清文淵閣四庫全書本。

〔註320〕柳貫《程鉅夫諡文憲》，《待制集》卷8，清文淵閣四庫全書本。

及矣。謹按謚法，敬直慈惠曰文，行善可記曰憲，請謚曰文憲。

關於《雪樓集》結集、刊刻：

《雪樓集》為程鉅夫第三子程大本所編，門人揭傒斯校正，共四十五卷。元至正六年，歐陽玄、至正十四年甲午李好文各撰序文。至正十八年，揭傒斯子汯與程鉅夫孫、程大本之子程世京重訂為三十卷。至正二十三年春，建陽書市余通父為之謄寫，劉氏書肆為之刊行首十卷，即《玉堂類稿》九卷、《奏議存稿》一卷。

《玉堂類稿》刻板毀於至正二十八年（即洪武元年）。洪武（十四年春），以印本、寫本並刻於朱自達書肆。彭從吉為之序，述此集編經過。洪武二十八年刊成，程鉅夫曾孫程潯為其作校勘後記。二十九年，熊釗為之序。自洪武間刊行後，《雪樓集》未經重刻。直至清末，陽湖陶湘得善化王氏舊藏本，影寫精刊，至民國十四年刻成。後章鈺取文津閣本，訂訛補缺，手寫跋文，《雪樓集》得以流傳。

喬衍琯《影印〈雪樓集〉洪武刻本敘錄》〔註321〕：《雪樓集》初為鉅夫之子大本所編，門人揭傒斯校正，凡四十五卷，元至正丙午（六年），歐陽玄、至正十四年甲午李好文各撰序文。戊戌（至正十八年），揭傒斯子汯與鉅夫孫世京重訂為三十卷。至正癸卯（二十三年）春，建陽書市余通父始為謄寫，劉氏書肆為之刊行首十卷，即《玉堂類稿》九卷、《奏議存稿》一卷。揭汯跋云：「《玉堂類稿》十卷，公中子秘書著作本之所編輯，而先君文安公之所校正也……大德、延祐間，公居代言之任，而帝制多出於公。當時王公大臣欲銘述其先世功德，咸請於上，亦往往以命公。所輯十卷，蓋作於是時也。至正十八年，公之孫世京攜之至閩，繼而行省參政河間公刻之於梓。」《玉堂類稿》既已刊行，而板旋毀於戊申（至正二十八年，即洪武元年）鼎革之際。洪武辛未（十四年春），以印本、寫本並刻於朱自達書肆。是歲，彭從吉為之序，述此集編經過甚悉：「洪武辛未秋，旴江程潯致其兄淳之言來南豐庠，告從吉曰：『先曾祖文憲公有文集四十五卷，實先大夫秘書公之所編輯，而揭文安公所校正者。先君集賢公嘗請教授許先生叔異繕寫以藏。至正甲申（四年），持入燕京，承旨歐陽公、平章諭德李公咸為之序。戊戌冬，復囊以浮海至閩，與文安公子汯重定為三十卷。癸卯歲刻於建陽書市，僅成十卷。值戊申革命，劉氏之肆，兵燹失焉。幸已印行，其後廿卷未刻。庚戌（洪武三年）秋，先君子攜以歸旴江，未暇再刻也。世運隆平，捐貲遣人詣書市，託朱自達氏刊為全集，列肆以傳，冀其永久。』」洪武二十八年刊成，鉅夫曾孫潯識其末。次年丙子，熊釗為之序。先是，甲戌（洪武二十七年），郡邑奉奉禮部勘合，坐取是集，以補書序之闕。及梓成，備楮先印送官，於是續行四方。是已隔

〔註321〕《雪樓集》卷首。

異代，猶重委著作典型。

此書自明洪武間刊行後，五百年間，未經重刻。洎乎清末，陽湖陶湘得善化王氏舊藏於滬上，遴選高手，影寫精刊，經始於宣統庚戌（二年），至乙丑（民國十四年）畢工。倩長州章鈺覆勘，取文津閣本訂訛補缺若干事。次年丙寅，章氏手寫跋文，附刻於後，述其事。……

本館於《雪樓集》未儲舊本，奉令代保管之前北平圖書館善本中，有影抄洪武本六冊，乃歸安陸心源於清光緒戊子（十四年）捐送國子監匱藏南學之書。影寫未見精美，轉不若陶氏覆刻本之善。陶氏刻本去今亦近半世紀。當時刷印無多，而此數十年間，圖書散亡之劇，幾等五厄，傳本亦已罕覯，因取以重印，冀廣其傳。

虞集《題學樓先生詩文卷後》〔註 322〕：楚國程文獻公早年以功臣子入見，即受世祖皇帝知遇，歷踐文學、風憲清要之職。時遊廟堂，裨贊國論，起家東南者未能或先之也。故宋之將亡，士習卑陋以時文相尚。病其陳腐，則以奇險相高。江西尤甚，識者病之。初，內附時，公之在朝，以平易正大振文風，作士氣，變險怪為青天白日之舒徐，易腐爛為名山大川之浩蕩。今代古文之盛，實自公倡之。既去世，而使吾黨小子得以淺學末技濫湊於空乏之餘，殆不勝其愧也。歸來山中，猶未盡見其家集。公孫世臣來尉崇仁也，乃得公持節武昌時行部近縣，親書五十日所為詩八十九首。伏而讀之，至於再三，不忍去手。見其沖澹悠遠，平易近民，古人作者之風，其可及哉。而公之為政不大聲色以為厲，而嚴重崇高，隱然泰山巖之勢，又豈磟磟悻悻者之所為哉？相望才三四十年，而風聲氣息邈乎遼絕，敦厚之風猶可繼耶？敬書其後而歸之。時至正改元龍集辛巳日南至，前奎章閣侍書學士、翰林侍講學士、通奉大夫、知制誥、同修國史後學虞集謹書。

歐陽玄《〈雪樓集〉元至正本序》〔註 323〕：自古帝王之興必有弘毅之士應時而出，綱維正論，扶植善類為己事。由是人才以多，國是以定，而治具張矣。我世祖皇帝混一天下，於時，大司徒程文憲公初至京師，以重臣薦，召見便殿。敷封稱旨，上給筆劄，使之條陳。公一揮數千言，言皆切當。上大悅，即擢置詞垣，尋俾以風紀之任。公感知遇，知無不言，排擊大奸，靡悼後患。立朝三十餘年，立胄監教條，征南中遺逸，頒貢舉程序，凡國家斯文之事，悉自公倡議焉。非弘毅任遠之士豈能及於是哉？公之為文以氣為主，至於代播告之言，偉然國初氣象見於辭令之間，故讀公之文者可以知公之事業也。夫氣寓於無形；其有跡可見，政事、文章二事而已。其間涵蓄之深，培養之厚，以之為政而剛明，以之為文而渾灝，惟程公有焉。公之子著作郎大本編輯公文，將畢而卒。孫少府世京既乃父之志，始克成之，屬予為敘。余誦公文，知公之行有過人而不可及者，誠非腐儒俗士之所能也。為卷四十五，起制誥、詔論、冊文，終

〔註 322〕虞集《道園學古錄》卷 40，四部叢刊景明景泰翻元小字本。
〔註 323〕《雪樓集》卷首。

詩、樂府云。至正丙戌夏四月下澣日，翰林學士承旨、榮祿大夫、知制誥、兼修國史後學廬陵歐陽玄序。

　　李好文《雪樓程先生文集序》〔註324〕：聲音與政通，文章與時高下。原其理，則理與氣合，道與時合；要其歸，則亦泯然而無間。三代而上，醇乎醇者也。漢猶近古，其文則雄偉渾厚，由其氣質未漓，故其發為聲音者似之。魏晉以降，剗剖分裂，作者厖乎不醇。豈風氣乖而習弗善與？至唐，韓柳氏出，起弊扶弱，剗垢易新，遂為後世作者之宗匠。宋盛於前，而靡於後。金則無以議為也，我國家以泰初混龐之氣，開闢宇宙。世祖皇帝合南北為一家。於斯之時，人物之生辟猶春陽始達，生意奮發，甲者畢坼，勾者畢出，挺英揚粃，駢榮競秀，條達暢茂。滋息雨露而收其實者也。公生於宋淳祐巳酉，當我憲宗嗣服前之二歲。至至元丙子，江南始平，遂以侍子入見。尋命入翰林，年方壯也。自始識學至於有立，其所以儲精畜思，藏器待時，鬱而未施者，固天所以遺聖明之世，膺作興之運，以恢宏大業，黼黻太平者也。公之文悉本於仁義，輔之以六經，陳之為軌範，措之為事業。滔滔汨汨，如有源之水流而不窮，曲折變化，合自然之度。愈出愈偉，誠可謂一代之作者矣。初，世皇之在潛邸也，已喜儒士，凡天下之鴻才碩德，靡不延訪，招致左右。爰暨即位，乃考文章，明制度，興禮制樂，為天下法。一時名士彙徵並進，文采炳蔚，度越前代，如王文康公鶚、王文忠公磐、李文正公冶、太常徐公世隆、內翰圖克坦公履之儔，多前金遺逸，皆為我用。惟公南來，際遇隆渥，逮事四朝四十餘年。雖出入顯要，而居侍從之列者有半。仕履之久，一人而已。故其謨謀獻納，輸忠盡職，一寓之文。古所謂立德、立言而不朽者，公其有焉。今其存者，內外製詞，及諸雜文若干篇，詩若干首，樂府若干首，總四十五卷，仲子大本之所錄也。烏呼，盛哉！公諱文海，字鉅夫。後避武宗御名，以字行。雪樓，其號雲。至正十有四年歲在甲午四月生明前一日，後學李好文謹序。

　　彭從吉《〈雪樓集〉明洪武刻本序》：洪武辛未秋，旴江程潛致其兄淳之言來南豐庠，告從吉曰：「先曾祖文憲公有文集四十五卷，實先大夫秘書公之所編輯，而揭文安公所校正者。先君集賢公嘗請教授許先生叔異繕寫以藏。至正甲申（四年），持入燕京，承旨歐陽公、平章諭德李公咸為之序。戊戌冬，復囊以浮海至閩，與文安公子洤重定為三十卷。癸卯歲刻於建陽書市，僅成十卷。值戊申革命，劉氏之肆，兵燹失焉。幸巳印行，其後廿卷未刻。庚戌（洪武三年）秋，先君子攜以歸旴江，未暇再刻也。世運隆平，捐貲遣人詣書市，託朱自達氏刊為全集，列肆以傳，冀其永久。」

　　程潛等《〈雪樓集〉明洪武刻本校刊後記》〔註325〕：右文集三十卷，謄寫始於癸卯之春，

〔註324〕　《雪樓集》卷首。
〔註325〕　《雪樓集》卷末。

書市余通父筆也。前十卷刻而復毀，後二十卷寫而未刻。洪武辛未春，以印本、寫本並刻於朱氏之肆。甲戌冬，郡邑奉禮部陶字二百二十九號勘合坐取是集，以補書府之闕籍。越明年春梓成，遂備楮先印送官，於是續行四方。始終相其事者，嘉禾唐彥清也。曾孫潛請於邑庠訓導李叔鈞、吳嗣宗與同志之士，校讎畢，遂記其後云。洪武二十八年上巳日，謹識。

熊釗《〈雪樓集〉明洪武刻本序》〔註326〕：文章之盛與世運相關。立德、立言之士秉心中正，涵融乎混元之氣，出逢其時，吐詞發義，非有蹈襲，自然成一代之言矣。有元楚國程文憲公當至元之間，特起東南，作為文章脫略宋季靡陋之弊，振起乎作者之風。其始也，大廷召見，答問稱旨，即解武職，轉任館閣。一時被遇之隆，蓋異數也。公之文雄渾雅則，敘事詳密，鋪張正大，議論恢弘，昭晰如青天白日，雍容如慶雲。故其揄揚至治，黼黻皇猷，天下之士翕然歸之，思有以企及於其後焉。制詔見代言之懿，國史備述作之工。公卿大夫碑版題品，得一言者如獲拱璧。然求其敷布運用，皆發乎積中之蘊，有仁義道德以為之本故也。在朝幾四十年，入居翰林、集賢，商議中書，出司風紀，因侍從以獻替。議立冑監條約，定設科舉程制，陳利病，論權奸。行部四方，則肅厲方獄，薦拔疑異灼乎功臣之心。文章、政事相為表裏，又可見矣。公之早歲受學於族祖徽庵先生，與吳文正公為同業。徽庵得石洞之傳，以上探考亭、濂洛之緒。公之學有淵源，德廣氣充，宜其一出而與興運相符也。嗟夫！公一言而當世信重之，必也流傳於後世矣。今其全集行世者，揭文安公之所校正。起制誥，止樂府，凡三十卷。公之曾孫潛重刻。梓成，清朝適徵其集，欲被乙覽，亦既誦官矣。潛復屬釗序之。斯文也，不待傳而無不傳之於永久。因其文而知其學，襲其德美，論其世，其豈小補也乎？公之行事載諸信史，備於碑贊，世稱雪樓先生云。洪武二十又九年龍集丙子春三月甲子，前貢士後學江陵熊釗序。

附錄二：子孫、像贊

程大本（1289～？）字叔達，程鉅夫第三子，娶胡夢魁之女。延祐三年特授郊祀署令，天曆二年累遷秘書監著作郎。《雪樓集》為其所編。其作品有《天壽節賀皇太后表》。其墓在南城四十四都繞堆。

《僉廣西提刑按察司事胡公墓碣》〔註327〕：女婿張蚡英，呂元嘉，三十九代天師張嗣成，樊溥孫，承祀郎、郊祀署令程大本，曾宗㘩，譚括。

元　王士點《秘書監志》〔註328〕：程大本，字叔達，翰林承旨程文憲公之子。天曆二年六月二十八日，以奉直大夫上。

〔註326〕《雪樓集》卷首。
〔註327〕《雪樓集》卷22。
〔註328〕王士點《秘書監志》卷10，清文淵閣四庫全書本。

程大本《天壽節賀皇太后表天曆三年》〔註 329〕：天開元旦，慶一崴之更。端星拱慈，闔儼千官之在。序凡均覆，載莫不懽忻。中賀富貴，克勤貞淑。丕一雞鳴，示徵輔先帝之中興。燕翼貽謀，隆嗣皇之至養。陰教久行於中壼，徽稱宜建於東朝。茂對昌辰，誕膺多祜。某等叨恩，秘閣接武。近班瞻變輅之承顏，恭趨玉陛奉霞觴而上壽。永樂瑤池。

喬衍琯《影印〈雪樓集〉洪武刻本敘錄》〔註 330〕：《雪樓集》初為鉅夫之子大本所編，門人揭傒斯校正，凡四十五卷，元至正丙午（六年），歐陽玄、至正十四年甲午李好文各撰序文。

清　謝旻《[康熙] 江西通志》〔註 331〕：著作郎程大本墓在南城十五都厚山。

程大年（1277～？）字叔永，南城人，程鉅夫長子。至大元年蔭授南豐同知，延祐間為江西行省檢校，仕至金溪縣尹。揭傒斯曾為其作《送程叔永南歸序》。

《送程叔永南歸序》〔註 332〕：翰林程公以儒術起家，出入三朝，德盛望隆，為國名臣，為江南第一。今天子即位，加恩近臣佩相印者以百數，惟公屹然嶽立，不倚不阿，由是名日登，天子亦以為大臣體，特超遷三官，追贈其考妣，官其一子同知南豐州事，賜七品服，於是寵榮至矣。人咸以為宜，而公惕然蹜然如不勝，人益以為難。南豐君行且有日，又屬禁時，不得奉尊酒寫萬里之懷，廸為之辭曰：「君為郢公之孫，翰林公之子，日連祍結軼而來者非名卿大臣，則高人俊士。凡修齊經濟之道，進退揖讓之節，忠孝廉恪之本，宜皆飫聞而熟見之矣。君籍旴，南豐，屬邑旴，今雖別為州，猶鄉拜也。凡地之險易，民之情偽，務之緩急得失，亦素講而深喻之矣。君又才高而識遠，氣和而節下，機未發而轂釋，聲未振而響應，以之劌繁劇，解盤錯，事上而接下，莫不宜愜，吾惡能言之。君見巷列之樹乎？其初也，既宜其地，而封植之矣。又灌以液之，援以周之，剔其蠹蝕而時視之，靡不曰：吾將夏息其陰，冬取其材以成室屋矣。而往往不相待焉。幸而後之人愛而有之，否則撤其藩垣，肆其狂馳，牛馬觸躪，樵牧扳援，先披其枝，後撥其根，見者傷嗟，聞者憤惋，不亦悲夫！人之積德累行，食勤衣苦，遠者十世，近者百十年，所以厚其子孫，厥惟艱哉。故周公有《鴟鴞》之貽，魯人作《閟宮》之頌，誠知機構之難，承繼之甚不易也。今若君之家者，亦已寡矣。而君又將有民社之寄焉。夫世降不古者亦已久矣，吏民之憸巧，豪橫之伺候，利誘之蕩泊，臧獲之貪黷驕慢，小有不誠，則祖宗為辱，不亦甚可畏哉！伐柯伐柯，其則不遠。能如翰林之於郢公，則善矣。雖然，吾何以為君言哉！位已高而意益下，官已大而心益小，祿已厚而慎不取，此孫叔敖所以治楚也。以是三者而行之以誠，亦庶乎其善也。敢書以引。

〔註 329〕王士點《秘書監志》卷 8，清文淵閣四庫全書本。
〔註 330〕《雪樓集》卷首。
〔註 331〕〔清〕謝旻《江西通志》卷 110，清文淵閣四庫全書本。
〔註 332〕《全元文》第 28 冊，372 頁。

程大觀（1297～？）字叔賓，南城人，程鉅夫第五子。延祐間為國子生，至正中歷官建昌路南源務稅課司提舉。虞集《送程楚公子叔賓官海上》。

《送程楚公子叔賓官海上》〔註333〕：世皇任使無南北，楚公薦賢動江國。當年臺閣多門生，富有文華在賓客。世家貴遊少者佳，祕書奉禮差可階。青衫筦庫東海上，極目天津思凡槎。豫章得君豈忘舊，引之清波一援手。鶯花三月玉堂深，共啟黃封賜來酒。

程世京，字伯崇，南城人，程鉅夫第三子程大本子，至正中，為翰林應奉，遷福建儒學提舉，二十六年入微集賢修撰。至正十八年，程世京與揭傒斯子揭汯將四十五卷本《雪樓集》重訂為三十卷，《雪樓集》卷首有程世京為祖父程鉅夫所作年譜《楚國文憲公雪樓程先生年譜》及《雪樓程先生年譜序》。

喬衍琯《影印〈雪樓集〉洪武刻本敘錄》〔註334〕：《雪樓集》初為鉅夫之子大本所編，門人揭傒斯校正，凡四十五卷，元至正丙午（六年），歐陽玄、至正十四年甲午李好文各撰序文。戊戌（至正十八年），揭傒斯子汯與鉅夫孫世京重訂為三十卷。

應程世京之請，吳澄字其「伯崇」，希望其品德如山般崇高。

吳澄《程世京伯崇字說》〔註335〕：翰林承旨程公之孫有名世京者，今翰林應奉大夫之嫡長子也。問字於予，予字之曰「伯崇」。蓋京者，絕高之山；崇者，言山之高也。然字以表其德，欲其德如山之崇也。德者何？曰仁，曰義，曰禮，曰智，曰信。稽之古訓，智崇效天，崇其智也；敦厚崇禮，崇其禮也。樊遲問崇德，語之以先事後得，崇其仁也。子張問崇德，語之以主忠信徙義，崇其義與信也。五者之德，性所固有。進進於學，日增其高，譬如為山，始於一簣，至於九仞，以成乎極天之峻，夫是之謂崇。抑古者顏回字淵，人稱顏淵；言偃字游，人稱言游，唯一字而已。上加伯仲叔季以別長幼也；下或加甫以為美稱也。今曰伯者，表其為嫡長；而不曰甫，為其年幼，不敢遽當美稱，示謙讓也。

至正二十五年九月十五日，程世京與徐時憲、吳海、黃厚同遊鼓山（閩江北岸），並宿於此。

《閩中金石志》卷十三：《程世京等鼓山題名至正二十五年》〔註336〕：至正乙巳九月望，廣平程世京、建安徐時憲、郡人吳海、黃厚同遊宿此，篆書刻大頂峰。

按：程世京字伯崇、徐時憲字崇度、吳海字朝宗、黃厚字伯宏。

修撰程世京墓在南城四都烏江山。

〔註333〕虞集《道園遺稿》卷2，清文淵閣四庫全書補配清文津閣四庫全書本。
〔註334〕《雪樓集》卷首。
〔註335〕吳澄《吳文正集》卷10，清文淵閣四庫全書本。
〔註336〕〔清〕馮登府《閩中金石志》卷13，民國希古樓刻本。

《江西通志》〔註337〕：修撰程世京墓在南城四都烏江山。

程南雲，程鉅夫玄孫。明初官吏部郎中、翰林侍書。

像贊：

胡儼《程文憲公雪樓先生畫像贊》〔註338〕

儼嘗聞諸先生長者言，初，勉齋黃公為新建丞，與玄齋李氏講學於東湖書院，極論性命道德之旨。時雙峰饒氏從玄齋，實與有聞焉。黃、李二公皆朱子門人，而饒氏親承二公，故學有本源。傳饒氏之學者，徽菴程先生。得徽菴之傳者，程文憲公雪樓先生、吳文正公草廬先生二人也。雪樓於徽菴為從孫，草廬亦雪樓之薦起也。後人徒知雪樓遭逢世運，文章事業烜赫當時，而不知其理學淵源實與草廬同一揆也。公之玄孫今吏部郎中、翰林侍書南雲持公遺像見示，儼獲拜觀，乃述贊曰：天生人豪，英偉特達。義理精微，源泉濬發。學得其宗，乘時遭逢。論思密勿，廟堂雍容。掌帝之制，渾噩古風。金薤琳琅，焜耀無窮。登薦遺逸，名德式崇。懸車引年，進退以禮。其心休休，豈曰知止。幅巾短褐，逍遙夷猶。麻源之谷，實邃且幽。流瀑涓涓，白雲悠悠。午橋綠野，令德作述。九原不起，吾孰與遊。

《題程楚公碑後》〔註339〕

予觀楚國程文憲公之事，元有古大臣之道，非世之為容悅者比也。當至元中，其所柄用及布列庶位者多國人與北方之傑，而南士罕用。公獨進言治天下者，必用天下之才。若有所偏主，使人得以淺薄窺朝廷。由是南方之賢，如趙公孟頫輩稍稍蒙薦用，而臺憲之職皆與焉。得人致治，於此為盛。既請建國學以育才，及議行貢舉，則言經學當祖程朱。又累累以敬天、尊祖、清心、持體之說言於上，皆經國之遠猷、格心之忠計。至於進賢才、折權奸、正憲度、恤民隱，皆公之素志與其所常行者。孔子所謂「大臣以道事君者」，公之謂也。公有傳，在國史有碑，在神道載其德業之盛，足以垂久遠。今五世孫太常少卿南雲，以碑刻歲久，顛仆闕缺，而史藏於官，非常人所得視，乃復取碑文刻石，寘祠堂，而首以公像。使凡為子孫者，便於瞻仰而興起孝敬之心。禮曰：「先祖有美而不知，不明也。知而弗傳，不仁也。」南雲可謂明而仁也哉！予嘗讀公傳而慕之，今得拜公像而讀其墓碑，慨然有願從而不可及之歎，因書於後，以致景仰之私雲。

王直《楚國程文憲公像贊》〔註340〕

楚國程文憲公之元，有古大臣之風，此其像也。公五世孫太常少卿南雲以示，直為之起敬

〔註337〕　〔清〕謝旻《江西通志》卷110，清文淵閣四庫全書本。

〔註338〕　胡儼《程文憲公雪樓先生畫像贊》，〔清〕黃宗羲《明文海》，卷123，清涵芬樓鈔本。

〔註339〕　王直《題程楚公碑後》，《抑菴文集》卷13，清文淵閣四庫全書補配清文津閣四庫全書本。

〔註340〕　王直《抑菴文集》卷13，清文淵閣四庫全書補配清文津閣四庫全書本。

起慕。乃述贊曰：蕭蕭楚公，道德在躬。奮於前元，克盡其忠。天為世皇，篤生此傑。有言有獻，有勞有烈。盛治之興，本於用賢。育賢之方，教學為先。俊乂以庸，經術以正。惟公之功，國是斯定。公之在朝，從容贊襄。剛毅不回，摧奸擊強。公之在外，彌綸化理。扶植善柔，如保赤子。奧博之學，雄渾之文。以啟後來，以耀前聞。景星慶雲，祥麟威鳳。夫豈偶然，應時而動。解綬歸來，葛巾布裳。泊焉以休，天下之望。遺像在堂，瞻者起敬。子孫之思，以綿厥慶。

參考文獻

凡例

    1. 參考文獻包括五個部分：

（一）古代典籍；含今人整理、編選，以集部文獻、史志文獻為序。

（二）現代論著；含個人自選集。

（三）學位論文。

（四）期刊論文。

（五）工具書。

    2. 書目以編著者姓名音序排列：同時有著者與整理者、編選者、翻譯者等，以著者為序；有一個以上著者，以第一著者為序；

    3. 同一編著者的著述，以發表或出版時間為序，古代典籍不囿於此例。

壹、古代典籍

一、集部文獻

（一）別集

1. 程鉅夫：《楚國文憲公雪樓程先生文集》，《元代珍本文集彙刊》本，據臺北圖書館所藏清宣統二年陽湖陶氏涉園影明洪武二十八年與耕書堂刊本。

2. 程鉅夫：《雪樓集》文淵閣四庫全書本。

3. 程鉅夫著、張文澍校點：《程鉅夫集》，吉林文史出版社 2009 年版。

4. 李修生輯箋：《盧疏齋集輯存》，北京：北京師範大學出版社 1984 年。

5. 陳孚:《陳剛中詩集》,明天順四年沈琮刻本。

6. 陳樵:《鹿皮子集》,文淵閣四庫全書本。

7. 程端學:《積齋集》,民國四明叢書本。

8. 戴表元著,李軍、辛夢霞校點:《戴表元集》,吉林文史出版社 2008 年版。

9. 鄧文原:《巴西集》,文淵閣四庫全書本。

10. 鄧文原:《履素齋稿》,國圖藏稿本。

11. 丁復:《檜亭集》,清抄本。

12. 丁鶴年:《鶴年先生詩集》,清光緒琳琅密室叢書本。

13. 方回:《桐江續集》,文淵閣四庫全書本。

14. 方回:《桐江集》,宛委別藏清抄本。

15. 貢奎、貢師泰、貢性之著,邱居里等點校:《貢氏三家集》,吉林文史出版社 2010 年版。

16. 胡助:《純白齋類稿》,民國金華叢書本。

17. 黃庚:《月屋漫稿》,文淵閣四庫全書本。

18. 黃溍著、王頲點校:《黃溍全集》,天津古籍出版社 2008 年版。

19. 揭傒斯著,李夢生標校:《揭傒斯全集》,上海:上海古籍出版社 1985 年版。

20. 李孝光:《五峰集》,文淵閣四庫全書本。

21. 劉秉忠:《藏春集》,臺北:新文豐出版公司《元人文集珍本叢刊》本。

22. 柳貫:《待制集》,四部叢刊景元本。

23. 迺賢:《金臺集》,明末汲古閣刻本。

24. 錢惟善:《江月松風集》,清光緒武林往哲遺著本。

25. 邵亨貞:《蟻術詩選》,四部叢刊三編景明本。

26. 邵亨貞:《野處集》,文淵閣四庫全書本。

27. 汪夢斗:《北遊集》,清文淵閣四庫全書本。

28. 汪克寬:《環谷集》,文淵閣四庫全書本。

29. 汪元量著,胡才甫校注:《汪元量集校注》,浙江古籍出版社 2012 年版。

30. 王逢:《梧溪集》,清知不足齋叢書本。

31. 王奕:《玉斗山人集》,民國刻枕碧樓叢書本。

32. 吳景奎:《藥房樵唱》,民國續金華叢書本。

33. 吳萊著、張文澍點校:《吳萊集》,吉林文史出版社 2010 年版。

34. 吳師道著，邱居里、邢新欣點校：《吳師道集》，吉林文史出版社 2008 年版。

35. 吾丘衍：《竹素山房詩集》，清光緒武林往哲遺著本。

36. 謝應芳：《龜巢集》，四部叢刊三編景抄本。

37. 許謙：《白雲集》，四部叢刊續編景明正統本。

38. 楊公遠：《野趣有聲畫》，文淵閣四庫全書本。

39. 楊翮：《佩玉齋類稿》，文淵閣四庫全書本。

40. 楊維楨：《東維子集》，四部叢刊初編影印鳴野山房抄本。

41. 楊維楨著、鄒志方點校：《楊維楨詩集》，浙江古籍出版社 2010 年版。

42. 耶律楚材著、謝方校點：《湛然居士文集》，北京：中華書局 1986 年版。

43. 尹廷高：《玉井樵唱》，文淵閣四庫全書本。

44. 余闕：《青陽先生文集》，四部叢刊續編景明本。

45. 姚燧：《牧庵集》清武英殿聚珍版叢書本。

46. 元明善：《清河集》清光緒刻藕香零拾本。

47. 袁桷著，李軍、施賢明、張欣點校：《袁桷集》，吉林文史出版社 2010 年版。

48. 袁桷著，楊亮校注：《袁桷集校注》，北京：中華書局 2012 年版。

49. 袁易：《靜春堂詩集》，清知不足齋叢書本。

50. 張伯淳：《養蒙集》，文淵閣四庫全書本。

51. 張憲：《玉笥集》，叢書集成初編排印粵雅堂叢書本。

52. 張昱：《張光弼詩集》，四部叢刊續編景明抄本。

53. 張之翰著，鄧瑞全、孟祥靜點校：《張之翰集》，吉林文史出版社 2009 年版。

54. 張翥：《蛻庵詩》，四部叢刊續編景明本。

55. 張養浩：《歸田類稿》，清文淵閣四庫全書本。

56. 趙孟頫著、任道斌點校：《趙孟頫文集》，上海書畫出版社 2010 年版。

57. 趙汸：《東山存稿》，文淵閣四庫全書本。

58. 鄭玉：《師山集》，文淵閣四庫全書本。

59. 鄭元祐著，鄧瑞全、陳鶴點校：《鄭元祐集》（與《馬玉麟集》合刊），吉林文史出版社 2010 年版。

60. 周伯琦：《近光集》，文淵閣四庫全書本。

61. 周伯琦：《扈從集》，文淵閣四庫全年書本。

62. 周權：《此山先生集》，擇是居叢書景元至正本。

63. 朱德潤：《存復齋文集》，明成化刻本。

64. 朱希晦：《雲松巢集》，清同治十三年刊本。

65. 朱晞顏：《瓢泉吟稿》，文淵閣四庫全書本。

（二）總集和詩文評

1. 陳衍輯撰：《元詩紀事》，上海：上海古籍出版社1987年版。

2. （清）顧嗣立編：《元詩選》，北京：中華書局1987年版。

3. （清）顧嗣立、席世臣編：《元詩選癸集》，北京：中華書局2001年版。

4. （清）錢熙彥編：《元詩選補遺》，北京：中華書局2002年版。

5. 李修生主編：《全元文》，江蘇古籍出版社1997年陸續出版。

6. 蘇天爵編：《元文類》，上海：上海古籍出版社1993年版。

7. 隋樹森編：《全元散曲》，北京：中華書局1964年版。

8. 唐圭璋編：《全金元詞》，北京：中華書局1979年版。

9. 王季思主編：《全元戲曲》，人民文學出版社1999年版。

10. 楊鐮編：《全元詩》，北京：中華書局，2013年版。

11. 楊維楨編：《西湖竹枝詞》，明刻本。

二、史志文獻

（一）史書

1.（元）蘇天爵：《元朝名臣事略》，北京：中華書局1996年版。

2.（元）脫脫等：《金史》，中華書局1975年版。

3.（元）脫脫等：《宋史》，中華書局1977年版。

4.（清）張廷玉等：《明史》，中華書局1976年版。

（二）筆記

5. 郭畀：《雲山日記》，橫山草堂叢刻本。

6. 蔣正子：《山房隨筆》，叢書集成初編本。

7. 孔齊：《至正直記》，叢書集成初編本。

8.〔越〕黎崱著、武尚清校：《安南志略》，中華書局2000年版。

9. 劉祁：《歸潛志》，上海古籍出版社2012年版。

10. 姚桐壽：《樂郊私語》，上海古籍出版社2012年版。

11. 陶宗儀：《南村輟耕錄》，中華書局 1959 年版。

12. 汪大淵著、蘇繼廎校：《島夷志略校釋》，中華書局 2009 年版。

13. 葉子奇撰：《草木子》，中華書局 1959 年版。

14. 周密：《齊東野語》，中華書局 1983 年版。

15. 周密：《癸辛雜識》，中華書局 1988 年版。

貳、現代論著

1. 〔臺〕包根弟：《元詩研究》，臺灣幼獅文化事業公司 1978 年版。

2. 陳得芝：《蒙元史研究叢稿》，人民出版社 2005 年版。

3. 陳高華：《元史研究論稿》，中華書局 1991 年版。

4. 陳高華：《元史研究新論》，上海社會科學院出版社 2005 年版。

5. 陳高華等：《中國考試通史》，首都師範大學出版社 2004 年版。

6. 陳高華、史衛民：《中國經濟通史·元代經濟卷》，經濟日報出版社 2000 年版。

7. 陳高華、史衛民：《中國風俗通史·元代卷》，上海文藝出版社 2001 年版。

8. 陳高華、史衛民：《元代大都上都研究》，中國人民大學出版社 2010 年版。

9. 陳高華、張帆、劉曉：《元代文化史》，廣東教育出版社 2009 年版。

10. 陳清茂：《宋元海洋文學研究》，新北市：花木蘭文化出版社 2011 年版。

11. 陳垣：《元西域人華化考》，上海古籍出版社 2008 年版。

12. 陳正祥：《中國文化地理》，生活·讀書·新知三聯書店 1983 年版。

13. 鄧紹基：《元代文學史》，人民文學出版社 1991 年版。

14. 丁楹：《南宋遺民詞人研究》，鳳凰出版社 2011 年版。

15. 方勇：《南宋遺民詩人群體研究》，人民出版社 2000 年版。

16. 〔德〕傅海波、（英）崔瑞德編，史衛民譯：《劍橋中國遼西夏金元史》，北京：中國社會科學出版社 1998 年版。

17. 高榮盛：《元史淺識》，南京：鳳凰出版社 2010 年版。

18. 龔鵬程：《遊的精神文化史論》，石家莊：河北教育出版社 2001 年版。

19. 桂棲鵬：《元代進士研究》，蘭州大學出版社 2001 年版。

20. 〔日〕箭內亙著，陳捷、陳清泉譯：《元代蒙漢色目待遇考》，北京：商務印書館 1932 年版。

21. 〔臺〕姜一涵：《元代奎章閣及奎章人物》，聯經出版事業公司 1981 年版。

22. 韓格平、魏崇武主編：《元代文獻與文化研究》（第一輯），北京：中華書局 2012 年版。

23. 韓儒林（主編）：《元朝史》（修訂本），北京：人民出版社 2008 年版。

24. 黃仁生：《楊維楨與元末明初文學思潮》，東方出版中心 2005 年版。

25. 侯外廬、邱漢生、張豈之：《宋明理學史》（上冊），人民出版社 1984 年版。

26.〔日〕吉川幸次郎著，李慶、駱玉明等譯：《宋元明詩概說》，上海：復旦大學出版社，2012 年 1 月。

27. 李修生：《元雜劇史》，南京：江蘇古籍出版社 1996 年版。

28. 李修生、查洪德：《二十世紀遼金元文學研究》，北京：北京出版社 2001 年版。

29. 李治安：《元代政治制度研究》，北京：人民出版社 2003 年版。

30. 劉曉：《元史研究》，福州：福建人民出版社 2006 年版。

31.〔美〕馬丁·N.麥格著、祖力亞提·司馬義譯：《族群社會學》，華夏出版社 2007 年版。

32.〔英〕邁克·克朗著，楊淑華、宋慧敏譯：《文化地理學》，南京大學出版社 2003 年版。

33.〔德〕馬克斯·舍勒著、艾彥譯：《知識社會學問題》，譯林出版社 2012 年版。

34. 梅新林：《中國文學地理形態與演變》，復旦大學出版社 2006 年版。

35. 蒙思明：《元代社會階級制度》，上海：上海人民出版社 2006 年版。

36. 歐陽光：《宋元詩社研究叢稿》，廣東教育出版社 1996 年版。

37. 潘清：《元代江南民族重組與文化交融》，南京：鳳凰出版社 2006 年版。

38. 申萬里：《元代教育研究》，武漢：武漢大學出版社 2007 年版。

39. 申萬里：《理想、尊嚴與生存掙扎：元代江南士人與社會綜合研究》，北京：中華書局 2012 年版。

40.〔美〕斯沃茨著，陶東風譯：《文化與權力：布爾迪厄的社會學》，上海：上海譯文出版社，2012 年 5 月。

41. 孫楷第：《元曲家考略》，上海：上海古籍出版社 1981 年版。

42. 孫康宜、宇文所安編：《劍橋中國文學史》，生活·讀書·新知三聯書店 2013 年版。

43.〔臺〕王明蓀：《元代的士人與政治》，臺灣學生書局 1992 年版。

44. 王會昌：《中國文化地理》，武漢：華中師範大學出版社 2010 年版。

45. 王學泰：《游民文化與中國社會》（增修版），同心出版社，2007 年版。

46. 王學泰：《中國游民文化小史》，北京：學習出版社，2011 年版。

47. 魏青：《元末明初浙東三作家研究》，齊魯書社 2010 年版。

48. 吳國富、晏選軍：《元詩的宗唐與新變》，南昌：江西人民出版社 2011 年
　　5 月。

49. 吳松弟：《中國移民史》，福建人民出版社 1997 年版。

50. 蕭啟慶：《蒙元史新研》，臺北：臺灣允晨文化實業股份有限公司 1994 年
　　版。

51. 蕭啟慶：《元朝史新論》，臺北：臺灣允晨文化實業股份有限公司 1999 年
　　版。

52. 蕭啟慶：《元代的族群文化與科舉》，臺北：聯經出版事業股份有限公司
　　2008 年版。

53. 蕭啟慶：《內北國而外中國：蒙元史研究》，北京：中華書局 2007 年版。

54.〔法〕謝和耐著，黃建華、黃迅余譯：《中國社會史》，南京：江蘇人民出
　　版社 2010 年版。

55. 蕭麗華：《元詩之社會性與藝術性研究》，花木蘭文化出版社 2009 年版。

56. 辛夢霞：《元大都文壇前期詩文活動考論》，花木蘭文化出版社 2012 年。

57. 徐永明：《元代至明初婺州作家群體研究》，中國社會科學出版社 2005 年
　　版。

58. 徐遠和：《理學與元代社會》，北京：人民出版社 1992 年版。

59. 徐子方：《挑戰與抉擇：元代文人心態史》，河北教育出版社 2001 年版。

60. 許凡：《元代吏制研究》，北京：勞動人事出版社 1987 年版。

61. 楊鐮：《元西域詩人群體研究》，新疆人民出版社 1998 年版。

62. 楊鐮：《元詩史》，北京：人民文學出版社 2003 年版。

63. 楊鐮：《元代文學編年史》，山西教育出版社 2005 年版。

64. 楊亮：《宋末元初四明文士及其詩文研究》，中華書局 2009 年版。

65. 楊義：《重繪中國文學地圖通釋》，當代中國出版社 2007 年版。

66. 姚大力：《蒙元制度與政治文化》，北京大學出版社 2011 年版。

67. 么書儀：《元代文人心態》，文化藝術出版社 1993 年版。

68. 陳文新主編、余來明分冊主編：《中國文學編年史・元代卷》，湖南人民出版社 2006 年版。

69. 余英時：《士與中國文化》，上海：上海人民出版社 2003 年版。

70. 查洪德：《理學背景下的元代文論與詩文》，北京：中華書局 2005 年出版。

71. 查洪德、李軍：《元代文學文獻學》，北京：中國社會科學出版社 2002 年版。

72. 查洪德等：《中國古代詩文名著提要（金元卷）》，河北教育出版社 2009 年版。

73. 張宏生：《感情的多元選擇——宋元之際作家的心靈活動》，現代出版社 1990 年。

74. 張晶：《遼金元詩歌史論》，吉林教育出版社 1995 年版。

75. 趙改萍：《元明時期藏傳佛教在內地的發展與影響》，北京：中國社會科學出版社 2009 年版。

76. 趙琦：《金元之際的儒士與漢文化》，北京：人民出版社，2004 年 9 月。

77. 朱榮智：《元代文學批評之研究》，臺北：臺灣聯經出版事業公司 1982 年版。

78. 周良霄、顧菊英：《元史》，上海：上海人民出版社 2003 年版。

參、學位論文

1. 崔志偉：《元末明初松江文人群體研究》，上海大學博士學位論文，2011 年。

2. 董剛：《元末明初浙東士大夫群體研究》，浙江大學博士學位論文，2004 年。

3. 顧世寶：《元代江南文學家族研究》，中國社會科學院博士學位論文，2011 年。

4. 胡淑慧：《遼金元文學構成的新主體——非漢族文人群體研究》，浙江大學博士學位論文，2005 年。

5. 李成文：《宋元之際詩歌研究》，南京大學博士學位論文，2006 年。

6. 苗冬：《元代使臣研究》，南開大學博士學位論文，2010 年。

7. 娜布其：《元代反映蒙古族生活的扈從詩研究》，中央民族大學碩士學位論文，2011 年。

8. 任紅敏：《金蓮川藩府文人群體之文學研究》，南開大學博士學位論文，
2012 年。

9. 邵麗光：《元代散文研究》河北師範大學博士論文，2013 年。

10. 宋曉雲《蒙元時期絲綢之路漢語文學研究》，蘇州大學博士學位論文，2004
年。

11. 索寶祥：《元末明初士人心態與文學風貌》，北京師範大學博士學位論文，
2001 年。

12. 文師華：《金元詩學理論研究》上海師範大學博士論文，2000 年。

13. 王鳳玲：《唐代書信研究——以干謁、論文、論史書信為中心》，武漢大學
博士學位論文，2009 年。

14. 王素美：《元詩發展史》，陝西師範大學博士學位論文，1995 年。

15. 吳志堅：《元代科舉與士人文風研究》，南京大學博學位士論文，2009 年。

16. 閆雪瑩：《亡宋北解流人詩文研究》，東北師範大學大學博士學位論文，
2012 年。

17. 尹曉琳：《遼金時期北方民族漢文創作研究》中央民族大學博士學位論文，
2010 年。

18. 周鑫：《國變與世變——宋末元初江西撫州儒士研究》，中山大學博士後
出站報告，2010 年。

肆、期刊論文

1. 丁功誼《元詩中的性情說》寧夏社會科學，2010 年第 4 期。

2. 杜汭《南北之間自有道——蒙古帝國多元文化語境中的趙孟頫》天津美
術學院叢報，2014 年第 4 期。

3. 馮會明《元代鄱陽湖地區理學的傳衍》，載於《朱子學與文化建設學術研
討會論文集》。

4. 胡煒《中國古代文人在民族大融合中的作用》團結報 2012 年第 1 期。

5. 李超《元廷政治與江西士風文風》河北師範大學 2013 年第 3 期。

6. 劉倩《元代名臣劉敏中生平仕履考述》淮北師範大學學報 2011 年第 5 期。

7. 劉成群《元初至元間「南學北來」問題新探》元史論叢第 14 輯。

8. 邱江寧《元代多民族文化交融背景中的江南書寫》文學評論 2013 年第 3
期。

9. 邱江寧《程鉅夫與元代文壇的南北融合》文學遺產，2013 年第 6 期。

10. 尚永琪《優填王旃檀瑞像流佈中國考》歷史研究 2012 年第 2 期。

11. 孫海銀《程鉅夫詩學思想及其影響》巢湖學院學報，2011 年第 13 卷第 2 期。

12. 王樹林《程鉅夫江南求賢所薦文人考》信陽師範學院學報（哲學社會科學版）1996 年 4 月第 16 卷第 2 期。

13. 王樹林《元初「江南求賢」及其文壇效應》南通大學學報（社會科學版）2005 年 6 月第 21 卷第 2 期。

14. 周秋芳《楚國文憲公雪樓程先生文集》圖書館雜誌 2000 年第 7 期。

伍、工具書

1. （臺）王德毅、李榮村、潘柏澄：《元人傳記資料索引》，中華書局，1987 年。

2. 譚其驤主編：《中國歷史地圖集》，中國地圖出版社出版，1～7 冊 1982 年出版，第 8 冊 1987 年出版。

3. 朱士嘉：《宋元地方志傳記索引》，上海古籍出版社，1963 年版。

4. 《四庫全書總目》，北京：中華書局，1965 年版。

5. 鄧紹基、楊鐮（主編）：《中國文學家大辭典·遼金元卷》，北京：中華書局，2006 年版。

6. 中國歷史大辭典·遼、夏、金、元史卷編纂委員會編：《中國歷史大辭典·遼、夏、金、元史卷》，上海：上海辭書出版社，1986 年版。